よくわかる経営学・入門

別冊宝島編集部 編

文 庫

宝島社

よくわかる経営学・入門

INTRODUCTION

フィールドワークに支えられた経営学の最新の成果が、この一冊に凝縮されている！

経営学はたいへんに誤解されやすい学問だ。その最たるものが「経営学は金儲けに役立つ知識を教える学問」というものだが、経営学とはイコール「金儲けの学」などではない。

個人にできる仕事には限界がある。そこで「組織」が必要とされ、生まれる。経営学とは、この「組織」の運営がどう行なわれているのか、どうやって運営された場合に効率的に機能し、社会的に有益なものとなるのかを研究する学問である。「こうすればお金が儲かります」などという、新興宗教のご教祖様やサギまがいの経営コンサルタントと経営学は厳密に一線を画しているのである。「組織」が効率的に機能し社会的に貢献することは、とくにその「組織」が私企業ならば、相応の利益を上げることにつながらないとはいえないが、経営学が研究の対象にする「組織」とは、企業はもちろん官庁や大学からＮＧＯ、ボランティア組織にまで広がっていることは忘れないでほしい。

誤解されているイメージに、「経営学は経営者（経営トップ）のためのもの」という受け取り方もある。なかには、「経営学者だったら経営の専門家なんだから、ウチの会社の経営をうまくやってみせろ！」などと皮肉交じりに、あるいは景気が悪いときには半ばやけくそで、こうのたまう人も少なくない。

たしかに経営学は、経営トップの在り方や成功した経営方法、すぐれたリーダーシップといったものも研究対象にしている。しかし経営学に対するこのイメージは、二つの意味でまちがいである。流動する社会の中にあって、成功した事例はすぐに古くなっていく。実験的研究と違って、社会事象には再現性がない。成功事例の蓄積は、それと似た状況では有効な場合ももちろんあるし、そのことが経営学の財産だという面はたしかにある。しかし、それらが現実に起こる事象すべてに対応できるわけではない。しかも前述したように、経営学の研究は「組織」にかかわるあらゆる側面を対象にしている。そこには、たとえば新人や中間管理職をめぐる問題から定年退職者のそれまでが含まれている。経営学は、経営者だけの学問では決してない。

さらに経営学の理解を誤らせているものとして、多くの人が、「自分の属する会社（組織）は特別なもの」といった固定観念をもっていることを指摘しておこう。とくに終身雇用制が色濃かった日本の社会では、複数の組織で働く経験が少なかったために、なおさら「自分の会社は特殊だ」と思い込みがちだった。だから「組織」を研究する経営学も、自分の会社には関係ないものと考えてしまいがちだった。

しかし、驚く人も多いかもしれないが、業種や規模などにかかわらず、組織の構造の七〇%から八〇%はたいして変わっていないことがわかっている。個々の組織に個性はあるが、ほとんどの組織は共通する部分を相当の割合でもっているのだ。

私たちのほとんどは、学校やサークル、そして勤め先といったなんらかの「組織」に属しながら暮らしている。これらの誤解を解いたうえで、だからこそ「組織」を研究対象とする経営学は、とても身近な存在であることに気づいてほしい。「組織」は、誰にとってもきわめて身近な存在なのである。そして、その「組織」を研究している最近の経営学はとても元気がよく、研究成果も豊富で、たまらなく面白い。

この本で紹介する理論は、そのほとんどが綿密なフィールドワークから導きだされたものである。そう、日本の経営学は現在、輸入学問の紹介に終始することにいさぎよく別れを告げ、果敢に「組織」という「生の」フィールドに挑んでいる。しかも、その研究対象は、「えっ、こんなことが学問的な研究対象になるの?」と思うくらい、日頃から慣れ親しんでいるがゆえに、あらためて問われると意外なトピックだったりする。いたずらに理論に頼らず、現場の「生もの」としての「組織」の姿を描き切ることに、経営学はシフトしている。そして、そのことが「組織」のリアリティをみごとに捉えつつ、新しい知の地平を拓きつつあるのだ。

しかも、社会科学にあっては稀有なことに、世界に向かって日本発の理論を発信できるまでに経営学は実力をつけている。

執筆陣は現在、そしてこれからますます世界的なレベルでも活躍が期待される論客ばかりである。これまで経営学にまったくなじみのなかった人たちも、文字どおり目からウロコが落ちる読後感の連続を経験できるはずだ。どんな教科書や入門書にもなかった経営学の最新の成果の数々を、ぜひ堪能していただきたい。

別冊宝島編集部

よくわかる経営学・入門＊目次

PART1　組織を見つめなおす理論

PART3　競争に勝ち抜くための理論

プロローグ

経営学とは、どんな学問なのだろうか？

野中郁次郎（北陸先端大学院知識科学研究科長、一橋大学イノベーション研究センター教授）

少し表現は乱暴かもしれないが、ひとことで言うと経営学は、非常に泥くさい学問である。社会科学のなかでも、とりわけ泥くさい——こんなことをいうと、経営学をもっとスマートなものとイメージしていらっしゃる方々は驚かれるかもしれない。

経済学が経済現象を記述、説明、予測して理論化していく学問であるように、経営学は、経営現象を記述、説明、予測し理論化していく学問である。だが、経済学が経済現象を人の動きとは切り離したところで捉えるのと違って、経営学の場合には経営現象の起こる、まさに現場そのものを研究対象としている。現場には、お金、人、組織など、じつにさまざまな問題が複雑に絡み合い、相互に干渉し合っているのだ。経営学を「泥くさい」学問と表現したのは、まさにそうした経営現場の複雑さをイメージしたものなのである。

経営学の理論を構築することは、いうなれば経営の現場・現実というジャングルに分け入り、そこの泥にまみれながら、新しい道を切り開いていくようなものだといえるだろう。

経営学に関しては、よく「サイエンス（科学）なのか？　アート（手法）なのか？」ということが論じられる。しかし、経営学というのは、サイエンスとアートの間に立っている学問領域なのである。実際、経営学の理論のなかには、現実に直面している実務家が編み出した手法を、学者が後から理論化していくことで生み出されたものが少なくない。アメリカのデュポンやGM社が採用したことがきっかけとなって論じられるようになった「事業部制」の研究などは、その一例だろう。

私自身、MBAとPh.D.を取得するためにカリフォルニア大学バークレー校の経営大学院に進学する前、九年間ほど電機メーカーに勤務していた現場体験がある。その間従事した、人事、教育、労働組合、マーケティング、企画といった仕事を通じて体得した経験や知識が、その後研究者として独自の経営理論を構築するうえで大いに役立っている。その意味で、経営学はやはり現実の経験知が重要な学問領域なのである。

「基礎学問総合学」としての経営学

経営学は、その理論構築の方法において他の科学とは異なる点を見せる。一般に科学は、その理論を構築する際に研究者の価値観を捨象することが求められる。その典型は物理学だが、モデル化・数式化・計量化によって仮説を検証・実証していくプロセスには人の思惟的な思惑や価値観といったものは介在しない。社会科学のなかでも経済学がもっとも物理学に近いといわれるが、それはもともと経済学が物理学をモデルにして発展し、徹底的に数学を駆使しながら理論構築がなされてきたという歴史的背景による。

ところが経営学はそうはいかない。経営学では、人の価値観を捨象するというより、むしろ価値観といったものをいかにして取り込んだ理論を構築するかが問われるのだ。たとえば、経営学の一分野である組織論では、個人と集団、あるいはチームといったことが論じられるが、個人個人は当然のことながら別々の価値観をもっている。たとえ理論的にはこうしたほうがいいとはわかっていても、その個人は理論どおりの行動をとるとはかぎらない。経営学の理論は、人の価値観に関する問題を切り離すことはできないのだ。

私にはいろいろな人とお会いする機会があるが、ときに「経営学はその学問的な境界が不明確ですね」といわれることがある。だが、不明確というよりも、いっそ経営学に学問的な境界はあってなきがごとし、いやむしろ、ないといったほうが正しいかもしれない。「よき経営者にはよき経営哲学がある」とはよくいわれる話だが、経営学の理論化には哲学に関する学問的素養が不可欠である。また企業の中での個人と集団という問題では、心理学に関する教養が求められる。それだけではない。経営学が対象とする経営現象には、政治や経済、文化、社会、環境とじつにさまざまな学問領域の問題が関係してくる。そう考えていくと、経営学の理論化には広汎な基礎学問を摂取していく必要があることがわかるだろう。経営学は、あらゆる基礎学問を統合した「基礎学問総合学」といってもいい学問領域なのである。

「情報」から「知識」へ経営学のパラダイムシフト

一般に既成の基礎学問には、その学問における統一的なパラダイムが明確に存在し、まったく新しいパラダイムを構築・提唱することは、たいへんに難しいワークである。たとえば経済学には新古典派経済学という大きなパラダイムがあり、大方の学者はそのパラダイムにそった考え方をしてくる。マクロ・エコノミクスにしてもケインズ経済学などのパラダイムがはっきりと存在し、現代の経済学者が独自のパラダイムを編み出すことは難しいだろう。

しかしながら、経営学は一つの学問として成立してからわずかまだ百年足らずしか経過していない若い学問であり、未開拓な領域はきわめて広い。さまざまな基礎学問の上に立って理論が構築され発展していく経営学は、新しいパラダイムがこれから生み出されてくる可能性に満ちているのだ。仮にその時代時代を支配的に席巻するパラダイムが存在していたとしても、そのパラダイムは常に現実の経営現象に挑戦され、陳腐化していく運命にあるのが経営学なのである。

サイモンの情報処理パラダイム

私がアメリカの経営大学院で学んでいた三十年前、当時の経営学における統一的なパラダイムといえば、ハーバート・サイモンによる情報処理パラダイムだった。サイモンはその功績によってノーベル経済学賞を受賞した人物だが、彼の考え方の基本は、人間を一種のコンピュータ（情報処理のマシーン）として捉え、人間が情報を処理（認知）できる能力には限界がある、というものである。彼は海岸を歩く蟻をメタファー（比喩）にして次のようなことをいっている。

「海岸の砂浜の上を歩いたアリの軌跡を見ると、じつに複雑に見える。だが、それはアリの認知能力（情報処理能力）の複雑さを示すものではない。実際問題、アリの認知能力には限界があり、巣のある方向はわかったとしても、すぐ先にある障害物さえ認知することができない。人間も情報処理という面から見ると、アリ同様その認知能力には限界があり、その行動パターン（アリの軌跡）が複雑に見えるのは〝海岸〟という環境が複雑だからである」

そうして彼は、企業のような複雑な環境にさらされている組織は、階層化・分業化・専門化された組織構造にすることで組織内の情報負荷をコントロールし、処理能力に限界のある個人でも処理可能な単位にしなければならない、と結論づけたのである。

このサイモンの情報処理パラダイムは、当時たいへんに大きなもので、私自身、ドクター論文以降数年間、このパラダイムについて大いに研鑽した。だが、私自身のメーカーでの実体験を含め、現実の企業を観察していくと、「どうもそうではないのではないか？」と納得できないしこりのようなものが残った。人間の認知能力に限界があることは確かだ。しかし、サイモンがいうように、組織があるのは個人の能力の限界を克服するためだという観点は、あまりにも合理主義的ではないか。人間というのはもっと能動的なものなのではないか、自分自身の力で挑戦していくことで、その限界を超えていくことができるものなのではないか、という疑問である。そして、私がその疑問に対するの一つの答えとして着目したのが、日本企業における新製品開発などのイノベーションのプロセスだったのである。

「知識創造」というパラダイム

日本の企業では、新製品の開発をしようとするとき、皆がわいわい集まって一生懸命やっているうちに、なんとかなってしまう面がある。皆で頑張っているうちに、いつのまにか新しいアイデアやコンセプトが生み出されるというやつだ。企業人の言葉でいえば「皆で頑張ったからだ」ということになる。では経営学的に見て、その「頑張った」というのはいったい何を意味するのかと考えてみたとき、そこに現われてきたのは個人個人の強い信念や志といったものだった。

「ラグビー」のメタファー（比喩）を用いて説明しよう。開発中の新製品がラグビーボールで、そのボールをパスしながら一団となって走っているチームは新製品開発チームである。パスによって回されていくボールのなかには、なんのための新製品開発なのかという共通理解があることはいうまでもないが、メンバーの主観的な洞察や、直感、勘などもそこにはある。ボールに詰まっているのは、理想、価値、情念なのだ。そして、そのラグビーボールをパスで繋いでいくのは、フィールドでのチームメンバーの連係プレイである。「息の合った」という言葉があるが、チームの連係プレイというのは、過去の成功や失敗の積み重ねのうえに、その場その場で決められるものであり、チームメンバー間の濃密で骨の折れる相互作用を必要とするのである。メンバーの一人ひとりがもつ知識や情報を共有し、それを全員で膨らませながら、チームとしての知識を創造していくことでトライというゴールを迎えることができるわけだ。

サイモンは、人間の情報処理能力の限界という視点から独自の組織観を構築したが、彼の限界は、経営学の科学化を図るあまり、人間の能動的な側面を無視したことにある。人間を、自らの問題を探し出し、それを解決するために知識を創造していく存在である、とは見なかったのだ。私は、彼がいうような「情報」ではなく、個人の思いや情念を含んだ「知識」という観点から組織を見た結果、組織本来の意義は、個人の知識を共有し、それを組織全体に広め、製品や技術やサービスといったものに具現化させていくことにある、という結論に達したのである。

私が指摘したこの「知識創造（knowledge creation）」というパラダイムは、情報処理パラダイムに代わる新しいパラダイムとなりつつある。P・F・ドラッカーが「知識社会」という新しい経済社会の到来を予告し、私たちの動きに追随するかのように経済学の分野でも頻繁に「知識」というものが論じられるようになってきたのである。

知識創造というパラダイムによって、経営学は大きく様変わりする。これまでの戦略や組織、システム、プロセスなどについての多様で断片的にしか存在しなかった諸理論や諸手法は、「知識」という視点から再構築され、現場たる企業内でも、その知識創造の重要性が再認識されるようになっていくにちがいないのである。

知識と情報

私は、企業行動を説明するための基本的な分析単位として「知識」を取り上げ、経営の本質は「知識」を創りつづけていくことにあると提唱したが、果たして「知識」とはどのようなものだろうか。いま少し詳しく考えてみたい。

まず指摘したいことは、「知識」というのは、サイモンのいう情報とは根本的な違いがあるということだ。情報というのは、情報過剰という言葉もあるようにフローである。それに対し、「知識」はストックである。個人個人のなかにその人の思考や経験を通じて自分のものとして取り入れられ、蓄えられていくものなのだ。

また、私たちは情報に対しては受け身にしかなれないが、「知識」は能動的だということが指摘できる。テレビから流れてくる情報がいい例だが、テレビを見ているだけではほとんど何も残らない。何もコミットメントされないのだ。ところが「知識」は、自分の夢や問題意識といったものを通じて創出されるものであり、そこには個人としての能動的な働きかけが存在する。さらには、情報は一過性のものであるから、その真偽が問われることはないが、

「知識」には常に普遍であることが求められる。哲学の世界で「知識」のことを「ジャスティファイド・トゥルー・ビリーフ（正当化された真なる信念）」と表現するように、やはり「知識」というのは個人の志や思いといったものが強くないと創出されないものなのである。

暗黙知と形式知

「知識」は、その性格上、「形式知（explicit knowledge）」と「暗黙知（tacit knowledge）」という二つの知に分けられる。形式知というのは、言語や文章で明確に表現できる知であり、理論や問題解決の手法、マニュアル、データベースなどがこれにあたる。一方、暗黙知は、言語や文章では表現するのが難しい主観的・身体的な知のことで、直感や思い、熟練ノウハウなどが含まれる。

暗黙知というのは、いわば個人の体験などに根ざす個人的な知識（個人知）ともいえるものだが、旧来の経営学においては形式知のほうが重要視され、暗黙知に関しては、企業にとってもきわめて大事な要素であるにもかかわらず無視されてきた。しかしながら、私は日本企業の研究を通じ、知識創造の本質はこれら二つの知の相互作用であり、個人レベルと組織レベルのそれぞれの暗黙知と形式知がダイナミックに循環されることで、より高度な知識が組織的に創造される、と考えるようになった。

プロ野球における長嶋と野村という二人の監督の例がわかりやすいだろう。私は長嶋さんのファンだし、直接見かけたりテレビで見たりすることが多い。そのときに、この人は暗黙知人間だな、と思った。彼は野球に関する非常に高い熟練ノウハウという暗黙知を確かにもっている。だが、それを彼は言葉という形式知にするのは苦手のようだ。言葉にしようとしても、「バーンといけ!」とか、「ガーンといけ!」ということになる。これでは皆で共有することができないから、最後は「松井四十本、斎藤二十勝」といって、選手個人の個人知に頼るしかなくなってしまう。これに対し野村監督は、自分の暗黙知を全部きっちりとした言葉にしてくる。自分の思い、ノウハウを言葉にし、それを対話によって皆と共有し、チームとして組織的な知を創出してくる。巨人は暗黙知の世界に留まっているが、ヤクルトは野村監督の暗黙知を言葉という形式知に変換することで、チームとしての新たな知識を創造しているのだろう。そしてさらに、そのチームの知識を選手個人個人が自らの中に取り入れることで、その個人は新しい暗黙知を体得しているのである。

知識創造のスパイラルモデル

暗黙知と形式知の相互作用によって創造されてくる新たなる知。そのつくり方には、組み合わせによって四つの創造プロセスがある。

一つは、暗黙知から暗黙知をつくる「共同化(socialization)」。これは、経験を共有することで個人の暗黙知から暗黙知を取得するものだ。徒弟制度に見られるような親方のノウハウを観察や模倣、練習によって弟子が学び取るのは、そのいい例だろう。

第二には、暗黙知から形式知をつくる「表出化（externalization）」。これは、暗黙知を明確なコンセプトのような言葉に変換していくものだが、それは対話を通じた共同思考によってひき起こされる。表出化によって暗黙知という個人知がグループ全体で共有できる集団知へと広がっていくという意味では、表出化というプロセスは組織的知識創造の真髄である。

第三には、形式知から形式知をつくる「連結化（combination）」。アナログ的な暗黙知に比べて形式知はデジタル的な知といえるが、コンピュータ・ネットワークやデータベースを活用することで、時間と空間を超えた自由な形式知の組み合わせが可能になる。表出化によってグループレベルでの集団知となった形式知は、連結化によって組織レベルの形式知が創造される。

そして第四が、形式知から暗黙知を体化していく「内面化（internalization）」。共同化、表出化、連結化を通じて学びとった暗黙知、形式知を、自分の中に暗黙知として取り込むのが内面化だが、それにはやはり行動による学習を必要とする。頭で「わかった」と思えることでも実践行動がないと暗黙知化できないわけである。

先ほど、組織的知識創造は個人レベルと組織レベルのそれぞれの暗黙知と形式知がダイナミックに循環されることで行なわれるといったが、それはいいかえるなら、共同化→表出化→連結化→内面化という四つの知識変換モードを連動的に起こしていくことにほかならない。四つの知識変換モードを通じて、個人レベルに蓄積された暗黙知は、組織的な知に変換・増

[知識創造スパイラル]

共同化 Socialization
（暗黙知→暗黙知）

(1)社内外の歩きまわりによる暗黙知の獲得
：サプライヤーや顧客との共同体験(直接経験)を通じて、身体で知識・情報を獲得するプロセス

(2)社内の歩きまわりによる暗黙知の獲得
：販売や製造の現場、社内各部門に出向いて、共同体験を通じて知識・情報を獲得するプロセス

(3)暗黙知の蓄積
：獲得した知識・情報を自己の内部に関係づけながらためておくプロセス

(4)暗黙知の伝授・移転
：言葉になっていない自分のアイデアやイメージを、社内外の人に直接移転するプロセス

表出化 Externalization
（暗黙知→形式知）

(5)自己の暗黙知の表出
：言葉になっていない自分のアイデアやイメージを、演繹的・帰納的分析、あるいは発想法的推論(メタファーやアナロジー)や対話を通じて言語・概念・図像・形態にするプロセス

(6)暗黙知から形式知への置換・翻訳
：顧客や専門家などの暗黙知を触発し、理解しやすい形に「翻訳」するプロセス

内面化 Internalization
（形式知→暗黙知）

(10)行動・実績を通じた形式知の体化
：戦略・戦術・革新・改善についての概念や手法を具現化するために OJT 的に個人に体得させるプロセス

(11)シミュレーションや実験による形式知の体化
：仮想的な状態の中で、新しい概念手法を実験的に疑似体験・学習するプロセス

連結化 Combination
（形式知→形式知）

(7)新しい形式知の獲得と統合
：形式知化された知識、あるいは公表データ等を内外から収集して結び付けるプロセス

(8)形式知の伝達・普及
：プレゼンテーションや会議などの、形式知を形式知のまま伝達・普及するプロセス

(9)形式知の編集
：形式知を利用可能な特定の形式(ドキュメントなど)に編集・加工するプロセス

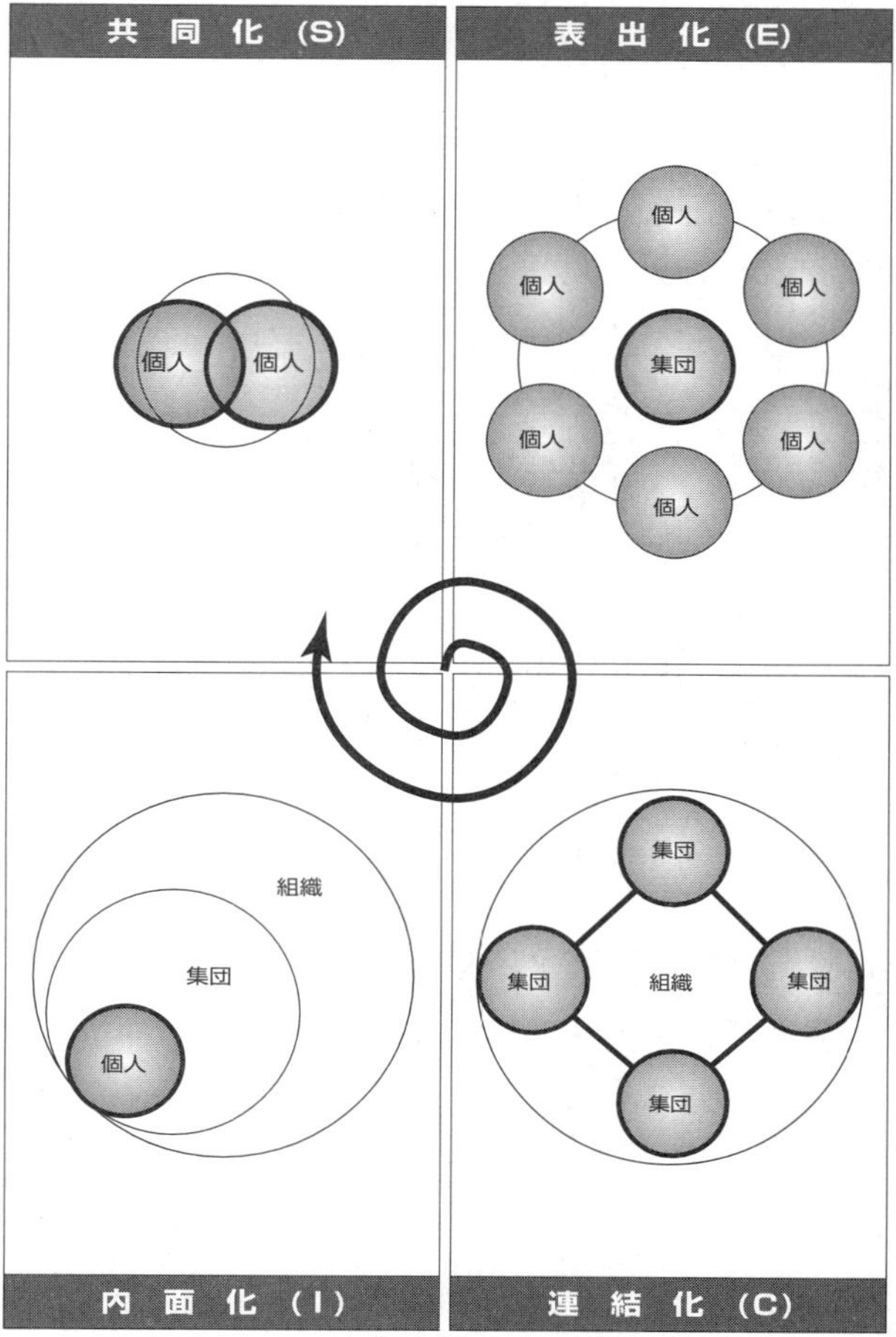
共 同 化 (S)
個人
個人
表 出 化 (E)
個人
個人
個人
集団
個人
個人
個人
組織
集団
個人
内 面 化 (I)
集団
集団
組織
集団
集団
連 結 化 (C)

幅され、個人の暗黙知へと帰結していく。こうしたプロセスの連動化によって、個人、グループ、組織というすべてのレベルで知識が次々に創造され膨らんでいくさまを「知識スパイラル」と呼ぶが、この「知識スパイラル」こそが組織の本来的意義であり、「知識スパイラル」を内在化させることによって企業の知識創造は促進されていくのである。

知識創造企業論を超えて

私は、長年にわたる日本的経営の事例研究とグローバルな比較研究から、日本企業の成功の根本要因が知識変換プロセスを内在化させていることにあることを発見し、それを組織的知識創造の一般理論として確立させてきた。日本の企業人は伝統的に現場主義的で、机上の空論を連想させる「知識」という言葉をあまり好まないが、彼らがまさに実践してきた経営手法こそ、日本企業を発展させてきた成功要因であり、組織的知識創造にほかならないのである。

しかしながら、九〇年代の長引く不況のなかで、日本企業はかつてのような活力を失い、その世界的評価も凋落してきている。それに対しアメリカ企業は、八〇年代のもがき苦しむような不況を脱出し、いまや世界中の企業のなかであたかも一人勝ちのような様相を呈している。こうした情勢のなかで、一部の経営学者や評論家、あるいは経営者の間では、「今また、アメリカ式の経営の時代だ」「日本的経営は機動力を欠いた時代遅れのシステムだ。アメリカに学べ！」という論議・論調が浮上してきている。しかしながら、こうしたアメリカ式の経営を賛美し、日本的経営を全面的に批判する傾向には、非常にファッショ的で哲学に欠けるものを感じざるを得ない。確かに今、日本の経営システムをグローバル・スタンダードへと変革すべき時がやってきていることはまちがいない。だが、その向かうべき方向はアメリカ的な経営への追従ではなく、日本的経営の特殊性と普遍性についての深い理解を背景にした再構築であるはずだ。日本的経営の中にはメリット、デメリットも含めて世界に誇れる普遍的な理論や手法はまだまだ眠っている。

組織的知識創造という問題は、今や企業における知識創造というレベルを超えて、営利・非営利、民間・公共を含めたすべての組織における今日的問題である。では国レベルでの知識創造国家というものはどうしたら構築できるだろうか。同様に地域のナレッジ・クリエーションはどうだろう。企業、非営利組織、政府、大学がどのように相互作用していけば、国家的・社会的繁栄のための新しい知識を創り出していけるだろうか。私は、今後もこうした問題に挑戦していくつもりである。

経営学を学ぶ人のために

経営学は現実的な学問であり、現場での実践の中から理論が生み出されると最初に申し上げた。経営学を修めていくには、やはり現場に根づいた経験が大切である。それは単なる経験ではなく、経験知という暗黙知化された経験である。社会人ならば日々のルーティンワークの中である程度身につくものはあるだろう。しかし、それを暗黙知というレベルにまで引き上げるには、いかに質の高い経験を積むかが問われるのだ。絶えず新しい経験にチャレンジして、何かを生み出すような経験をする。どんな小さなことでもイノベーションの経験を積む。その道の一流の人物に会ったり一緒に仕事をする、非常に優れた人と会話をする、優れた書籍に触れ、深い知的探索を行なう、自然現象を謙虚に見て、そこに学ぶ……そうした幅広い経験と思索によって、暗黙知をより豊かなものにしていくことが大切なのである。

もちろん、その一方では、高いレベルの形式知も重要である。新しいコンセプト、アイデアを生み出すときには、経験と同時に分析的な思考法、経験という暗黙知を形式知に変換できる能力も必要である。アメリカ企業に元気が出てきた背景の一つには、アメリカ企業のホワイトカラーの間でＭＢＡ教育を受けることが常識になりつつあることもあって、高いレベルの形式知を身につけたメンバーも多く、ちょっと面白いアイデアや理論をすぐにわかり合えたり、そこから会話がはずむといった状況があるのかもしれない。

高いレベルの暗黙知と形式知――その両者のスパイラルな研鑽を念頭において経営学を学べば、さらにその学問世界は豊かなものとなるにちがいない。そうすることによって、まさに経営学を学ぶことは自分の生き方を学ぶことに等しくなるはずである。

そして経営学は、まだまだ未開拓の領域がある、成長しつつある学問だ。自分だけのオリジナルな理論を、世界に向かって発信できる、じつに期待感の大きな学問なのである。多くの人たちに、ぜひ経営学を学んでほしい。

PART 1

組織を見つめなおす理論

日常語による新理論の構築

職場の「ぬるま湯的体質」と社員の「やり過ごし」「尻ぬぐい」が組織を支える

高橋伸夫（東京大学大学院経済学研究科教授）

私が「ぬるま湯的体質」というテーマに出会ったのはいまから約十年前、企業人を集めた、あるセミナーでのことだった。日本企業が抱える問題について議論をしていると、何人かの参加者が、「ぬるま湯的体質が問題だ」と言い出した。そして私に対する矢継ぎ早の質問攻勢が始まったのだ。困ったことに、ほとんど答らしい答が見つからない。言い訳がましいが、経営学はもともとが輸入学問のようなものなので、いま米国でこんな話題が流行《はや》っているとかいう類の話ならば、自分の専門外でも、耳学問のレベルで何とか対処できる。ところが、「ぬるま湯的体質」である。だいたい英語で何て言うのかすらも見当がつかない。

わからないのだから調べてみよう——そう思い立ったまではいいのだが、それからは悪戦苦闘の連続である。いわゆるアンケート調査で集めたデータも分析したし、うんざりするくらい企業で働く人びとの話も聞いた。それでも、企業の人がいったいどんな基準で職場が「ぬるま湯的体質」だと判断しているのかすらわからないのだ。ちなみに、ぬるま湯かどうかは、失礼だとは思ったが、次のようなイエス／ノー択一形式の質問で直接的に聞いている。

Q1．職場の雰囲気を「ぬるま湯」だと感じることがある。（イエス／ノー）

こんな単刀直入の無礼な質問にも、半数以上の人がイエスと答えてくれてほっと胸をなで下ろしたのを覚えている（ちなみに、この質問でのイエス比率を「ぬるま湯比率」と呼んでいる）。

湯温だけでなく、体感温度が重要だ！

そうこうするうち、たぶんお風呂のアナロジーなんだから、何かの温度を測定すればいいのでは、と考えついた。国語辞典的に言えば、「ぬるま湯につかる」というのは「現状に甘んじてぬくぬくとのんきに過ごす」ことを意味している。ならば、組織の現状打破度のようなものを質問項目から合成して、得点の形にすればいいはずだ。そうすれば、あとは統計的な手法が使える――と思って、湯温（いまは「システム温」と呼んでいる）として組織の現状打破度（これを、変化を求める傾向ということで「変化性向」と呼んでいる）を測定してみたが、いまいちうまくいかない。ぬるま湯比率ナンバー1の会社のシステム温が意外にもけっこう高いのだ。

悶々として企業の人の話に耳を傾けていると、ふと「うちの会社はぬるま湯だ」と評する人自身は、むしろ仕事に燃えているタイプの人で、現状打破型の発言が多いことに気がついた。そう思って、あらためてぬるま湯比率の高い会社のデータを見てみると、社員の現状打破の気持ちが強いことがデータからうかがえるではないか。そういえば、ぬるま湯比率ナンバー1の会社は、仕事に充実感を感じているという比率もトップ・クラスで、不思議な会社だった。私はあわてて大学の研究室に戻って、コンピュータのキーを叩いた。

まずは、多変量解析と呼ばれる統計的手法で、こんどは組織のシステム温ではなく、個人の組織人としての変化性向を合成得点として求め、「体温」と定義した。会社の雰囲気を熱いと感じるかぬるいと感じるかは、自分の体温が基準になっているにちがいないと推測したのである。つまり、重要なのは湯の客観的温度ではなく体感温度だったのではないかと気がついたのだ。

学会でさんざん叩かれて発奮する

実際、ごく単純に「体感温度＝システム温－体温」と定義して、これで「ぬるま湯感」が説明できるという仮説を立て（これを「体感温度仮説」と呼んでいる）、これをデータで検証してみた。その結果、予想どおりのグラフが、目の前に出現した。私はその時の興奮をいまでも覚えている。それまでにもいろいろと統計的な手法を使ってきたが、経営学のような分野で、仮説がこんなにきれいな形のグラフで検証された経験はただのいちどもなかったのだ。

とはいえ、さすがに一回だけの調査では、まだ体感温度仮説に自信がもてない。翌年、追試データでの検証に成功して、私もようやく決心がついた。思い切って論文にまとめて同僚の先生方に配ってみたのである。しかし、その評判たるやさんざんだった。「君、冗談で論文を書いちゃいけないよ」「あなたの会社はぬるま湯ですかって、まじめに質問したわけ?」――憤慨した私は、さらに学会で報告すると、「こんなに一生懸命研究をするんだったら、もっとアカデミックなテーマを選ばなきゃ」と言われる始末。挙句の果てに、投稿した学会誌のレフェリーからは、ただ一行「執筆者の研究者としての姿勢に疑問を感じる」とのコメント（結局は掲載してもらったが）。

しかし、私は逆に〝イケル〟と感じた。こうした否定的な評価をしているのは年配の先生方ばかりで、若い研究者や企業の人びとはむしろ肯定的な評価をしてくれていたからである。評価が二分している研究のほうが、奥ゆきがある可能性が高い。

こうして、私は本業の研究テーマ（?）のかたわら、ムキになって「ぬるま湯的体質」の調査を続けた。毎年毎年もう十年以上も続けたことになる。すでに一万人は調べているが、新しいデータも仮説を支持し続けている。それに、面白いこともいろいろとわかってきた。例えば、中間管理職にぬるま湯感が強いこと。景気が後退するとぬるま湯感が増進することなどだ。一見常識に反しているようなこれらの事実は、いずれも、システム温と体温を測定すれば、体感温度仮説できれいにデータから説明できる。体感温度でぬるま湯感を説明する精度も向上している。

こうして、思いあふれて書いた本『ぬるま湯的経営の研究』（東洋経済新報社）は、アカデミックな賞までいただいてしまった。

自分の仕事のぬるま湯度をチェックしてみよう

それでは、システム温、体温はどうやって測るのか？　現在私が使っている体感温度測定尺度を公開しよう。といっても、ごく簡単なものである。あなたの「ぬるま湯度チェック」リストということにでもなろうか。ただし、この簡単なチェック・リストにたどり着くまでに、最初の二回の調査の後も、なんどもなんども改良が加えられてきていることは強調しておきたい。読者の皆さんもいちどチェックしてみたらどうだろうか？

システム温（会社・職場の雰囲気について）

①仕事上の個人の業績、貢献の高い人は、昇進、昇格あるいは昇給などを確実に果たしている。（イエス1点／ノー0点）

②失敗をしながらでも業績を上げていくよりは、失敗をしないで過ごしたほうが評価されると思う。（イエス1点／ノー1点）

③新しい仕事にチャレンジしていこうという雰囲気がある。（イエス1点／ノー0点）

図1　体感温度とぬるま湯比率

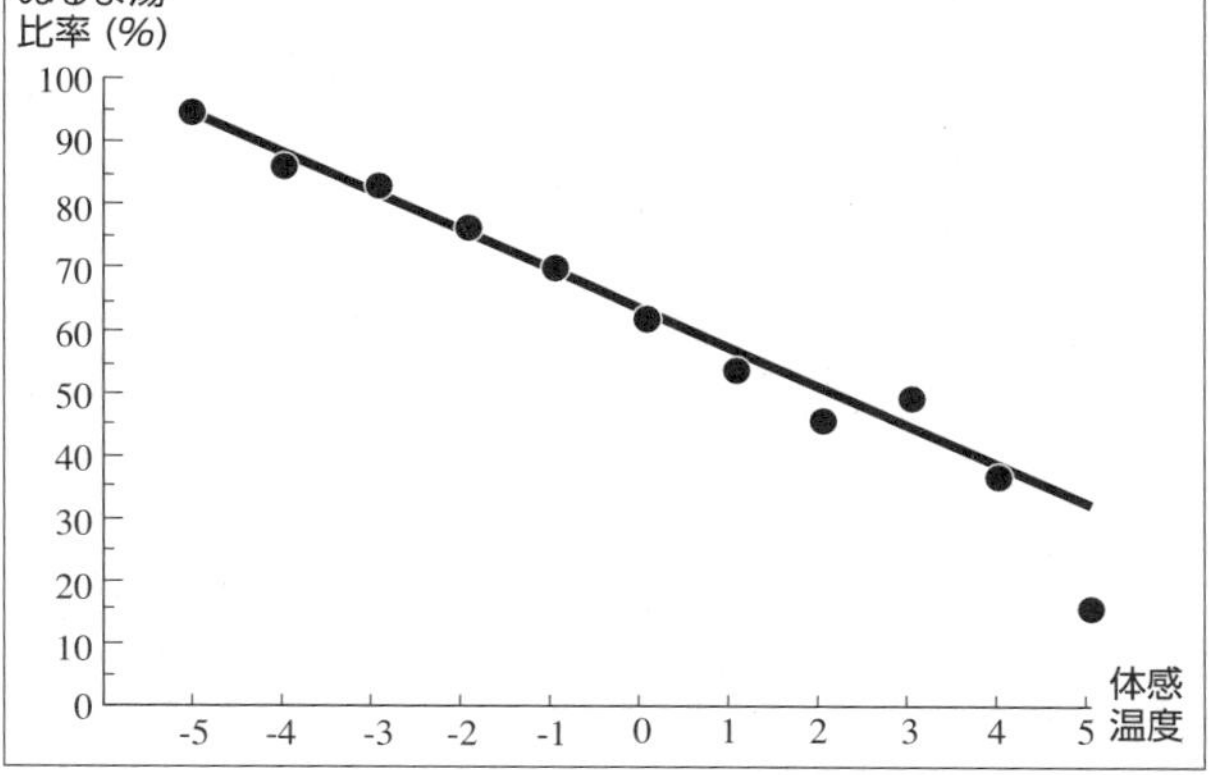

④個性を発揮するよりも、組織風土に染まることを求められる。（イエス0点／ノー1点）

⑤目標達成に向けて競争的雰囲気がある。（イエス1点／ノー0点）

体温（あなた個人の仕事に対する姿勢について）

①自分の仕事については、人並の仕事のやり方では満足せずに、常に問題意識をもって取り組み、改善するように心がけている。（イエス1点／ノー0点）

②従来のやり方・先例にこだわらずに仕事をしている。（イエス1点／ノー0点）

③必要な仕事はセクションにとらわれずに積極的に行なっている。（イエス1点／ノー0点）

④自分の実力は他の会社でも充分通用すると思う。（イエス1点／ノー0点）

⑤上司がこうだと言えば、自分に反対意見が

あっても素直に従う。（イエス0点／ノー1点）

この十問を使って、まずシステム温と体温を別々に求める。各質問それぞれに、イエスならば〇点、ノーならば〇点と示してあるので、それを単純に合計すればいい。そして、システム温から体温を引くと、体感温度が求められることになる。システム温、体温ともに0から5までの整数値をとるので、体感温度は-5から5までの整数値をとることになる。そこで、「体感温度が-5の人のグループ」「体感温度が-4の人のグループ」……「体感温度が5の人のグループ」という十一グループのそれぞれについて、ぬるま湯比率を求めることで、体感温度との関係を調べてみた。

一九九〇～一九九六年の七年間で統一した条件で調べたデータとして、六千百四十人分のデータがあるので、それを使ってみよう。全体のぬるま湯比率は六八・七％だった。図1にあるようにグラフ化してみると、体感温度が高くなるにしたがって、ぬるま湯比率がきれいに直線的に低下していくことがわかる（ちなみに「直線的」ということを表わしている決定係数は0・98だった）。これは体感温度仮説が正しいという証拠の一つである。統計的には、体感温度0でぬるま湯比率はほぼ六二％となり、体感温度が1高くなるごとに、ぬるま湯比率はほぼ6ポイントずつ低下することになる。つまり、体感温度を測定することができれば、ある体感温度をもった人がどの程度の確率でぬるま湯感を感じるかを予測することができるのである。

個人が感じた湯かげんだけで判断するのは禁物

もしあなたの体感温度が3以上であったら、たぶん、ぬるま湯ではなく熱湯と感じているとは思うが、それ以上に、私はぜひあなたのインタビューがしてみたい。じつは、体感温度が3以上の人は全体の三%しかおらず、ごく少数の例外的なケースなのだ。とくに体感温度5の人は、これまでの調査でもたった六人、全体のわずか〇・一%しかいなかった（だから図1では体感温度5を除いて回帰直線を求めている）。これは測定尺度の問題というよりも、各種状況証拠からすると、熱湯と感じる人は熱さに耐え切れずに組織を退出してしまい、少なくなっているためだと考えられる。だから、まだ組織に留まっているあなたに、ぜひともインタビューしてみたいのである。ひょっとすると、あなたは新しい経営理論が生まれる鍵を握っているかもしれない（ちょっと大げさかな）。

ただし、体感温度だけを見て判断を下すのは禁物である。たしかに、システム温と体温の温度差によってぬるま湯感を説明することはできるのだが、図2をちょっと見てほしい。この図は「湯かげん図」と呼ばれるが、体温を縦軸、システム温を横軸にとって、体温、システム温の平均を破線で入れている。

この図を見ると、体感温度仮説が正しければ、組織や職場の状態をぬるま湯感や体感温度だけで判断することは危険だということがわかる。なぜなら、システム温、体温がともに高くても、ともに低くても、同じ体感温度になりうるからである。図で考えれば、例えば、図の右上隅（システム温＝5、体温＝5なので、体感温度＝5－5＝0）も左下隅（システム温＝0、体温＝0なので、体感温度＝0－0＝0）も体感温度では0になり、差がないことになる。しかし、この両者の違いは重要かつ重大であることは直感的にもピンとくるはずだ。右上隅は組織のシステムも人も変化性向が大きく、システムと人が一体となって変化することを志向した組織である。それに対して、左下隅は組織のシステムも人も変化性向が小さく、組織のシステムが現状に甘んじることを肯定している。また、それだけではなく、メンバーも現状に甘んじることが体に染みついているために、そうしたシステムの状況に気がついていないという危険な状態にあると考えられる。

このことは、組織や職場の状態を、その中にいるメンバーの「感じ」だけで判断してしまうことの危険性を示唆している。例えば、地方公務員はぬるま湯比率が低いが、これは体温が民間企業に比べて低いせいであるといった調査結果だって発表されている。だからこそ、体感温度だけを一気に計算せずに、システム温と体温は別々に計算して、湯かげん図で考えることが重要になってくるのである。

「やり過ごし」は、あってはならないことか？

この「ぬるま湯的体質」の研究は、研究テーマの設定の仕方、研究の進め方などの点で、私にはいい勉強になった。このことを教訓に、最初は学会のやや冷たい視線が気になりはし

図2　湯かげん図

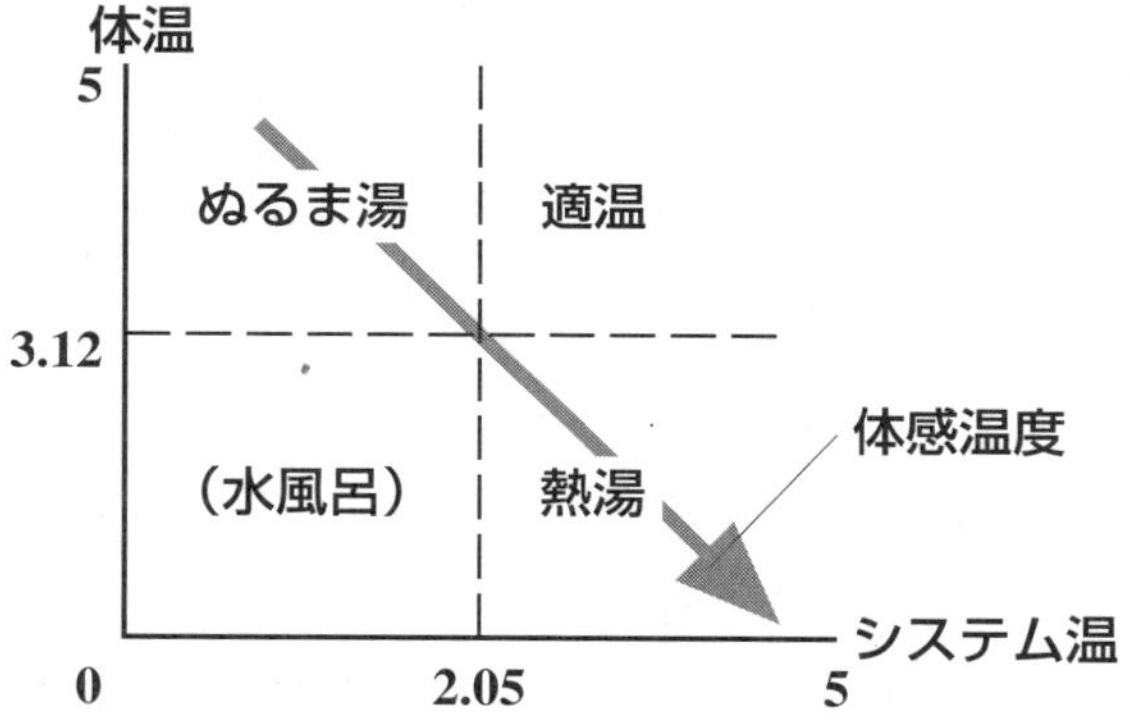

たが、私は「やり過ごし」「尻ぬぐい」といった日本企業の日常をテーマにした調査研究に、迷わず着手した。もちろん研究自体は堅苦しいものになってしまうのだが、ここでは柔らかく、そんな調査の中で垣間見えてきた日本企業の論理を、私なりに提示してみたい。まずは「やり過ごし」の現象から説明することにしよう。

以前、企業の部課長クラスを対象としたセミナーの後の雑談で、「上司の指示命令を部下がやり過ごしてしまうこともあるのでは？」と水を向けてみたことがある。その途端、ある大企業の部長からお叱りを受けた。いわく「組織の中にあって、上司から出された命令や指示をやり過ごしてしまうなどということは、あってはならないことである」。しかし後になって、もっと話を聞きたいという人がやって来た。そして驚いたことに、やり過ごしのできない部下は無能であるとまで言い切る人さえ現われたのである。

上司の指示を部下がやり過ごしてしまうという「やり過ごし」現象に対する評価は、このように実際の企業でも分かれている。しかし現象自体は確かに存在している。実際に企業でアンケート調査をしてみると、「指示が出されても、やり過ごしているうちに、立ち消えになることがある」と答えた人が、これまで調べた三十数社、数千人のデータでは、その約六〇%にものぼっている。企業によっては約九割にまで達するところもある。

なぜ私が「やり過ごし」にこだわってきたのか？　それにはちゃんとしたわけがあった。じつは、やり過ごしのような人間臭い現象も、モデル化してコンピュータ上でシミュレーションを行なうと、条件さえ揃えば自然に発生するごく普通の組織現象であることがわかっていたのである。これは近代組織論と呼ばれる流れに属するモデルで、それによれば、①人間は全知全能ではないが、限られた範囲内の問題に対しては理路整然と合理的に問題解決を行なうことができるので、②組織という装置を使い、なんとか解決可能なサイズの問題にして個人に割り振っているわけだが、③その組織の中でさえも、人間は時として自分の能力の限界を超える大きな問題にぶつかることがあるので、そのときは立往生して「やり過ごし」てしまうことになると考えられている（詳しくは、拙著『組織の中の決定理論』朝倉書店を参照のこと）。

人はなぜやり過ごすのか？

ごく簡単なコンピュータ・シミュレーションを行なってみても、やり過ごしの現象は仕事の負荷が大きいときに発生しやすいことがわかっている。実際、やり過ごしの現象は、企業の中ではもっとも多忙な人びとである三十代の課長・係長クラスで、仕事の負荷がきつい時に発生していることが、調査の結果わかってきた。

例えば、慢性的なオーバーロード状況にある、ある会社の職場では、とにかく忙しくて上司の指示命令のすべてに応えることはとてもできない。部下は、自ら優先順位をつけ、上司の指示命令とはいえ、重要度の低いものを上手にやり過ごすことで、時間と労力を節約し業務をこなさねばならないのだ。それができない部下は、「言われたことをやるだけで、自分の仕事を管理する能力がない」「上からの指示のプライオリティづけができない」と低い評価をされることになる。

またある会社では、人事異動が頻繁だった。ということは着任から日の浅い管理者が必然的に多くなるわけだが、着任早々では自分の所轄業務に関しての専門知識を充分には持ち合わせていない。だから反論するのもばかばかしい指示が時としてなされることになる。それに比べれば、部下のほうが当該業務には精通しているわけだが、だからといって、面と向かって上司の指示がいかにナンセンスなものであるかを立証したらどうなるか。それを受け入れる度量の広さを上司が持ち合わせていない場合、職場の人間関係はぎくしゃくするだけである。実際、「殿様が白と言ったらカラスも白いんだ」とわめき散らした上司もいたらしい。そこで、的外れな指示は部下のやり過ごしによって濾過《ろか》され、上司に恥をかかせずに、正当な指示に対する業務だけがラインに流れることになる。管理者が気まぐれ的な指示を出したがる場合にも、同様に部下は指示をやり過ごす。こうすることで、リーダーの異質性・低信頼性の表出を抑えることになり、組織行動の安定化をもたらすことになる。

やり過ごしはコンピュータ・シミュレーション上では、組織を構成する人間の特性にはかかわりなく、確率的にある頻度で発生する現象である。ところが実際の企業では、仕事の過大負荷だけではなく、上司の低信頼性・不安定性が引き金となって発生する。やり過ごし自体には、組織的破綻を回避するという評価されるべき機能がありながら、その引き金となっているのは、仕事の過大負担や上司の態度といった大きな問題であるために、やり過ごしの現象に対する評価が分かれてくるのである。

「やり過ごし」も能力のうち

とまあ、もっともらしく、やり過ごし現象の発生理由を追ってきたわけだが、こうした欧米流のノーマルな組織論に収まる範囲を逸脱して、やり過ごしには、もう一つ重要なきわめて日本的な機能が存在していることも指摘しておきたい。

経済学的な発想からすると、やり過ごしは単なるコントロール・ロスやコストにすぎない。

たしかに優秀な上司の指示にすべてきちんと従ったほうが、効率的だろう。しかし、この発想には決定的な誤りがある。それは今日の部下は十年後には何らかのかたちで上司をやらなくてはいけないということである。少なくとも日本企業では、このことは事実なのだ。いま、上司の指示をただ忠実に、やり過ごすこともなく黙々とこなすだけの部下が、はたして十年後によい上司となりえるだろうか。

ある大手の流通業者では、四年制大学を卒業した男子従業員に、七年間も同じ売場で単調な食品加工の仕事をさせていた例があった。この場合、店長が短期的な人件費、コスト削減圧力の中で、「熟練した職人」である彼を担当からはずす決心がつかないままに、ずるずると七年間が経過したらしい。確かにその食品加工の生産性は高かっただろう。しかし、そうした環境に置かれ続けた者が、はたして幹部として成長しうるのだろうか。彼の将来はいったいどうなるのか。そして幹部候補として採用したがために高い給料を支払い続ける会社はどうなるのだろうか。そう考えるならば、短期的には多少非効率なことが発生しても、ローテーションを行なってさまざまな経験を積ませるべきだったのだ。

これと同じ論理がやり過ごしにも通じる。実際、トレーニング的な意味合いを込めて、上司は部下がこなし切れないほどの量の仕事を与えることがある。こうすることで、部下のやり過ごしをわざと誘発させているのである。そんなとき部下は、自分で仕事に優先順位をつけ、優先順位の低い仕事をやり過ごしながら、自分で仕事を管理することを期待されている。うまくやり過ごしができるようにならなければ、将来的に優秀な上司にはなれない。

その際、個々の仕事に対する優先順位のつけ方や、やり過ごしの判断の仕方をチェックして部下の力量を推し量っているというケースもある。上司の指示をやり過ごしてしまうことは、確かにコストには違いない。しかし、それは正確に言えば、単なる無駄ではなく、将来の管理者や経営者を育てるためのトレーニング・コスト、あるいは選別コストである。そのため、長期雇用を前提としている日本企業においては、やり過ごしの現象を暗黙のうちに容認し、必ずしも「悪い」現象として決めつけないという現実もあるのだ。

尻ぬぐい的な係長の仕事

ところで、部下のやり過ごしを許容したとして、それが不首尾に終わったときには、いったいどうしたらよいのだろうか。これについての妙案はない。はっきりしているのは、誰かが尻ぬぐいをしなければならないということである。実際、企業を調べてみると、業務の多忙感が充満している課長あるいは係長クラスでは、いわば職場の尻ぬぐい的な仕事をさせられていることが、業務の多忙感につながっていることがわかってきた。

しかも尻ぬぐい的な仕事に従事している中心は、いまや公式名称としては多くの企業で姿を消しつつある「係長」に相当する職場リーダーたちだった。係長クラスが上司と職場・現場に挟まれて尻ぬぐいに追われている姿は、まさに多忙そのものである。課長などの外部からも見えやすいポジションとは異なり、係長クラスの存在は、いまや係制の廃止などで、対外的には見えにくくなっている。しかし、光は当たっていなくとも、その職場リーダーとしての機能は重要である。企業がトレーニング・コストや選別コストを覚悟するのは当然としても、結局は、誰かが尻ぬぐいをしなければ、組織は動かないのである。

やり過ごしのように意思決定を部下に任せてみるという場面だけではない。自分で片づけたほうが速くて正確であるようなルーチンに近い仕事についても、とりあえずは部下に任せてやらせてみて、仕事を覚えてもらう。それで結果的にうまくいかなかった場合には、覚悟を決めて自分が尻ぬぐいに回るのである。

「ストレス耐性がある」ことも昇進の条件

こうした尻ぬぐい的行動のおかげで、組織的行動やシステムが破綻をきたさずにすんでいる。しかし他方、この方式のＯＪＴ（On the Job Training）は、教育する側の係長にもストレスを引き起こし、そのストレスは課長に至る選別プロセスの中で加圧されることになる。

こうしたストレスに耐えられることもよい管理職になるための必須条件とされていて、はっきり「ストレス耐性」を資格要件とする企業まである。とはいえ、こうしたストレスに半永久的にさらされるのでは、とても身がもたない。したがって、一般的に大卒従業員の場合には、係長クラスにはある程度限定された滞留期間が設定されている。それも、多少なりとも無理のきく三十歳代に設定されている。ある滞留期間を経て、課長などに抜けて行くという見通しがあってこそ、初めて、人はストレスに耐えていられるのである。

やり過ごしにせよ尻ぬぐいにせよ、その時その時の現象はちっともスマートではないし、手間とコストばかりがかかってどうしようもない。なのに、そうして現在をしのいでいかないと、未来は真っ暗になってしまうという共通の特徴をもっている。それができないということは、自分が会社を辞めるか、会社がつぶれるかのどちらかを意味している。じつは、ぬるま湯の現象が発生しているような組織では、近代経済学的な期待効用理論とは別の合理的な理由で、仕事の選択が行なわれている。やり過ごしや尻ぬぐいを支えている論理もそれと同根なのである（詳しくは拙著『できる社員は「やり過ごす」』（ネスコ／文藝春秋）でどうぞ）。

大企業体制の構造分析

大企業は、問題の巣窟である

米倉誠一郎（一橋大学イノベーション研究センター教授）

日本の企業システムやコーポレート・ガバナンスについてさまざまな議論があるが、いまいちばん問題なのは日本のシステムが二十一世紀に向けて充分な雇用を創出し、我われの生活をより豊かで充実したものにできるかという点につきる。第一に、アメリカと日本における新企業の開業率をくらべてみると、過去十年間にその差が倍に開いてしまったことに気づく。さらに具合の悪いことに、近年日本の開業率は廃業率を下回っている。すなわち出生率より死亡率が高いということである。日本は人口構成同様、企業社会においても老齢化を迎えているのである。この事実と日本の大企業体制の間には相関関係がある。すなわち、いまの大企業体制に依存し続けると、新事業の創出と雇用がますます減っていくということである。

グローバル・スタンダードと雇用減

いまもっとも話題性のある言葉のひとつが、「グローバル・スタンダード」であろう。ここでいう、グローバル・スタンダードとは世界標準であるが、つきつめていえば現在もっともオープンなシステムを誇っているアメリカの標準のことである。競争でいえば、国家保護や規制のない自由市場で競争することであり、コーポレート・ガバナンスでいえば、なによりも株主の重視であり、言語であれば、米（英）語ということになろう。世界市場で競争するには、もっとも開かれた国の水準にあわせなければならないということである。このグローバル・スタンダードのおかげで、世界レベルで激しい競争がくり広げられる、いわゆるメガ・コンペティションが出現したのであった。

製造業の開廃業率の推移(年平均)

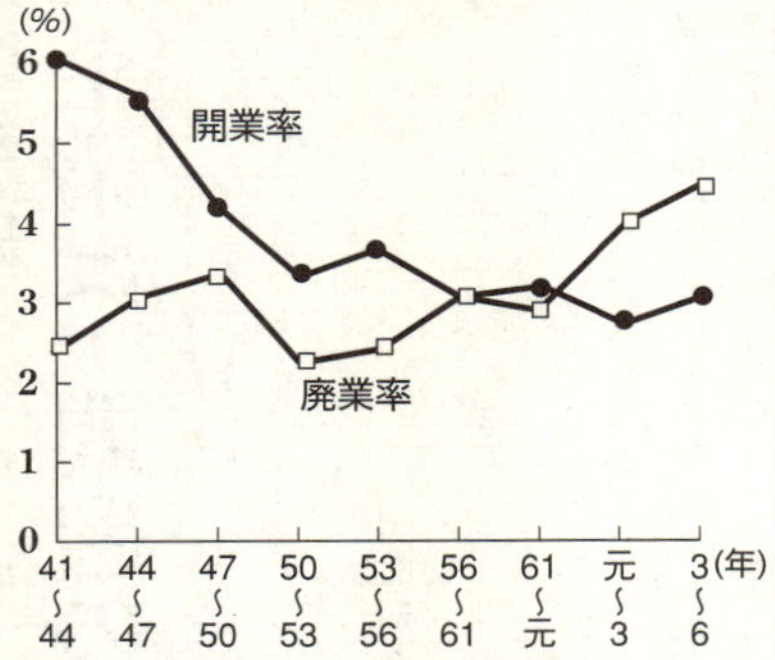

資料：中小企業庁『中小企業白書』平成9年版

既存の大企業はまさにこの国際的メガ・コンペティションに直面して、その効率的な運営、すなわちリストラクチャリング・リエンジニアリングに必死である。さらに、こうした大企業が世界市場で競争するためには、自由競争に加えてもう一つの世界標準を受け入れざるを得なくなっている。資本市場からの強い圧力によるコーポレート・ガバナンスの変更である。すなわち世界市場でメガ・コンペティションを勝ち抜くためには、世界で資本調達を行なう必要がある。あるいはうまく国内の資本市場で資金調達を可能にしても、金融市場はもっとも世界標準で動くため、国内金融機関も最終的には株主重視のガバナンスを要請することになる。ということは、かつて株式持ち合いやメインバンク制のおかげで、株価や株主の声を比較的軽視し、より長期的な投資や従業員の成長を重視してきた日本の大企業に、大きな変更が迫られているのである。それは株主重視の効率経営であって、従業員の増大には常に負の作用をもつ方向に働く世界標準である。

ところが、アメリカでは過去十年間に大企業は八百万人の雇用を削減したが、その一方で一千二百万人の雇用が中小企業によって生まれている。その理由は多くの若者が小さい企業に行く仕組みと活力をアメリカが構築したからである。この差が、はじめに揚げた図に示されているのである。

すなわち、日本の大企業はこれから雇用を減らすことはあっても、長期的な投資や技術蓄積によって雇用をどんどん伸ばしていく可能性はほとんどない。天然資源も乏しく、一億数千万人という人口を抱える日本を思うと、いまいちばん必要なことは、新しい事業を次々と起こしていく構造的な仕組みとそれを担う企業家（アントルプルヌア）たちの育成だと思わざるを得ない。

新しいシステムの必要性

したがって、既存の大企業に多くの人材を送り出してきたこれまでの大学というシステムも、その使命を大きく変更するときにきている。既存産業の担い手を育成することから、既存のパラダイムを大胆に変革し新たな産業をつくり出していくような企業家、あるいはイノベーターの育成・輩出へである。

イノベーターというと何か新たな発明をしたり技術革新を行なう人々だけに限定されがちだが、じつはそのように狭い概念ではない。新たなマーケットを発見したり、新たな組織をつくったり、既存の枠組みを新しい発想で変更し、新たな価値創造・知識創造をする人々すべてが企業家でありイノベーターなのである。

現に『イノベーションと企業家精神』を書いたドラッカーは、日本を代表する企業家たちとして渋沢栄一、ホンダ、ソニーの三者のケースをあげている。しかし、渋沢栄一翁は技術者でも発明家でもない。たくさんの株式会社を創業し、欧米の新たな産業やシステムを日本に導入した、まさに企業家の先駆者であった。また、ホンダやソニーをよく知る人は、この二つの日本を代表するベンチャー企業を、技術者だけの企業とはいわない。技術者と経営者、あるいは技術者とマーケターとの巧みな組み合わせから成功したという。すなわち、本田宗一郎と藤沢武雄、井深大と盛田昭夫という二人の組み合わせである。技術者だけではベンチャーは大きく成功しない。必ず優れた経営者がその傍らにいて、技術の事業化を実現しているのである。いまやコンピュータ、デジタル、インターネットと技術全盛時代のようにいわれるが、じつはビジネス系大学の活躍の場がむしろ提供されている時代といえよう。

大企業の技術・人材蓄積

ここで予想される反論は、「いや、既存の大企業こそこれまで技術と人材を蓄積してきており、その活用を図るほうがより重要だし、効率的だ」というものである。確かに、そうした面もあろうが、実際には企業規模のために効率的な活用が成されていないというのが、現場の意見であろう。

まずその官僚制的意思決定メカニズムのために、蓄積された技術や人材が有効に活用されていない。これは経営の善し悪しといった問題ではなく、構造的な問題である。企業が大きくなるためには、明確な組織とトップ・ミドル・ローワーにいたる経営階層が必要である。彼らに明確な責任と権限を与え、日常業務をシステム化し、異常事態や変則性をできるだけ少なくすることによって、企業は安定的に成長するのである。そこでは、これまでの前例に反する事象や異質性は自然に排除される。

しかし、イノベーションとはまさに前例にないことであり、異質なものである。イノベーションやイノベーターは既存の秩序やデータを破壊し、不安定をもたらす。すなわち、経営階層にしっかりと守られた大企業にとって、イノベーションやイノベーターは圧殺されるべき宿命をもったものなのである。私は、小さな企業に行けば先発四番で使える人材が、大企業で球拾いに使われている状況をあまりにも多く見すぎてきた。さらに、大企業は規模ゆえに意思決定が遅すぎる。

技術やマーケットが変化しない、あるいはどこかにお手本があってキャッチアップするだけの環境ならば、大企業中心の、あるいは大企業を頂点とする大・中・小の階層的なシステムも有効であった。しかし、現在は産業革命に匹敵するような大変革がはじまっている時代なのである。

社会経済革命としての情報革命

現在進行している産業革命に匹敵する社会経済革命とは、いうまでもなく情報革命である。情報革命について詳述する紙数はここにはないが、その技術的特性のうち九〇年代になってはっきりしたことは、とりあえず以下の四点に要約できる。

①産業革命によって、人類は初めて自然界に存在するもの以外の動力を獲得し、その後の大量生産・大量販売を実現した。しかし現在の情報革命は、人類が初めて人間以外の能力によって事象を制御・管理、さらに推測する手段を獲得し、少量多品種ばかりでなく、大衆に対して個人を対象とした「個衆」をもターゲットに入れた生産・販売活動を可能としたのだった。さらにパーソナル・コンピュータというきわめて分散化したレベルでの情報創造・処理

技術の展開は、こうした生産・販売活動とマーケットをもまたきわめて多様にした。

②さらに、この分散化した知識・情報・マーケットが通信を通じて世界規模でつながり、国境をはじめとするあらゆる境界を弱体化しつつある。

③そこではあらゆるミディアム（媒介＝すなわち文字、映像、音声、空間など）が融合しはじめた。いわゆるマルチメディア化といえる現象の誕生である。

④きわめて分散化した情報創造・処理とミディアムの統合は、ハードウェアではなくソフトウェアによって行なわれている。

そして、これらの技術的特徴は市場競争、組織構築、資源蓄積、資金調達などにまったく新しい次元をもたらした。とくに、こうした情報革命がシリコン・バレーを中心に展開されたため、このモデルをシリコン・バレー・モデルと一般に呼んでいるが、これは地域を指す言葉ではなく、システムを指す言葉と捉えたほうが適切である。

アジャイル・コンペティションへの競争の変化

機械組立工業の製品開発におけるタイム・トゥ・マーケットを短くしたのは、まさに日本企業であった。しかし、九〇年代の情報革命がきわめて分散化した状況での製品開発に新たなモデルを提示したのは、アメリカ企業であった。

コンピュータが分散化し、それをつなぎ合わせる技術革新が進行した結果、市場のニーズは極端に多様化した。この多様化したマーケット・ニーズに向かって、新製品のコンセプト、とくにソフトウェアの開発はＰＣレベルのきわめて分散化した状態で、しかもそれぞれがデファクト・スタンダード（業界標準）を目指して、同時多発的に行なわれるようになった。さまざまな製品をさまざまなニーズにぶつけ、より多くの支持を受けたもの、あるいは多くの参加者を募る仕組みを考えたものが市場を制覇するようになったのである。そこでは、計画合理性が従来ほど強い意味をもたなくなった。

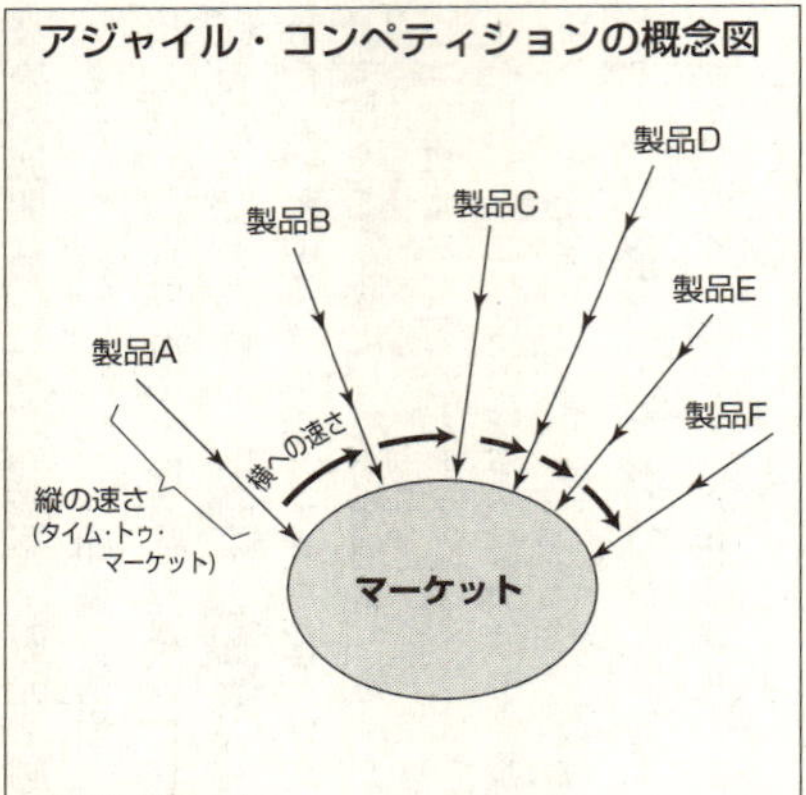

出典：筆者（米倉）作成

たとえば、性能的に優れていなくても、初めに広まった製品、あるいは多くのパーティが参加した製品が、しっかりと計画された商品を市場で凌駕したりすることが多くなった。製品の完成度よりもスピードと製品自体の自己増殖のほうがより重要な要素となったのである。そのため、企業はある製品のタイム・トゥ・マーケットを短縮するだけでなく、新しいコンセプトによる製品を次から次へと開発し続ける必要が出てきた。すなわち、縦のリードタイムを短縮するだけでなく、横への対応すなわち異種製品コンセプトへの転換の速さが要求されるようになったのである（前頁の図参照）。

こうした競争のあり方をアジャイル・コンペティション（俊敏な競争）と形容しはじめたのは、まさに言い得て妙である。そして、縦の競争において圧倒的な強さを示した日本の大企業は、この横への俊敏性でその弱点を露出した。その理由は、このアジャイル・コンペティションが従来の資源蓄積パターンの変更を必要とするものだったからである。

内部蓄積からネットワーク・バーチャルへ

競争が縦のリードタイムの短縮に加えて横っ飛びの素早さを競うものとなったとき、これまでの資源蓄積パターンに重要な変更が必要になった。すなわち、新しい製品をそれこそ数カ月や半年という単位で開発し続けるには、開発に必要な経営資源をすべて企業内部に蓄積し、維持していくことは難しい。取引費用の考え方でいえば、外部取引費用よりも内部管理費のほうがはるかに高くなってしまうからである。めまぐるしく変化する技術と市場ニーズに応えていくには、企業内の経営資源をよりフォーカスのあるものにして、企業間の機動的な連携による開発手法のほうがコスト的にもリスク的にもはるかに合理的な選択になったのである。

したがって、こうした競争下での企業内の資源蓄積のパターンは、総合的なものからその企業独自の強さ、すなわちコア・コンペテンス（中核能力）を集中的に蓄積していくほうが有利となった。そして、企業の連携パターンは各自がコア・コンペテンスをもち寄るネットワーク型あるいはバーチャル型といったルースなものとなったのである。この代表的事例のひとつが、デジタル衛星放送というまったく新しいビジネスを立ち上げたディレクTV（DirecTV）であろう。

ディレクTVは軍需産業の最大手ヒューーズ・グループのヒューズ・エレクトロニクス社が中心にスタートしたまったく新しいビジネスである。ヒューズ社はいずれ冷戦構造が終結し軍需が激減した場合に備えて、生き残りをかけて自社の中核能力の見直しを行なった。その結果、同社が見極めたコア・コンペテンスは、「衛星サテライト技術」と「デジタル圧縮技術」だったという。

この二つの中核技術を利用したビジネスの可能性として、衛星デジタル放送が想定されたのだった。しかし軍需企業のヒューズ社がこのビジネスを立ち上げるには、さらに受信機の開発、視聴者からの個別課徴金システムの開発、百数十チャンネルにわたるプログラム・コンテンツの開発、そして顧客へのマーケティングが必要であった。

従来であれば、このシステムを立ち上げるには一社で独占的に進めることが合理性をもったであろう。しかし、このような新しい技術と分散的な需要に基づいたビジネスは、いかに早く立ち上げ、より多くの支持者や参加者を募っていくスピードが決め手である。そのため、ヒューズ社はネットワーク型組織による事業展開を行なうこととした。すなわち、衛星受信機の開発はＲＣＡ、課徴金システムはＤＥＣ、コンテンツはＭＧＭ、ＥＳＰＮ、ＡＢＣなど

ディレクＴＶの立ち上げ

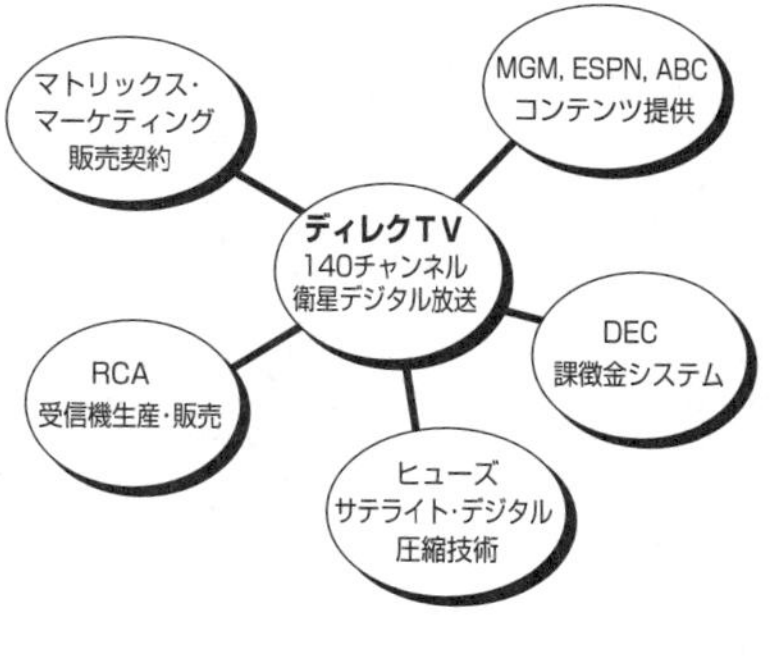

出典：ソレクトロン(Solectron) 社のニシムラ社長の話をもとに著者作成。

の既存コンテンツメーカー、そしてこの事業全体のマーケティングはマトリックス・マーケティング社、と各社がそれぞれの中核能力を供出することによって素早い立ち上げが可能となったのである（図参照）。

　こうした事例が示すように、まったく新しい技術に基づいた複合的なビジネスを素早く立ち上げるには、自社の内部蓄積に依存するよりも、それぞれが強いところをもち合うほうがより早くより効果的であることが共通認識として生まれたのだった。そして、こうした技術と市場の変化は、日本の大企業の資源蓄積のパターンの変更を迫るものであった。

　すなわち、企業は経営資源、具体的にはヒト・モノ・カネ・情報をバランスよく蓄積することによって企業成長の原動力としていくという、大企業パラダイムの有効性が急速に色あせたのである。日本の大企業は終身雇用を中心に内部人材・内部資源を主力に事業展開し、他社資源を付加するM&Aなどよりは内部成長を重視してきた。したがって、他業種にわたるアジャイル・コンペティションに対応するには限界がある。また、戦後の成功体験の中で一種神聖化してしまった終身雇用制のために、事業や事業プロセスの再構築を指すリストラやリエンジニアリングに極端な拒絶反応が起こり、多くの大企業ではこれらの手法を企業の中核能力の見直しに用いることができなかった。この点で、人に流動性のあったアメリカ企業におくれをとったのである。

八〇年代日本の大企業の間で流行語のようになった「総合XX企業」という合い言葉は、九〇年代にはじつに重々しい言葉となった。

最近になって人口に膾炙《かいしゃ》するようになったネットワーク、アウトソーシング、バーチャル・コーポレーション、ファブレスなどは、すべてこうした背景から出現した言葉である。さらに、こうした中核能力の提供者の一翼に、大学も重要な役割を果たすようになったことは明記しておく必要があるだろう。とくに、シリコン・バレーにおけるスタンフォード大学の役割は、それが意識的に推進されてきたことからも特筆する必要がある。

蓄積モデルから確率モデルへ――ベンチャー・キャピタルの意味

以上述べてきた技術と市場のめまぐるしい変化によって、企業の組織構築のパターンが変化すると、もう一方でこの不確実性の高いビジネス機会をとらえる方法が考案される必要が出てきた。すなわち、「当たるも八卦、当たらぬも八卦の確率の世界」をそのままビジネスにする方法である。

技術と市場が分散化した状況では、何かを合理的に計画し体系的に実行することによって成功するよりも、多くの試行錯誤をくり返しながら新しい知識を生み出すことのほうが確率が高い。すなわち、「何が当たるかわからない世界」で成功するには「数を打つこと」が大前提となる。しかし、いままでの資源蓄積や資金調達のパターンでは、こうした試行錯誤を許容することはできないため、新しい仕組みが必要となったのである。

ひとことでいえば、内部蓄積による漸進的成長パターンを変更し、多くの試行錯誤のうち、数えるほどの成功で残りの失敗を帳消しにするようなモデルを築き上げることが必要となったということである。この変更は、まず資金調達パターンに変化をもたらすこととなる。

二十世紀モデルにおける企業の資金調達は、小資本からスタートした事業を、利益を内部留保しつつ十数年の歳月をかけて株式上場を目指すパターンである。しかし、このスピードでは、先ほど説明したような激しい変化には対応できない。もっと試行錯誤の回数を増やす必要がある。そのことを可能としたのが、ベンチャー・キャピタル、ベンチャー・キャピタリスト、ナスダック（ＮＡＳＤＡＱ）、ストック・オプションといった一連の資金調達・インセンティブに関する新しいツールである。すなわち、数多くの試行錯誤にベンチャー・キャピタルという資金が提供されるとともに、もしそのうちのいくつかが株式公開を通じて投下資本の数十倍から数百倍の上場益が得られれば、残りの失敗が帳消しとなるような仕組みが、アメリカ、とくにシリコン・バレーで築き上げられたのである。

この仕組みによって、数多くのアイデアをもった企業群が果敢に、しかも何度でも新規事業開発に挑戦できるようになった。シリコン・バレー・モデルの成功の核心は、まさに試行錯誤を数多く実行させるシステムの完成にあるといっても過言ではあるまい。七〇年代までは、シリコン・バレーで成功した企業家を中心とした人々がベンチャー・キャピタルを提供していたのに加えて、このシステムの完成によって、八〇年代以降は東部の銀行家やベンチャー・キャピタリスト、さらには大手金融機関や機関投資家が資金提供者としてシリコン・バレーに流入する好循環が生まれた。また、ストック・オプションによって成功した企業家が、再び彼らの株式上場益を利用してベンチャー・キャピタリストになる好循環も創造されたのである。

現在日本のベンチャー・キャピタルやストック・オプションに関する論調が、「企業者への動機づけ」としてこうしたシステムの必要性を説いている。すなわち、成功報酬を大きくすることによってリスク・テイクのインセンティブを増やそうという側面の強調である。しかし前述したように、ベンチャー・キャピタルやストック・オプションの重要性は、不安定な確率の世界を安定的なビジネス環境に高めた点にあることを忘れてはならない。大企業のシステム自身がイノベーションやイノベーターを疎外する事実についてはすでに述べたが、大企業を批判するだけでは新しいビジネスは生まれない。新しい企業を起こすためのシステムを整備しなければ、B29に竹槍で戦っているようなものである。

失敗の許容と人材プール

試行錯誤を奨励する資金調達パターンとインセンティブ・システムが整うにしたがって、シリコン・バレーには試行錯誤を支援する人材が流入するようになった。その主要な構成は、まずアイデアや技術をもった企業家たちであり、次に彼らに資金を提供するばかりでなく、成功の確率を少しでも高めるためにあらゆるビジネス情報やネットワークを提供するパートナーとしてのベンチャー・キャピタリスト、そして企業の法的手続きを手助けする法律家たちである。彼らの共通項は「多くの失敗」である。前述したように、シリコン・バレーでは多くの試行錯誤が奨励されるシステムができあがった。その当然の帰結として、多くの失敗事例が積み重ねられ、多くの失敗者が集積されたのである。しかし、失敗は試行錯誤の世界では貴重な財産である。くり返される失敗によって、個々人あるいは企業がその中核能力を確認していく結果となるからである。さらに、狭いコミュニティでの失敗は、すぐに情報共有される。したがって、そこでの前向きの失敗は企業者としての勲章として認知されるのだ。

結局、短時日で試行錯誤を数打つことが成功への近道とするならば、各分野で蓄積を果たした企業や人材を次々に新たに組み合わせて、何度でも新事業に挑戦させるプールが存在しなければならない。こうした新しい競争モデルにおける必要性が、シリコン・バレーで、「失敗はよくあること（Failure is everywhere）」という合言葉を生み出し、地域内での人材プールの成立につながったのである。この意味で、シリコン・バレーは、日本企業が企業内で失敗を許容しつつ長期雇用を実践してきたやり方を、コミュニティで人材をプールして、長期的な戦略を実現しているといえるのである。

いまの日本に必要なことは、大企業以外で果敢にチャレンジし、残念ながら失敗した人々を優遇しろとまではいわないが、何度でも再チャレンジするシステムと風土を完成することであろう。

革命期を疾走せよ

しかし、こうしたシステムが完成すれば自分もやってみるというのでは、遅すぎる。すでに述べたように、技術と市場は想像以上にアジャイルに動いており、我われ日本人を待っていてはくれない。誰かが始め、その失敗を誰かが引き継ぎ、また失敗し、また誰かが引き継いでいく。それが、革命の本質である。幕末の志士たちを見ても、累々たる失敗の上に新しい世界が拓かれている。現代の情報社会革命は、何も命まで奪おうというのではない。誰かが始めることによって、より必要なシステムが提供され、そのシステムによってまた誰かが走る。そんな世界なのだ。現在、あのシリコンバレーの革命児たるアップルやネット・スケープの苦境が伝えられる。しかし、いったい誰が彼らを敗者と嗤《わら》えるのか。いったい誰が、彼らにもう少し時期を待つべきだったなどといえるだろうか。誰かが始めなければ、誰も始めないし、革命の進展はない。

こうした社会状況からして、日本の若い青年たちに大企業に行くことは残念ながら勧められない。それは日本の縮小再生産を意味しているからだ。

多様に変化し、多様に出現した新たな市場機会を求めて、新しい企業を次々に起こしていかなければ、日本に未来はない。

僕たちも、君たちを支援する仕組みづくりに全力を傾ける。君たちは恐れることなく革命期を疾走してほしい。失敗したら、もういちど大学に戻ってくればいい。必ず、骨は拾う。

危機状況を研究対象とする組織病理学

組織って、こんなに抗争体質！

辻村宏和（中部大学経営情報学部教授）

組織づくりのコツは漢方の発想にある！

医学からの教訓

のっけから何の話をするのかと思われるだろうが、じつは組織づくりのコツは漢方の発想にある。つまり「組織の病気」には「診断→治療」という図式が通用しにくく、逆に言えば「予防感覚」が重要だということだ。それは、こと組織においては西洋医学流の対症療法には「副作用」がつきものだからで、いかなる妙薬も新たな病気を誘発しやすいのである。

たとえば「職場の活性化」問題を想定すればわかりやすい。かつて職場の沈滞ムードを何とかしようと多くのコンサルタント諸氏がありとあらゆる手法を開発したわけだが、なんら代償もなく活性化を実現できた手法など見たことも聞いたこともない。たしかに第三者から見ると「組織が生き生きとしている」ように映る場合もある。しかし、組織内部の者にとってはさまざまな明暗があり、たとえば「活性化とは聞こえがいいが、気がつけば『くそ生意気な部下』ばかり」ということだって大いにありうるのだ。

結局組織の問題解決は次の「新たな問題」の発生でもあり、新たな問題の連鎖は途切れることがない。だから組織づくりの理論には、問題の解決手法を開発すること以上に、組織の病気を事前に数多く知ることによってトラブルを最小限に抑えるというスタンスが必要なのである。人間の営みにおいて「解答集」などあるはずがなく、それを追求するならば、組織化技能としては「問題発生の図式」を解明したほうがより生産的だ。

「たった一人加わっただけモデル」からの教訓
組織は抗争体質！

それではここで、問題発生図式の一例を紹介してみよう。名づけて「たった一人加わっただけ」モデルだ。これはグループのメンバーが「たった一人」加わることが、じつは組織に「小さな変化」ではなく「大きな変化」を及ぼす可能性があることを示すものである。

日常では組織メンバーの増加が「たった一人」の場合、何の抵抗もなく許容されやすい。ところが、それを「派閥形成」レベルで考えると、とんでもない事態を招きかねない。

いま四人のグループに一人加入するとしよう。「四人でうまくいっているのだから、たった一人ぐらい……」と思いきや、役割分担を離れたメンバー間の連絡の本数を四人の場合と五人の場合を比較してみるといい。まず四人の場合、連絡の本数は四本ではなく六本である。つまりすべての連絡可能性を考えるならば、n(n-1)/2の算式（nは人数）で求められるわけで、五人になると5(5-1)/2で十本だ。つまり一人増えただけで四本も連絡可能性はアップする。六人になれば十五本……という具合に、増加率はぐんぐん上昇していく。

要するに「たった一人」でもそれだけ派閥の形成・再編成の可能性が高くなるのだ。たった一人がたまたま「闇のキーパーソン」となったらどうなることか。たった一人など「点」だと思っていたら、それが「線」となり、ついには「包囲網」……と、サスペンス・ドラマ仕立ての事態すらありうる。だから、たった一人でも、その加入を認めるかどうかにはリトマス試験が必要だ。その意味では、中小企業は中小企業基本法で「中小」に分類されているが、組織のトラブル発生という点からは「大企業」と言ってよい。

財団法人日本相撲協会からの教訓
誰が理事長になってもトラブる!?

財団法人日本相撲協会（以下、相撲協会）からは、学ぶべき点が多い。一般に「ヒトを動かす方法」として権力、交換、共鳴の三つが挙げられるが、たとえば権力の効果について考える場合に、相撲協会のいまの状況から「権力―権威」図式の有効性を確認できる。

　日常生活で権力、権威、そして権限といった一文字違いの類似言葉を明確に使い分けている方は少ないだろうが、それらを分析装置として概念規定しておくとたいへん便利だ。権力は「相手を自分に従わせようとする意志ないし生の力」と日常感覚に近い定義でよく、ほぼ「上司の命令」のイメージでいいだろう。

　問題は「権威」で、読者の使用法とズレがあるかもしれないが、その権力に相手が「従う場合」に「権威成立」、「従わない場合」に「権威不成立」と規定するところにこの分析装置のミソがある。つまり上司が部下に「○○しろ」と命令を発しただけでは権力のままなのであり、部下が命令どおり業務遂行したときに権威が成立する、と分析するために言葉を道具化するのだ。

　さてこの図式の仕組みそのものはいたって簡単だが、相撲協会の現状ともリンクする重要な命題が隠されている。第一に、我われは「権威のない権力」と「権威のある権力」という用法が可能になった。組織の安定性では言うまでもなく後者のほうが高いわけだが、まず言えることは、意外にも我われの周囲には前者の「権威のない権力」状態が多いことだ。

　乱暴だが「トヨタvs辻村ゼミ」で運営の難しさを比較してみるとわかりやすい。「七万人を擁する世界のトヨタに比べて辻村ゼミごとき……」と思いきや、わが辻村ゼミのゼミ長はトヨタの部長のような命令権の発動は容易ではない。ゼミ長だからといって同期の学生に命令など簡単にできるはずがなく、ゼミは「権威のない権力」状態に置かれるのが常だ。雇用・非雇用関係をベースにした会社組織と比べて、サークル、ボランティア・グループ、そして「一門」およびそれに属する各「部屋」で構成される寄合所帯の相撲協会のようないわゆる「この指とまれ」組織でトラブることが多いのもゼミの場合と相似形だ。

第二に、結局権威を決定するのは「下の者」だということが、組織運営を微妙なものにする。相撲協会は、目下《もっか》その余波をもろに被っている。下の者が権威成立の鍵を握っているということからは「権力は委譲できても、権威は委譲できない」という命題が導かれるのだ。だから、よくある「長男の二代目就任」は要注意で、社長になったとたん「あんなバカ息子の下で……」と従業員が思うケースは決して少なくない。バトンタッチのタイミングが経営のターニング・ポイントと言われるのはそのためである。

相撲協会の理事長の権力は「春日野→二子山」と続き境川親方にシフトしたものの、権威はそのつどご破算になり、境川親方の権威は再度協会メンバーが決めるということなのだ。境川親方はバトンを渡されたときが「若・貴人気」と相まって相撲協会の業績がピークだったことが、不運と言えば不運だった。この先業績が横ばいないし下降しかない中での「年寄り名跡」の革新は、権威低下は必然だろう。この点においては、「史上最強空手」の極真会館も事情は同様だ。後継者の松井章館長に故大山倍達のようなカリスマ性を期待したってどだい無理というもので、それこそ「ゴリラ殺し」ぐらいやって伝説でもつくらなければ間に合わない。そこで我われが学ぶべき点は、「先代が亡くなってからの権威づくりは難しい」ということだ。

第三には、権威の確立が組織の「一応の安定性」しか保証しえないということで、「一応の」の謎解きをしておこう。第三者から見れば、権威が確立されていたほうが組織のまとまりがあって良好状態と映るだろうが、じつは組織はそれほど安定しているわけではないのだ。それは権威の成立が「不平等」を契機にしているからである。なぜ部下が権力に従うのかと言えば、上司との間で職位、職権（人事権）、知識、情報などの点で格差があるからだ。つまり部下が「従う」こと自体からして、「満足状態の権威成立」よりも「不満足状態の権威成立」のほうが自然なのである。要するに権威が確立していると言っても、部下の深層心理は「しょうがネェからいうことをきく」状態にあると思ったほうが正しいのであり、権威成立の裏には私怨が不可避だ。「権力に従うことに満足を感じる」状態などめったにあるものではない。しかも知識および情報における上司との格差などしだいに縮小するもので、その分権威は時間とともに低下する。上の者は「権威は部下の不満足状態で成立し、しかも漸減する」という認識が必要なのだ。

極真会館の分裂を見るまでもなく、他の事情に大幅な変化がないかぎり、これからの相撲協会において誰が理事長になっても、そこそこに「局地戦」が展開されるのは必定なのである。

プロレス団体からの教訓
「この指とまれ」方式の危うさ

意外にもプロレス業界が組織論に多くのヒントを投げかけている。もとはと言えば、いまでは伝説の人となった力道山率いる日本プロレスで一枚岩に統一されていた。それが、まずジャイアント馬場とアントニオ猪木がそれぞれ旗揚げした全日本プロレスと新日本プロレスに分裂し、その後も分裂をくり返して現在では三十数団体がひしめき、統一コミッショナーなど存在しえない状態と化している。

さて、この業界から学べることは、「ヒトを動かす方法」の三つ目の「共鳴」に関してである。

共鳴というのは、組織目的への共鳴という意味だ。つまり、組織メンバーが組織目的を上から与えられたものではなく「我らの目的」と感じることである。そうしてできた組織のことを茶化して「この指とまれ」組織と言うのだが、キマると、ある種宗教団体のごとく強力な軍団となる。

とくに「指にとまる」度合いがもっとも高まるのは、組織目的が「復讐」ムードを漂わせているときだ。分裂・脱退によって結成された各プロレス団体が、結成当初、最大のモティベーションを発揮するのもそういうわけである。組織力は「理念よりも怨念」だと言われるぐらいで、まさに芝居の「忠臣蔵」ワールドと言っていい。ちなみにボランティア組織などもこの範疇に入る。

ところが、ご多分にもれず、この種の組織ももろい。なんといっても即効性がなければたちどころに崩壊の危機にさらされる。プロレス業界が離合集散をくり返すのは、ひとえにこの点にある。「八百長だ」という宿命的批判をかわすために「ショーではない真剣勝負を！」の旗印のもと、どれだけ多くの団体が結成されたことか。しかし、である。「打倒○○！」組織にはもともと崩壊メカニズムが内蔵されているのであり、組織が「二極分化」しやすいのだ。

ポイントは、組織目的へのメンバーの「かかわり具合」にある。この種の組織でメンバーがハイ・テンションを示すのは、あくまで「総論」レベルの目的に対してである。かつて新日本を脱退した前田日明が率いたＵＷＦの「真の格闘技を」という総論的目的は情熱的で、レスラーたちの琴線に触れるものだった。極真会館の「極真こそ最強」と同じだ。

問題は具体的な運営に移るための実行計画を作成するときで、総論的目的は「各論的」目的にブレーク・ダウンされる。概して総論的目的はヒトを集めるときはメンバーをヒートアップしやすく都合がいいのだが、いざ興行（試合）日数や場所、メイン・エベンター、そしてギャラの取り決めの段階になると突然色あせてくる。各論レベルでは利害の相違が前面に出てくるからで、この段階で音頭取りの「正体」も見えてくるのだ。

忠臣蔵の「赤穂浪士」が教訓を残してくれている。果たして赤穂藩士は「忠臣」の名に値するのかという問題だ。なんとなれば、お家断絶になるまで、赤穂藩に家臣は、約三百名もいたのである。しかるに討ち入りしたのは、そのうちたったの「四十七士」だ。しかも、ある試算によれば、その四十七士もあと一週間討ち入りが延びたら忠臣蔵という名作は後世に残らなかったという。お家断絶後一年と数カ月が、「仇討ち」という総論的目的だけでメンバーを引っ張っていく限度だったというのだ。結成後は、いち早く目的を達成しないとダメなのだ。

さて、言い出しっぺ（リーダー）が各論的目的の設定がかくも危険に満ちたものだと気づいた場合、総論的目的のブレーク・ダウンは控えられ、場当たり的に日々の対応がなされがちとなろう。しかし、そのことがまた別の二極分化を生んでしまう。いつまでも実行レベルの目的に変換されなければ、メンバーの多くはやがて「同志」だったものが「単なる支持者」へとシフトしていくはずだ。それを命令権の発動、つまり権力でコントロールしようとしたって無理だ。「この指とまれ」方式の組織は、基本的に「メンバーの、メンバーによる、メンバーのための」組織であって、ある意味で運営がもっとも難しい組織なのである。ここに自己犠牲をまったく受けつけないメンバーの「計算された一体化」が始まるのだ。

プロレス業界の離合集散状況は、相当程度このロジックで説明可能なのではないか。「我われこそ真のプロレスを！」という「指」にはとりわけ実力のあるレスラーはとまりやすい。しかし、「真剣勝負」になれば各論的目的には覚悟が要る。ショーではなく真剣であるだけに、試合日数は減るという覚悟がまず必要で、その分練習量は増える。年間百数十試合などもってのほかだ。しかも真剣勝負はとかく試合内容が地味なものになりやすく、「通」にしかわからない試合はエンターテインメント性に欠け、ビジネスの論理に反する。つまりは売上げは減少し、ギャラも減る。そのとき、もっともギャラの多いメイン・エベンターを誰が誰に決めるのか……トラブルの始まりである。全日本の馬場社長が語った「みなが格闘技、格闘技と叫んでいるので、私は『プロレス』をさせていただきます」というフレーズが、組織運営の妙を伝えているようで、いま非常に印象に残っている。

ヤクルト・スワローズからの教訓
「全員イチロー」でなければ自主管理野球はムリ!

九七年プロ野球日本一に輝いたヤクルトも組織づくりを考える好材料だ。対応する理論は「目標による管理（management by objectives 以下、MBOと呼ぶ）」である。年功制から能力主義の時代に移行しつつあるビジネス社会では年俸制などとセットで再び注目され出した理論だ。

「目標による管理」は、意味を反映させれば「自己設定目標による管理」ということになろう。簡単に言えば、通常の管理が「上司：計画・統制する人、部下：実行（だけ）する人」という図式で理解されるのに対して、MBOの場合、要するにプラン（P）・ドゥー（D）・シー（S）のサイクルがP&SとDとに分離せずに各メンバーの自己回転となるわけだ。「自分の仕事の目標は自分で決めて自分で統制する」ということで、いわゆる「管理野球」のアンチテーゼとなっている。「個性の時代」といわれる現代では、世間的にいたって耳障りがいい理論だ。「考える葦」である人間には、「やっていいことはこれだけ」式の管理より「やっていけないことはこれだけ」式の自由裁量を保証した管理のほうが、メンバーの創意工夫に結びつき、ふさわしいというわけである。

MBOの特徴は、自己設定目標・自己統制を合わせた「自主管理体制」ということになる。たしかに自由は人間の創造性に結びつきやすい。コーチの指示に従わなかったイチローの「振り子打法」がすべてを物語っている。が、果たしてそれは強力な組織づくりの武器たりうるか。答えは、否である。

問題はMBO導入の前提条件で、それをクリアーしないかぎり予定調和的に「MBO導入→創意工夫→優勝」という図式は成立しない。第一の理由は、MBOを適用するには、それに「ふさわしい人材」があるということだ。メンバーはPとSを獲得しているからといって「MBO＝自由」ということにはならない。自主管理とは、「MBO＝自由＋責任」が正しい。ということは、MBOを適用するにふさわしい人材にはPに対応した創造力のみならず、責任に対応した強い意志が要求されることになる。失敗したときは責任を取ることのできる「有能&度胸」人間であることが望ましい。「指示待ち人間」など通用しない。有能な人間は探せばいるだろうが、度胸までそろっている人間が果たしてどれほどいるだろうか。

その意味で「仰木マジック」は決してマジックではない。遠征先での門限やミーティングもないということで「アンチ管理野球」「のびのび野球」のイメージで語られることが多いが、仰木監督の「自由の分だけ責任を取らせる」厳しさを忘れてはならない。彼の場合、成績に応じてバッティング・オーダーを目まぐるしく変えることで有名だし、MVP表彰選手をその日のスタメンから外したこともある。MBOは選手にとって、少なくともユートピアではまったくないのだ。

第二には、既存の体制からMBOへのシフトの問題がある。上からトレーニング・メニューを与えられていた「指示待ち人間」が、こんどは自分でメニューをつくって自主管理するのだ。ここで我われが恐れることは、シフトに当たって「子どものサッカー現象」が生じないかということだ。子どものサッカー現象というのは、「シュートする人間はいつもきまって上手い奴」現象のことだ。要するに組織内に市場原理が働き、「いいものは残り、ダメなものは消える」という痛みがMBO導入には伴うということだ。実力のある者がまずトクをし、「連続〇千試合出場」記録など受け入れないシステムなのである。そんな体制への移行を、果たして「無血革命」として展開できるだろうか。

第三に、自主管理が「自己弁護」にすり変わる危険があることを指摘しておきたい。このことについては、プロ・スポーツ界が好個の例証をたくさん提供している。「アマチュアじゃあないんだから大人の扱いを……」「グラウンドで結果さえ出せばいいんだから、酒・タバコぐらい……」という選手の主張によって、そのイメージをとらえることができるだろう。この理屈で、いったい何人の選手が球界を去ったことか。そう、自主管理と「わがまま」との線引きができないのだ。

さてヤクルトだ。じつはヤクルトは、九三年に日本一になった翌年のキャンプで「管理野球からの脱却」を試みたのだ。その結果はというと、みごと（？）四位だった。某新聞ではヤクルト選手の「大人度テスト」なんて言っていたが、当時若かった古田たちはＭＢＯにふさわしい人材ではなかったようで、その後のヤクルトの体制は野村監督によるＩＤ野球という名の中央制御の道へと進んだ。

そこから我われが何を学んだかというと、「ＭＢＯ導入→創意工夫→優勝」という図式が錯覚にすぎないということだ。要するに「ＭＢＯを導入すればヒトは育つ」のではなく、「ＭＢＯ導入には最初から『全員イチロー』でなければならない」ということなのである。「結果さえよければ銀座、赤坂、六本木……」という○○選手にＭＢＯを導入しても、ミスター・セルフコントロールのイチローに大化けすることなんてありえないのだ。

不祥事対策としてのコーポレート・エシックス理論

「会社のため」が会社を滅ぼす！

中野千秋（麗澤大学国際経済学部助教授）

顧客に背を向け、総会屋の執拗な要求に応ずるまま、違法な株取引や迂回融資で巨額の資金を提供した横並びの構造的犯罪は、遵法精神より「株主総会が混乱すれば、会社の信用に傷が付く」というメンツを優先していた日本の企業社会の〝病根〟を改めて浮き彫りにした（『日本経済新聞』一九九七年十一月七日）。

この記事が出された約二週間後、日本証券業界の最老舗・山一証券が「自主廃業」の決定を下し、その百年の歴史に終止符を打った。ほんの数年前のバブル期には、莫大な利益を上げていた四大証券の一角が脆くも崩れ去ったのである。その破綻の原因が、歴代経営陣の経営手腕の稚拙さに求められることは言うまでもない。さらに、より直接的には、株式相場の低迷や、総会屋への利益供与事件に伴う顧客の取引停止による打撃も深刻だった。

しかし、山一破綻を何よりも決定づけたのは、同社が二千六百億円あまりの簿外債務を抱えていたことである。いわゆる「飛ばし」という行為で、山一本社が抱える債務を関連会社に肩代わりさせ、自社の帳簿にはそのような債務がないように見せかけるという不正行為を何年も続けてきたことが発覚した。このことによって山一は、メインバンクの富士銀行に突き放され、さらに最後の砦として救済を求めに行った大蔵省からも見放されてしまった。「飛ばし」という不正行為が山一証券にとどめを刺したと言ってもよい。

私企業は営利追求を目的として人為的につくられた組織である。だからといって、営利を追求するためには何をやってもよいというわけではない。どんなに競争が激烈だからといっても、その競争は「公正」に行なわなければならない。「公正な競争」を行なうための法やルールが守られなければ、市場経済はまともに機能しえない。スポーツやゲームを本当に楽しむためには、個々のプレイヤーがちゃんとルールを守らなければいけないのと同じことである。いわゆる「フェアプレーの精神」というやつである。しかし、そんな簡単な論理が、会社という組織の中に埋もれているうちに、どこか歪められていくということがしばしば生じる。サッカーでもラグビーでも、相手に攻め込まれて苦しくなったときに、ついついファウルを犯してしまうことが多い。もちろん、いくら苦しいからといっても、ファウルをくり返すと「退場」を命じられる。昨今の厳しい経済状況の中、企業もそこで働くビジネスマンも、追いつめられた状況に遭遇することはたしかに多いだろう。そこでもファウルをくり返すと「市場追放」の憂き目に遭う。そんな局面にあってこそ「正しい判断」をする力を養っておく必要があるのだ。いままさに企業倫理(business ethics)が問われる所以《ゆえん》である。

「会社における立場」が個人の良識を歪める!

一九九七年十一月、四大証券の一社で総務担当常務をしていたN氏が逮捕された。元副社長らとともに、総務部を中心として組織ぐるみで総会屋に資金を提供していた罪を問われたのである。N常務は、慶大法学部を卒業してこの会社に入社、総合企画室長や人事部長など管理畑を中心に要職を歴任してきたエリート社員だった。「人望が厚く、社交的」というのが社内におけるもっぱらの評である。おそらく仕事もできて人柄もよい「良識ある」ビジネスマンだったにちがいない。そのような人がなぜ組織ぐるみの犯罪に加担してしまったのだろうか。ある関係者は「人柄というより、立場が事件に関与させてしまったのだろう」とN氏をかばう(『日本経済新聞』一九九七年十一月七日)。

この「会社における立場」ということに関して興味深いデータがある。㈶社会経済生産性本部の主催する「平成八年度経営アカデミー・経営戦略コース」の一つのグループが、日本のビジネスマン三百数十名を対象に、企業倫理に関する意識調査を行なった。高島屋の利益供与をはじめとする実際に起こった不祥事や、環境問題、セクハラ、交際費問題等々の日常的な倫理問題について、彼らの考えを聞き出そうとするものである。それぞれの問題に対して、(A)「良識ある一個人として」(一人の人間として、本来こうあるべきだと思う)、(B)「会社における立場として」(組織の一員として会社での立場を考えると、実際にはこのように行動するだろう)という二つの答え方をしてもらった。

すると、ほとんどの項目で「一個人として」のほうが、「会社における立場」よりも倫理性の高い答え方をしていることがわかった。つまり、良識ある一個人が、会社での立場を考えて行動するとき、どうしても倫理的に甘くなる傾向にあるというのである。多少の後ろめたさを感じながら「個人の良識」と「会社における立場」という二つの基準(ダブル・スタンダード)を使い分けざるをえないビジネスマンの悲哀が伝わってくる。

どうも「会社における立場」とか「組織の一員」ということが、ビジネスマン一個人としての良識を歪めているようなのだ。もちろん、職場で起こる不祥事が、その当事者の倫理観の欠如を原因としている場合もある。たとえば、意図的に詐欺行為をすることでお客から多額の金を巻き上げ、問題が発覚する頃にはドロンしてしまう悪徳業者とか、ギャンブルにのめり込んで借金に追われ、思わず会社の金に手をつけてしまう会社員などである。どこの社会にも、まともな判断ができない人間はいるわけで、それをゼロにすることはなかなか難しい。しかし、ここで問題にしなければならないのは、そういう常識を逸脱した人間の話ではない。大多数のビジネスマンは良識ある人びとである。そのビジネスマンたちがひとたび会社組織に入ると、なぜ自らの良識を歪めてしまうのか？　あるいはなぜ自らの倫理観を充分に発揮できなくなるのか、という問題である。

社会との敵対を招く「会社本位主義」

この問いに一言で答えるとすれば、それは「個としての倫理観が充分に確立できていないから」ということにつきるのかもしれない。さらにその原因をつきつめて考えると、戦後の民主主義教育においてもっとも大事なはずの倫理・道徳教育がないがしろにされてきたことや、個を確立しにくい集団主義的な日本人の精神構造にまで遡ることもできよう。しかし、私のような一経営学者が、そのような問題を議論するのはあまり生産的ではないし、紙面も足りないので、この論議は教育学者や哲学・心理学者に任せることにしたい。

ここでは、そのような個としての倫理観を充分に確立できていない日本のビジネスマンが、それに代わるものとして無意識のうちにはまり込んできた「会社本位主義」の問題について考えてみたい。この「会社本位主義」が、「会社における立場」や「組織の一員」という言葉の根底にある考え方をもっとも象徴的に表現していると考えられるからである。

「会社本位主義」は、一方で会社と社会の相克、つまり社会に敵対する「会社エゴ」というかたちで表面化し、もう一方では、会社という組織とその中の個人との間での鋭い対立をもたらすものである（内橋克人・奥村宏・佐高信『「会社本位主義」をどう超える』東洋経済新報社）。

まず「会社と社会の相克」の側面について具体的に考えてみたいと思う。この「会社本位主義」が日本の企業社会全体をいかに毒しているかを典型的に露呈したのが、一連の総会屋への利益供与事件である。「企業のメンツ」を保つために、平穏な株主総会を総会屋からカネで買う――そこに貫かれているのは、遵法精神とか株主や消費者の利益よりも「会社の体面」を優先させるという歪んだ倫理観である。この問題では、証券業界だけにとどまらず、最近だけでも第一勧銀、三菱自動車、松坂屋など数多くの超有名企業が相次いで摘発された。日本の企業が横並びで「闇社会とのもたれ合い」を長年続けてきたのである。第一勧銀の当事者も、国会の参考人質問という公の場でこの闇社会との癒着関係を「呪縛」と呼び、そこから抜け出すことの困難さを訴えた。しかし、そんなわけのわからない弁明をいくらくり返しても、総会屋という反社会的勢力との癒着関係を毅然とした態度で断ち切れないかぎり、企業は社会から敵対視されつづける。

「会社本位主義」が、我われ一般庶民の常識からは逸脱した「業界慣行」をもたらしている場合もある。建設業界の「談合」がその典型である。業界の中では「大小含めた業界各社が共存していくための〝しきたり〟のどこが悪い!?」と開き直る声も聞かれるが、そのような企業本位の業界慣行が、公正な競争を妨げ、価格を吊り上げ、結局そのつけを消費者に回していることに対して、納得のいく説明を耳にしたことはただのいちどもない。

「会社本位」の考え方は、容易に「企業の存続」

至上主義に結びつく。先に述べた山一證券の「飛ばし」行為について、行平前会長は「不良債権を表に出してしまうと会社が存続できない。右を取るか、左を取るかという問題で、収益を上げれば償却できると判断した」と述べ、「会社の経営状態をよく見せるための方策だった」と説明した。投資家を第一に考えるべき証券会社のトップが、自ら情報開示の精神を踏みにじって、簿外債務を経営判断によるものだったと表明したのである。そのような不正を隠蔽する体質が山一の歴代経営陣にあり、問題を先送りにしてきたというのだから救いようがない(『日本経済新聞』一九九七年十一月二十七日)。

不幸にも、そんな会社に勤めていた社員はたまったものではない。「会社のため」というのはまやかしで、結局は「トップの保身」にすぎないと、社員が嘆くのも無理はないだろう。

社員の人間性さえ奪い去っていく「会社本位主義」

「会社本位」の考え方は、会社組織と個人の間に鋭い対立をもたらす。たしかに、私企業は営利組織であるから、利益の追求に最大限の努力をすることは当然の行為である。また、そこで働く個々のビジネスマンは、会社の利益を上げるために各自の担当職務を全うする忠誠義務をもつ。しかし、会社が過度に「利益至上主義」に走ると、良識あるビジネスマンはたちまち分裂を起こしてしまう。

会社全体として利益を上げていくために、個々の社員はそれぞれノルマを負わされる。生産現場であれば生産高や品質基準という数字、営業部隊であれば売上げや顧客獲得の目標数値が、想像以上に重くのしかかってくる。景気のいいときには、そんなに無理をしなくても、なんとかノルマを達成することは可能だろう。しかし問題なのは、昨今のように経済環境が厳しいときである。会社はタテマエ上「お客様本位」を標榜しているが、それを鵜呑みにしていては、とても目標を達成することなどできない。そんなときは「会社本位」の考え方が「お客様本位」というタテマエを打ち負かしてしまう。「お客に損をさせるのがわかっていても、営業の都合で取引を持ちかけて、お客を〝殺す〟ことがあるんですよ」――これが、ある大証券会社の幹部の言葉だというのだからぞっとする（『日本経済新聞』一九九七年十月一日）。

はじめは「そんな不誠実なことは……」と分裂気味になっていたとしても、「君はまだ青臭い」「大人じゃない」と諭《さと》されて、それをなんどかくり返すうちに「分裂」が「麻痺」に変わり、やがて何の後ろめたさももたなくなってしまう。とくにそういう「やり手」の社員ばかりが出世街道を突っ走るような人事評価しかできない利益至上主義の体質をもった会社において、まともな良識を貫き通すことは至難の業である。こうして「会社の常識」はしだいに「世間の常識」から逸脱していくのである。

「上司の命令」というのも、会社本位主義に陥った人間にとって格好の言い訳となる。命令系統や権限関係がはっきり規定されている会社組織において、よほどのことがないかぎり上司の命令に従うのが部下の義務である。タテの人間関係を重んじる日本社会においてはなおさらのことだ。「そんなことはできません」とは、クビを覚悟のうえでなければ言えない。「はい」と言ってやり過ごすことができる状況は限られている。いやでも引き受けるか、辞表を出すか――そんな選択を迫られた部下は、ほとんどの場合「ノー」とは言えないのが普通である。不承不承引き受けてしまってから、「上司の命令だからしかたない」とか「責任は上司にある」と、どこか後ろめたい気持ちをもちながらも、無理矢理自分を納得させてしまう。多くの場合、上司が責任を取ってくれることなど期待できないし、ひどい場合には責任をかぶらされて「とかげの尻尾切り」に遭うことにもなりかねない。そんなことはよく知っているはずなのに、なかなか勇気を出して「ノー」と言えないのが、会社本位主義に陥った人間の弱さである。結局は「上司の命令だから」という責任回避の仕方も、弱き立場のサラリーマンが知らず知らずのうちに身につけた「自己正当化」と「保身」の手段にほかならない。

会社本位主義に陥った人間は、当然ながら私生活や家庭をも犠牲にせざるをえない。「会社の決めたことだから」「仕事だから」というのは、もっとも大事であるはずの家族に対する責任を果たし切れない人間が用いる常套手段である。「会社の決めたこと」として、しぶしぶ単身赴任の命を受け入れれば、家庭崩壊の危機が待ち受けているかもしれない。「会社のために」と、自分の健康管理もできずに際限なくサービス残業の無理を重ねていけば、いつの間にか病院のベッドの上にいるか、最悪の場合「過労死」ということにもなりかねない。何よりも大切であるはずの自分の健康や家族よりも「会社のため」を優先させるという価値観は、どこか歪んでいると誰しも思っているはずである。それでも、そうならざるをえないのは、やはり日本の企業社会に蔓延している「会社本位主義」の重みゆえだろう。

こうして「会社本位主義」は、会社という「組織」とそこで働く「個人」の対立をもたらし、しだいに社員の人間性さえも奪い去っていくのである。

「会社の方針」を倫理的判断のよりどころにする日本のビジネスマン

私はこの「会社本位主義」をたんなる思いつきの印象で語っているのではない。かつて私自身が行なった実証調査の結果が、その傾向を示

表1 管理者の倫理的(良心的)意思決定に影響を及ぼす要因

	米国（1961年）	日本（1994年）（N＝154／平均値）
業界の倫理的風土	3.8 (4)	3.93 (4)
会社の方針・社風	2.8 (2)	1.94 (1)
上司の行動・考え方	2.8 (2)	2.92 (3)
同僚の行動・考え方	4.0 (5)	4.31 (5)
自分の良心	1.5 (1)	1.99 (2)

出典：中野千秋「実証研究:企業管理者の倫理観に関する日米比較」『麗澤学際ジャーナル』1995年3月号，37～38ページ

唆していたからである（拙論「企業管理者の倫理観に関する日米比較」『麗澤学際ジャーナル』一九九五年三月号）。この調査は、米国で行なわれた先行調査研究の結果と比較することを意図したものである。その中でもっとも興味深い結果は、日本企業における管理者の倫理的判断に影響を及ぼすもっとも重要な要因が「会社の方針」であるという点である。

まず「これまでの職業生活の中で経験したきわめて倫理的（良心的）な意思決定に際して影響を及ぼした要因」について尋ねてみたところ、「会社の方針・社風」が第一位で、これに僅差で「自分の良心」が続いている。ちなみに米国の調査では「自分の良心」が断トツで、「会社の方針・社風」と「上司の行動・考え方」がかなり離れた二位タイである。

次に、同様に「倫理もしくは自分の良心に反するような意思決定に影響を及ぼすと考えられる要因」について尋ねてみると、ここでも「会

表2　管理者の反倫理的(良心に反する)意思決定に影響を及ぼす要因

	米国（1961年）	米国（1976年）	日本（1994年）（N＝154／平均値）
業界の風土・慣行	2.6 (2)	3.34 (3)	3.08 (3)
会社の方針のあいまいさ	3.3 (4)	3.27 (2)	2.00 (1)
上司の行動・考え方	1.9 (1)	2.15 (1)	2.14 (2)
同僚の行動・考え方	3.1 (3)	3.37 (4)	4.18 (5)
自らの経済的必要性	4.1 (5)	4.46 (6)	3.75 (4)
社会一般の倫理的風土	*	4.22 (5)	*

*選択項目なし

出典：中野千秋「実証研究:企業管理者の倫理観に関する日米比較」『麗澤学際ジャーナル』1995年3月号，37〜38ページ

社の方針（もしくは、その曖昧さ）」が第一位で、「上司の行動・考え方」がそれに続いている。米国では「上司の行動・考え方」が飛び抜けた一位だった。

要するに、よいにしろ悪いにしろ、日本の管理者は倫理的判断を行なう際に「会社の方針」にもっとも影響を受けるということである。この結果をすぐさま「会社本位主義」に結びつけるのは誤りであるかもしれない。しかし、日本のビジネスマンに「個としての倫理観の確立」が不充分なところがあるとすれば、彼らが倫理的な判断基準を「会社」に求めるのも当然と言えるのではなかろうか。だとすれば、立派な大人であるビジネスマンに、今さら「正しい倫理観を確立すべし」などと時間のかかることを悠長に言うのではなく、彼らが本来もっている良識を充分に発揮できるようにするための環境づくりを考えたほうが、より現実的かつ効果的と言えるのではないだろうか。ビジネスマンが

「会社の方針」を倫理的判断のよりどころとしているのだとすれば、会社が企業倫理の確立に組織的に取り組むことによって、従業員が勇気をもって倫理的に正しい判断を行なうことを奨励し、あるいは倫理に反するような意思決定を減らすことができるはずだ。ここに、「企業倫理確立に向けての組織的取り組み」ということが、日本企業にとって緊急不可欠の課題として浮かび上がってくるのである。

どうすれば「企業倫理の確立」が可能なのか？

しかし残念なことに、日本の実業界においては、「企業倫理の確立」に向けての組織的取り組みはいまだきわめて低調であると言わざるをえない。その意味で、米国の大企業の取り組み方は非常に参考になると思われる。もちろん、日米においては法規制や社会的文化的風土に違いがあるので、そのまま形だけ真似て導入するのでは効果は期待できないだろうが、それぞれの会社の実態に合わせて工夫・修正して用いれば、役に立つことも多分にあると考えられる。そこで、以下にその一端を紹介してみたいと思う。

(1) 企業倫理規範の制定　従来の経営理念や社是社訓とは別に、「望ましい行為」「～すべき行為」「～してはならない行為」などを端的に文書化し、従業員の行動基準となるような「倫理規範」を制定して従業員に周知・徹底する。なお、この倫理規範の日本における雛型としては、経団連が十原則から成る「企業行動憲章」を定め、さらに五〇ページあまりにもおよぶ「実行の手引き」を作成しているので、これを参考に自社の実情に合わせた倫理規範を作成するのも一つの方法である。

(2) 社外重役・監査役の導入　企業倫理の確立は、企業統治（コーポレート・ガバナンス）の問題と深くかかわっている。このことは、先にも挙げた総会屋の利益供与事件のように、企業のトップや経営陣が不祥事に関与している場合には、とくにあてはまることである。企業の経営が正しく行なわれているか監視すべき立場にある取締役や監査役が「同じ穴のむじな」であっては、取り締まりも監査もあったものではない。米国企業のなかには、外部取締役を推薦する権限が、最高経営責任者ではなく、外部取締役だけによって構成される「企業統治委員会」の手にあるという徹底ぶりの会社もある。

(3) 企業倫理担当者の設置　米国ではエシックス・オフィサーという倫理専門担当者を設置する企業が増えており、これらの倫理担当者が意見や情報を交換し互いに研鑽し合うための場としてエシックス・オフィサー協会もできている。企業倫理確立に向けてのシステムづくり、会社としての倫理方針の策定、従業員への倫理教育や啓蒙活動、特定の倫理問題に関する問い合わせなどに対する窓口的役割、社内の倫理遵守に関する監視活動などを主な業務とする。倫理担当者に代えて、社内に専門チームとしての「企業倫理委員会」を設置しているところもある。日本企業においては、この種のオフィスを法務部や総務部などの監督下に置くケースが多いが、オフィスの権限や倫理的判断の中立性を維持するためには、通常業務の命令系統から独立させることが望ましい。

(4) 倫理教育プログラムの実施　通常の社員教育、階層別教育などとは別に、あるいはその一環として、企業倫理に関する特別の教育プログラムを実施する。最近、日本においてもいくつかの研修・教育機関がこの種のセミナーを始めている。ノウハウ不足などの問題で社内での教育が困難な場合は、これらの外部研修機関を利用することも可能である。

(5) 倫理に関する提案・苦情システムの整備　倫理にかかわる問題は、非常に微妙な問題が多く、職場の仲間や直属の上司には言いづらい問題も多々ある。匿名性・秘守性を確保しつつ、このような問題について、提案や苦情を提出したり、相談をもちかけることができる窓口を整備する。たとえば、米国ではエシックス・ホットラインという電話やファックスでの相談窓口を設置している会社もある。とくに「内部告発」ということが、組織に対する裏切り行為として、とりわけ嫌悪される傾向の強い日本においては、この種の目安箱的手段は重要な意味をもつと考えられる。

(6) トップのコミットメント　何よりも大事なのはトップの思い入れである。トップが本腰を入れてこの問題に取り組まないかぎり、どんなに洗練されたシステムを構築しても、それは「絵に描いた餅」に終わってしまう。社員は経営者の後姿を見ながら、何をすべきか・すべきでないかを判断している。

(7) 会社の伝統・経営理念・社風との整合性　それぞれの会社には、創業の精神を中心に伝統的な価値観が受け継がれており、独自の社風が形成されている。そのような伝統や社風とかけ離れた価値や規範を制定しても、決してうまく働くものではない。

「暗黙知」としての企業倫理の顕在化が二十一世紀ビジネス社会の課題

私はこれまで多数のビジネスマンに企業倫理をテーマとするインタビュー調査を行なってきたが、そのほとんどの人たちはこのテーマに非常な戸惑いを感じているようだった。彼らに言わせると「損・得の世界で日常業務に追われる中で、倫理とかモラルなんて、日頃ほとんど意識したことがありませんので……」ということである。しかし、彼らのほとんどは「善良な人びと」なのであって、その良識は「暗黙知」となっていて日頃は意識に上ってこない。そのような暗黙知になっている彼らの良識を「顕在化」する手助けを、企業として本気で行なっていく必要があるのではないだろうか。

組織の力は偉大である。「組織ぐるみ」で不正を行なえば、とんでもない不祥事につながる。逆に「組織ぐるみ」で善をなせば、その成果も大なるものがあるはずだ。いまや「企業倫理の確立」は、二十一世紀の新たなビジネス社会において、企業が長期的な生き残りを図っていくために緊急不可欠な課題となりつつあるのである。

市場・組織・イノベーション

なぜ組織は必要なのか？

楠木建（一橋大学大学院国際企業戦略研究科助教授）

組織とは何だろう。あるいは「組織」という言葉にどんなイメージをもちますか。この文章を読んでくれているほとんどの人が組織と何らかの関係をもって生活しているはずだ。会社や役所、学校のクラスやクラブ、ボランティアや趣味のサークル、こういうものはすべて組織だ。組織はみんなの身近にある。けれども、あらためて「組織とは何か」「何のためにあるのか」と聞かれると、どうですか。人によってさまざまだろうけれども、ひとつだけ確かなことがいえる。「組織」というのはこの世の中で、重くて大きな意味をもっているということ、そしてそれはみなさんがふだん考えているよりもたぶんずっと世の中の本質に関わっているということだ。

いわゆる「経営学」は経営という現象についての研究の総称である。あくまでも「総称」だから、ある意味で実体をつかむのが難しい学問分野だといえる。理論的なベースという側面から見れば、経営学はさまざまな基礎学問領域にまたがった「学際的」な研究領域だ。経営学をやっている人のなかには、理論的なベースが経済学の人（これまたさらに専門がさまざまな分野に分かれる）もいるし、心理学の人もいるし、社会学の人もいるし、歴史学、管理工学……とさまざまである。だから経営学を英語でいおうとすると、なかなか難しい。単純にBusiness administration（経営管理）とさらっといってしまう場合もあるけれども、ふつうはManagement studiesというように、複数形になってしまう。

そのなかのひとつに僕が専門にしている組織理論がある。経営学を支えているいろいろな理論のなかでも、組織理論は中核となるもののひとつである。経営を考えるときに、組織の問題は避けて通ることができない。経営学者は多かれ少なかれ「組織とは何だろう」という問いかけを、自分の仕事の根っこの部分にもっている。「組織とは何か」「何のためにあるのか」という問いかけは、経営学の存在理由に対する問いかけである。僕たち経営学者の存在理由に対する問いかけといってもよい。以下の話は、この根本的な問題に対する僕なりの理解である。何でこんな話をするのかというと、ようするに「経営学とか組織論は夢と希望にあふれた楽しい世界ですよ」というアピールをしたいだけなのだが、そのためにはこの話をするのが僕にとっていちばん自然な方法だと思うからだ。

「組織でないもの」は何か

組織とは何だろう——このことを考えるには、まず「組織でないもの」を考えるとわかりやすい。「組織」の対語は何だろう。おそらく「個人」という言葉を思い浮かべる人が多いと思う。確かに「個人」は「組織」と対をなすもののひとつではある。「個人」という対語とペアで考えてみると、組織とはなにか、何のためにあるのかが見えてくる。個人ではできないことを成し遂げるためのもの、個人の限界を克服するためのもの、それは単純に物理的なマンパワーの問題だったり（一人では千人のお客さんを相手にできない）、一人ひとりがもつ能力の多様性の問題だったり（内科医だけでは突然の患者さんに対応できない。外科医や小児科医も必要になる)、もう少し人間の情緒に関わる問題だったり(「人はみな一人では、生きていけないものだから」by中村雅俊。え？　知らない？　そういう人はお父さんに聞いてください)する。

個人と組織は、しかし、「含む含まれる」の関係でもある。個人は組織の一部である。組織は多くの人々をまとめたり組み合わせたりして、ヒトやカネやモノを動かす仕組みである。組織とはようするにものごとを動かす「仕組み」なのである。この「仕組み」という点に注目してみよう。「装置」とか「メカニズム」といってもよい。そうすると「組織でないもの」がもっとはっきりと見えてくる。「多くの人々を集めてものごとを動かす」という点では同じだけれども、組織という仕組みとは対照的な性格をもっているのは何だろう。

それは「市場」である。仕組みとして見た場合、「組織」の対語はじつは「市場」なのだ。組織は市場と異なる、しかしどちらも仕組みである。ここに組織の本質的な存在理由がある。

市場という仕組みはどのような特徴をもっているのか。経済学の教科書の初めのほうには「完全競争」という話が必ず出てくる。これは市場という仕組みをつきつめたものだから、これについて話すのが市場の特徴を理解するのに都合がよい。具体的には、このところ上がった下がったと世の中をにぎわせている株式市場のようなものを想像しながら聞いてほしい。四つのポイントがあります。

一つ目は、そこにいる人々が「みんな同じ」である、ということ。市場では個人が自分の利益をもっとも大きくするように判断したり動いたりする。その意味で「みんな同じ」なのである。「顔がない世界」といってもよい。売り手や買い手の趣味とか人生哲学とか、そういう一人ひとりの違いに立ち入ったことには株式市場はとりあえず興味がない。

二つ目は「ものすごくたくさんいる」という

こと。市場という仕組みは、そこに参加する人がほとんど数がわからないほどたくさんいる世界を想定している。

三つ目は、これがとても重要なのだが、「で、いくらなの?」という世界。市場という仕組みは、ものごとのあらゆる価値を現在の価格に置き換えて考えるという特徴をもっている。だから市場という仕組みのことを価格メカニズムともいう。市場メカニズムでやりとりされる情報は、価格という非常に客観的で、誰にとっても同じ意味をもつ情報に一本化されるのである。株にはその時点その時点でひとつの値段がついている。誰にとっても「株価」という一本の基準で客観的に価値がつかめるのである。だからこそ市場に参加する全員が情報を共有し、共通の軸で物事の価値を判断することができる。情報がすばやく全体にいきわたる。

四つ目は、「出入り自由」ということ。市場に参加したい人はいつでも入れるし、いやだったらいつでも市場から出てもいい。今日株を買ったとしても、明日は取引に参加しなくてもいい。市場とは本来的にこういう仕組みである。

このような市場には仕組みとして非常に優れた面がある。それを一言でいえば、「効率がいい」ということだ。大勢の人がいるとたいていごちゃごちゃしてすっきり話がまとまらないのだが、市場という仕組みにかけてやれば、すばやく、しかも「価格」という共通の判断基準に照らし合わせて話がまとまる。そのかぎりでは誰にとっても公平でオープンである。世の中、時間もお金もエネルギーも限られている。そういう限られた資源を効率的に動かす仕組み、つまり「稀少資源の配分問題」を解決する仕組み、もっと簡単にいえば「アロケーション」(配分)の仕組みとして、市場は優れている。

市場という仕組みの基本的な考え方は、経済学で発達してきた。経済学はeconomicsという。受験英語ではこの単語のアクセントは第三音節にあるというようなことを習うのだが、この際それはどうでもいい。この言葉はeconomyからきている。この単語のアクセントが第二音節にあることはどうでもよくて、重要なことはそもそもの意味が「節約」とか「効率的使用」だということだ。市場はものごとをとにかくeconomize（「節約する」）。動詞型ですね。アクセントは忘れた）する方向に働く仕組みである。

もう一つ市場という仕組みで重要なことがある。それは時間軸でいえば、市場は「現在の」価値、「現在の」効率を問題にしているということだ。過去のしがらみや不確実な将来など、もちろんいろいろと事情はあるのだが、そういったぐちゃぐちゃしたことも、価格メカニズムを使えばとりあえず「現在価値」として客観的な一本の指標で表わせる。マンションを考えても、むかし誰かが自殺したとか、いっぱいやくざの事務所があるとか、そういう物件はふつうよりは安いし、これから近くに地下鉄の駅ができそうだという物件はそれを見越して高い値段で取引される。市場という仕組みは時間を現在へ現在へと圧縮する性格をもっている。これが市場の強みであり、アロケーションの効率を根本から支えている。会社の株に値段がついたり、為替レートが決まったりして、連日大量の取引がスピーディーに行なえるのも、市場がアロケーションの効率を最大限に追求できる仕組みだからだ。

組織：市場でないもの

市場はこういう仕掛けでたくさんの人を結びつけ、モノやカネを動かしていく仕組みである。組織もそういう「仕組み」であることには変わりないのだが、ここで説明したような市場とことごとく対照的な性格をもつ。世の中でヒト・モノ・カネを動かしている仕組みには、ざっくりいって市場と組織の二つがあるのだ。組織とは「市場でないもの」であり、市場とは「組織でないもの」である。お互いに対照的な性格をもっているので、それぞれの仕組みでは得意分野とか得意技にも大きな違いが出てくる。いずれにせよ、市場という仕組みとどこが違うかを考えると、組織の独自の特徴が自ずとはっきりしてくる。

たとえば会社をイメージしてほしい。会社に行ったことのない人は学校のクラブでもいい。まずはっきりと市場と違う点は、組織は多様で多元的な情報を扱うことができるということ。市場がさまざまな情報を現在の価格に一本化していくのに対して、「これをやりたい」という人間の自然な思いや好き嫌い、夢や情熱など、すぐにはお金に換算できない、換算してもいいんだけれども、そうしたとたんに本当の意味を失ってしまうような、主観を含めたさまざまな情報が飛び交うのが組織である。

このことと関連して、組織は「顔が見える」、別の言葉でいえば一人ひとりの「違いがわかる」世界である。同じ組織にいる人々が何を考えていて、何をやっていて、どんなことが好きで、どんなことが嫌いか、少なくともある程度まではわかる。ようするに組織では一人ひとりに違いがあり、それぞれ違った視点をもっているということが前面に出てくる。組織は個人が違うことに積極的な意味を見いだそうとする仕組みである。しかし視点は違っても、全員が同じ目的を共有しているのが組織のもうひとつの重要な条件だ。「違った視点からひとつのゴールを見つめている人たち」というイメージである。

市場が原則的に「出入り自由」であるのに対して、組織では、ある程度まとまった時間と空間を共有する、つまりは「一緒にいる」ということが前提となる。もちろん組織であっても入ってくる人はいるし、やめていく人もいる。それでもある程度の時間まとまって時空間を共有することが前提となっていることが重要なのだ。

時間軸で考えても、市場と組織は対照的だ。

市場の時間が今現在を問題にする「点」であるのに対して、組織の時間は過去と未来に広がった「線」である。市場はものごとの蓄積が利かない世界である。昨日のことはきれいさっぱり忘れられるし、明日は明日でわからないよ、というのが市場だ。組織では、「蓄積」という市場にはないことが起こる。これまでやってきた経験から何かを蓄積する。会社で、お客さんとのこれまでの取引から、そのお客さんがどういうニーズをもっているのか、お客さんについての知識を蓄積していく。工場ではクルマをつくればつくるほど、どうやったら欠陥のないきちんとしたクルマを早くつくれるか、そうしたノウハウがたまってくる。そういう蓄積の場が組織である。何のために蓄積するかというと、未来のためである。未来に向かって組織は過去を蓄積していく。過去と未来をつなぐのが組織だといってもよい。

ここまでの話をまとめておこう。完全競争という純粋な市場のモデルがあるのに、「完全組織」という言葉はあまり聞いたことがない。あえてピュアな組織メカニズムというものを考えると、僕は次のような条件をイメージする。

・一人ひとりはみんな違っている
・だからいろいろな視点からものごとを見ている
・しかし全員がひとつの目的を共有している
・まとまった時間と空間を共有している

「市場原理を導入しろ！」

組織と市場では得意分野や得意技が異なると前述したが、いったいどっちの仕組みが優れているのだろうか。このところどうも組織のほうの分が悪いようだ。新聞、とくに日経新聞を読んでいる人は毎日どこかのページに必ず次の言葉が出ているのに気づくだろう。「市場原理を導入すべきだ」。この言葉の中の「市場」が「競争」だったり、「原理」が「メカニズム」になったり、「導入」が「徹底」だったり、いくつかのバリエーションがあるのだが、ようするに「もっと市場という仕組みを使っていくべきだ」ということをいっているのだ。その前後を見ると、文章の中に必ず次のような言葉がいくつか出てくる。「規制緩和」「財政赤字」「行政改革」「銀行・証券の破綻」「官民癒着」、最近だと「MOF担」とか……。最後は決まって「このままでは日本はダメになる」。

こういった最近の暗い話は、市場メカニズムの強みに光を当てると同時に、組織という仕組みの負の面を強調しているといえる。たとえば、なぜ官民は癒着するのか。なぜ官僚は腐敗するのか。それは彼らが民間に対して「規制」という権限をもっているからだ。公害や産業廃棄物の問題を考えればすぐわかることだが、規制をすることそれ自体は政府の重要な役割だから、すべての規制が悪いわけではない。しかし日本の規制はこれまでどう考えても過剰だし偏っていた。「護送船団方式」といわれるように、日本の金融業界は、まるで大蔵省という社長に率いられたひとつの会社のようにやってきた。みんなが長い時間一緒にいて、ゴルフボールを叩いたりノーパンしゃぶしゃぶをつつきながら、ああだこうだといろんな情報を共有しつつも、これまでのいきさつを引きずり引きずりやってきたのだ。ようするに市場というよりも組織的な仕組みで動いてきたわけで、これがあまりにもぐちゃぐちゃしていたからおかしなことになった、もっと価格メカニズム一本でスパッとやってくれ、とにかく市場原理でよろしく頼む、というのはまことに正論である。市場という仕組みを使ってこなかったのが悪かった、と謝るしかない。

市場原理を導入しようというかけ声は企業経営についても最近よく聞かれる。「アウトソーシング」とか「バーチャル・コーポレーション」という言葉を聞いたことはありますか。これまで組織に抱えていたものを外に出して市場での取引にスイッチする。これがアウトソーシングである。たとえば、「ファブレス」といわれるように、最近は製造部門（工場）をもたない製造業企業がパソコン業界などでは少なくない。製造の仕事を外に出して、流通の仕事も外注して、会社の中の会計管理も外注して、自分のところはたとえば開発に集中する。これがあちこちの会社で進んでいくと、企業はそれぞれ自分の強い仕事だけに集中して、あとはそういう企業同士が市場という価格にもとづく調整メカニズムでつながって、昔は一つの会社でやっていたような仕事をいくつもの会社で分担してやるようになる。これがバーチャル・コーポレーション、つまり「仮想企業体」である。まさに市場という仕組みが組織にとって代わっていく。それで効率をよくして、厳しい競争に生き残ろうという話だ。

もっと先をいくと、ＳＯＨＯということになる。これはスモール・オフィス・ホーム・オフィスの略で、個人が特定の組織に所属せずに、自分の得意な専門に特化して、それぞれの仕事ベースで契約しながら生きていくというものだ。個人の仕事が市場メカニズムで売られたり買われたりするという意味で、まさに市場原理が個人のレベルまで浸透したのがＳＯＨＯである。これをつきつめていって、もし世の中の全員がＳＯＨＯになったら、それは組織の終焉を意味している。完全ＳＯＨＯというのは、組織がない市場だけの世の中である。そこでは人と人をつなぐのは価格という調整メカニズムに一本化される。癒着とかそういうぐちゃぐちゃしたところのない、すっきりしたといえば非常にすっきりとした社会である。組織が「いろんな情報を共有して」「一緒にいる」ことを前提にするのに対して、いかに「離れていて」「いろんな情報を共有しなくても」ものごとを円滑に動かしていけるかという問題設定から始まっているのが市場という仕組みだといえる。

しかし、である。これが重要なことなのだが、だからといって組織という仕組みが市場という仕組みに劣るというわけではない。みなさん、ハサミとカッターとどちらがいいと思いますか。どっちが優れていると思いますか。別にどっちでもいい、どちらがいいとか悪いとかいう話じゃないと思うけど、と思った人は正しい。どちらかがよりいいと思った人も、新聞の切り抜きをするならばハサミがいい、カッターだと後ろのページまで切れちゃうからね、などと切る対象を考えて判断したはずだ。これと同じである。市場や組織という仕組みは、あくまでもものごとを動かしていくための道具である。市場か組織かというのは、どちらかが他方よりも常に優れているというわけではない。どういうときにどちらを使うかという、対象や目的とのフィットが問題なのだ。確かに最近は火打ち石でタバコに火をつける人はいない。火打ち石とライターのように明らかにライターのほうが道具として優れている場合は、火打ち石は必要なくなる。しかしハサミとカッターはそういう関係ではない。だから職場の机の引き出しにやっぱりどっちも入っているのである。市場と組織はハサミとカッターのように、併存の関係にある。どういうときにどっちを使うか、得意技が違うだけだ。

最近の新聞を読んでいると、まるで市場という仕組みが勝ったのであり、「市場か組織か」問題には決着がついたかのように聞こえてしまう。そうではないのだ。銀行とか大蔵省の問題は、そもそもその本質がアロケーションの効率にある。どうやってお金を集めて、どうやって配分するか、どうやって回していくかという配分効率の問題なのである。しかも扱うものはお金であり、そのまんま価格メカニズムがうまくいくように端からできあがっている世界なのである。はじめから市場という道具のほうがよく切れる、どうぞ市場で切ってくださいといわんばかりの世界なのに、それを組織でやろうとしてもうまくいかないのは当たり前だ。うまくいくほうがおかしい。

財政赤字や行政改革の背景にずっと続いている公共事業での税金の無駄遣いというのも、同じ系統の話だ。限られた税金のアロケーションをいかに効率よくするかというところに、問題は相当程度まで集約されているのである。市場という仕組みがうまくいき、組織という仕組みでは無理がある、はじめからそういう世界なのである。

企業組織の話に戻ろう。アウトソーシングだ、SOHOだといっても、実際にうまくいっている例をよく見てみると、ようするに「外に出せるような仕事だから外に出している」というものが多い。つまり、どちらかというと内容が事前に決まっていて、単純に効率やスピードが問題になるルーティン（定型的）な仕事で、だからこそ価格という一本の物差しでどこに頼めばいいか判断できるような仕事。アウトソーシングといっても、実際にうまくいっているのは会社の仕事のなかでも、こういうけっこう単純な、先を読める仕事分野であることが多い。ある種の仕事はやっぱり市場という仕組みではうまくいかないのである。たとえば社長という仕事。「案件ベースの単発契約で、あなたの会社の意思決定をします！」というSOHO社長は今ひとつうまくいかないような気がする。タコ社長のほうがまだよさそうだ。ようするに組織という仕組みは「火打ち石」ではなく、ハサミなのだ。あるものはうまく切れないけれども、あるものはこれじゃなきゃね！というハサミなのだ。

組織の出番は「イノベーション」

それじゃあどういうときが組織の出番なのだろうか。組織という仕組みにはどういういいところがあるのだろうか。結論からいえば、今までにないものを多少時間はかかっても、試行錯誤を通じてゼロから生み出していく、つまり広い意味での「イノベーション（革新）」に組織は優れているのである。市場のいいところはアロケーションの効率がいいということだった。しかしそれはアロケート（配分）したり取り引きするブツがすでにはっきりと存在していて、それを受けて始まる話である。新しいものを生み出すというのはこれとは別である。ブツが出てこなければ、市場メカニズムも作動しないのである。新しいブツを生み出す。これまでになかった新しいブツやサービスを市場へと提供する。イノベーションとはこういう仕事であり、このときに組織という仕組みはその強みを発揮する。

広く社会の問題としてとらえれば、たとえば教育なんかが典型的に市場という仕組みではうまく動かない、逆にいえば組織という仕組みを必要とする仕事だろう。ブツというと語弊があるが、教育というのは人を開発していく仕事である。当然長い時間がかかる。そして、長い時間がかかるということを前提にして取り組まなければならない。子どもは誰一人として同じではない。その子がなにを考えているか、どうしたいのか、これまでどうしてきたのか、きわめて複雑なモノサシをもって善し悪しを判断しなくてはならない。

ずっと先のことを考えなければならない環境問題にしても同じことがいえる。現在の効率を前面に押し出してしまったら、とんでもないところに話が帰着してしまう。もし教育や環境問題の解決に強力な市場メカニズムを導入したとしたら、市場メカニズムに背を向けた日本の金融業界どころではない、もっとひどいことになってしまうだろう。

これまでにないものを生み出すというイノベーションは、産業とか企業にとってもますます重要な意味をもつようになってきている。具体的な例でいうと、「LSI」というブツがある。ここはやたら元気がいい世界で、イノベーションがバンバン起きている。「半導体は産業の米」といわれるように、僕たちが使っているさまざまな便利な製品の進歩を支えているのがLSIである。見たことがない人は、ポケベルでもテレビでもパソコンでもファックスでも、何でもいいから身近にある電気製品を一つぶっ壊してみよう。必ず中にいくつか入っている。たとえば携帯電話などという代物は、ちょっと前までは考えられなかった。それがここまで身近になったのは、LSIのイノベーションのおかげである。もちろん一朝一夕にここまできたわけではない。LSIの歴史は、より速く、より小さく、より安くという長く連続したイノベーションの歴史である。LSIのイノベーションを生み出すためには、さまざまな人の力を結集して仕事を進める必要がある。回路設計、材料技術、量産技術、製造現場のノウハウなど、さまざまな分野にわたって知識を蓄積し、これを結びつけ、その間にいろんな相互作用を起こすことによって、できるかどうかわからない不確実な未来へと挑戦していかなくてはならない。

イノベーションとは本来的に未来志向の挑戦である。そこでは現時点での効率よりも、「やりたい」という人間の自然な思いや夢や情熱といったお金に換算しにくいもので人々をつなげていかなくてはならない。しかも、つなぎ続けていかなくてはならない。組織という仕組みをもってこないとうまくいかないことが、イノベーションには多いのである。

もう一つ例をあげよう。最近話題になったイノベーションの一つに、ガソリンだけでなく電気エネルギーを使って走らせるハイブリッド・エンジンのクルマ、トヨタの「プリウス」というのがある。これはたいしたクルマなのだが、こういうのを世の中に出すためには、これまでのエンジン屋さんと新しく必要になった電気屋さんとの間で微妙な調整をくり返しながら、それをひとつの「ハイブリッド・エンジン」という形に統合しなくてはならない。二つがきちんと組み合わさって、初めて実用的に意味のあるハイブリッド・エンジンができるのだ。

このように異なる活動の複雑な統合が問題になるとき、価格という一元的な情報に基づいた調整の仕組み、すなわち市場はうまくいかないのである。膝をつきあわせてじっくりといろんな情報をやりとりしながら、異なる知識をまとめあげなくてはならない。こうしたときに、「一緒にいる」という組織の仕組みは生きてくる。

この例のように、イノベーションにはいつも部分と全体という問題がつきまとう。イノベーションを形あるものにするためには、部分がバラバラにあるだけではダメで、それをあるシステムをもった全体へとまとめあげなくてはならない。今のパソコンのように、標準的な部品（OSとかMPUとか）が決まっていて、システムとしてのあり方が固まってしまえば、それぞれの部分を別の企業がバラバラに受けもって、あとは価格に基づく市場メカニズムでパッとまとめてしまうのが効率的でいいだろう。しかし同じコンピュータでも、最先端のスーパーコンピュータのように製品や技術が流動的で、しかもずっと複雑なシステムの場合は、市場メカニズムで部分を全体にまとめるのが難しくなる。やはりイノベーションの母体としての組織が必要になるのである。

おもしろいのは、市場という仕組みでうまくいきそうなパソコンのビジネスでも、アメリカのパソコン・ベンチャーのゲートウェイ社のように市場原理をどんどん取り込んでバーチャル・コーポレーションを志向する会社と、必ずしもそうではない会社に分かれているということだ。この業界でこのところ絶好調を持続している会社にデル・コンピュータという会社がある。ここもパソコン・ベンチャーなのだが、ある部分は非常に組織という仕組みを重視した経営を行なって成功している。今のパソコンは組み立てるのが非常に簡単で、多くのベンチャー企業は例のアウトソーシングで、なるべく安くつくってくれるところに製造を外注しているのだが、デルは自社の三カ所の工場で組立工程の一〇〇パーセントを内製している。これは「で、いくらなの？」という市場原理からすれば一見ペイしない戦略である。製品を開発するときも徹底的にお客さんと一緒になって開発していく。部品を供給してくれる業者とも、いちばん安く売ってくれる業者へと次々にスイッチするのではなく、少数の業者と長期的な関係を築くことに力を入れている。パソコンのように、いかに安くつくるかという、効率がぎりぎりまで求められるせちがらい業界でも、すべてを市場まかせにしたら一見効率がよさそうでもやっぱりダメで、要所要所で組織の仕組みを重視した経営をしないと、結局お客さんが喜ぶものはできないというのがデルの考え方である。

「愛」を扱うことができる仕組み

なぜイノベーションには組織という仕組みが必要なのか。ここまでの話をひとことで要約すると、イノベーションは結局のところ「愛」を必要とするから、ということになる。組織にあって市場にないもの、それは「愛」である。「愛」というとずいぶん観念的で大げさに聞こえるかもしれないが、ここで「愛」というのは、「人と人との継続的な相互作用」を意味している。「一緒にいたい」という気持ち、しかもただ漫然と一緒にいて「好きだよ凛子」「愛しているわ久木さん」とつぶやきながら暗く深い失楽園に埋没していくようなものではなくて、「一緒にいると、今はまだできるかどうか、どれだけ価値をもつのかわからないけれども、そこから何か新しいものが生まれる、だから一緒にいたい」という気持ち、「みんな一人ひとりが違うし、違う力をもっている、だからみんなで力を合わせて、ひとつの目的に向かっていこう」という気持ち、それがここでいう「愛」である。ラグビーの世界で「ワン・フォー・オール、オール・フォー・ワン（ひとりはみんなのために、みんなはひとりのために）」とよくいう。これである。

「愛」を市場にもち込もうとすると、価格をつけなくてはいけない。しかも「愛」が含んでいる「これまで」や「これから」を現在価値に換算しなくてはいけない。しかし、そうしたとたんにどこかへ消えてしまう、「愛」とはそういうものである。

この「愛」を上手に扱えないことが市場という仕組みの限界である。逆にいえば「一緒にいると何か新しいことが生まれる」という市場メカニズムにうまくのらない「愛」の部分を、社会の中で受けもつ仕組みが組織なのだ。市場という仕組みは、それはそれはよくできた強力な仕組みではある。大発明といってよい。しかし、強力なだけに市場という仕組みは価格に翻訳しにくい「愛」を、ともすれば圧殺する方向にはたらく。組織とは市場で殺されがちな「愛」の受け皿であり、時間をかけて暖めてくれるところである。この意味で市場と組織は「どっちが強いのかはっきりしようじゃないか、やんのか？　てめえ、表に出ろ！」というように敵対する関係にあるのではなく、お互いの強みを発揮しながら社会をよくしていくという補完的な関係にある。

はっきりしていることは、「現在の効率」と「愛」はふつうは同時に極大化できないということだ。そして「現在の効率」を犠牲にしてでも、「愛」を必要とする活動が世の中には山ほどあるということだ。イノベーションはそのような活動の典型だ。「これをやりたい」という人の内側から生まれる自然な思いや情熱を、ほかの人々と結びつけることによって不確実な未来へと挑戦していく。新しいものを生み出すためには、こういう仕組みが必要であり、その仕組みを動かすためにはどうしても「愛」が必要なのである。「価格」ではなく「愛」をシグナルとして人々を動かしていく仕組みが必要なのだ。

なぜ巨人は一九九七年のシーズンを「歴史的な敗北」で終えたのか。話は少し飛躍するようだが、このできごとは、横浜ベイスターズのファンの僕にとってはそれほど関心ある話題ではないにしても、市場との対比で組織のもつ意味を考えさせてくれるできごとだった。結論からいえば、この年の巨人の敗北は、市場という仕組みに頼りすぎ、組織のもつ意味を軽視した、これまでのツケがいっきにきたということにある。巨人はこのところ外からバンバンスター選手をとり続けてきた。プロ野球の世界には労働市場ができあがっているから、その仕組みの中で選手一人ひとりに価格がついている。市場メカニズムで選手を調達できるわけだ。巨人はこの仕組みを最大限に利用して、チームを強くしようとした。

しかし、ここに市場という仕組みの落とし穴がある。組織は個人が集まってできたものだが、それは単なる個人の足し算以上の何かである。彼らは巨人というチームに一緒にいて、常に「相互作用」を起こしている。「打線のつながり」とか「投打の歯車がかみ合う」とかも、この相互作用に関係している。これは市場というよりも、組織の仕組みを充分に理解しないとうまくいかない領域だ。巨人は市場メカニズムに頼るあまり、組織の本質を忘れてしまったのではないか。

この背景には二つの不幸がある。ひとつは巨人がまだまだ発展途上のチームであるということ。一時の西武のように、チームとしてできあがっていれば、足りない部分を市場メカニズムを通じて補強しても全体に悪影響はないだろう。しかし巨人はこれから若い力を中心にチームをつくりかえていかなければならない段階、経営学の言葉でいえばイノベーションを起こしていかなければいけない段階にある。にもかかわらず、前年度のミラクルな優勝に気をよくしたのか、ますます安直に市場という仕組みに依存してしまった。この点、横浜は偉い。これからのチームであるから、組織という仕組みを重視して、時間をかけてでも内部で人を育てている。さすがである。この姿勢が花開きかけたのが去年のシーズンだ。大矢監督、ありがとう！　大魔人佐々木、今年もよろしく‼（ただし彼は毎年契約更改時に市場メカニズムをちらつかせる。これが若干気になるところである）。

もう一つの不幸は長嶋茂雄である。僕の見るところ、長嶋はもっとも「組織的」な人間である。協調性があるとか、そういうふつうの意味で「組織的」だといっているのではない。「非市場的」だということだ。長嶋のスタイルは市場という仕組みにはマッチしない。彼は非常に魅力的なリーダーだし、魅力的なことをいうのだが、なにをいっているのか、外部の人間にはさっぱりわからない。彼がいうことを理解しようとしたら、長い時間一緒にいるしかない。長嶋と一緒に練習し、一緒に闘い、五感でやりとりしながら、あうんの呼吸で長嶋のいいたいことを理解し、長嶋の動いてもらいたいように動ける選手でなければ、長嶋采配のもとで活躍できない。長嶋は組織という仕組みの中でこそ、いい仕事をする監督だと思う。

理論で「愛」を圧縮する

話を本筋に戻そう。以上が「組織とは何か、何のためにあるのか」に対する僕なりの理解である。組織という仕組みが世の中にある理由がおわかりいただけましたでしょうか。さて、組織論である。組織論が経営学の中核をしめる理論領域であるということは、初めに述べた。社会科学は社会というナマモノを相手にしている。だから社会科学には「絶対」はない。この理論が絶対に正しいとか、世の中は絶対にこのとおりだとか、そういうことはないのである。社会科学が求めているのは、真理というよりはむしろ「ものの見方」といったほうがいい。経営にしてもそうだが、あらゆる社会現象は複雑だから、裸眼ではよく見えない。見えたつもりでもぼやけていたり、重要なところを見過ごしてたりするのがふつうだ。社会現象をよりよく見るための「メガネ」を提供すること、これが社会科学の目的である。ここで「メガネ」というのは実際には理論がもたらす「ロジック（論理）」のことである。

組織論を勉強すると、いったいどんないいことがあるのだろう。いくつも列挙することができる。ひとつには、すでにいったように組織論はその対象が「身近にある」ということがある。身近にあるからあらためて勉強するまでもない、というのはむしろ逆で、身近にあるからこそ学ぶ価値があるのだ。組織論は数多くのハードな知識（きちんとトレーニングしないと身につかない知識）を提供してくれる。この点では他の学問分野となんら変わるところはない。しかし組織論の場合、身近にあることがかえってアダになって、きちんとしたハードな知識がないのに組織論を知ったつもりになっている素人さんが多い。だからふつうのおじさんが組織について話したり分析したりすると、やたらと「体質」とか「社風」とか「風通し」とか「うちの会社になじむ（なじまない）」とか、世の中にいっぱい出ているビジネス書のごとくわかったようなわからないような話に終始してしまい、中身のある議論にまるでならない。僕は日常ビジネスマンと議論していると、いつもこのことを強く感じる。それだけに、きちっと組織論を勉強しておくと、強力な差別化の源泉になる。これがたとえばマクロ経済学なんかになると、対象となる現象にもう少し距離感が出てくる。だからあらためてテキストを開いて勉強する人がいっぱいいる。組織論はこの点ハードな知識として習得している人はまだ稀少である。

身近であることの利点はもうひとつある。いちど勉強を始めると、組織論は理論と現実、抽象と具体の間を行ったり来たりしながら理解を深めていきやすいのだ。ロジックの力をつけるためには、この往復運動を頭の中でくり返しやることが何よりも重要なのだが、組織論は身近にある現象に引きつけて考えることができるため、これがやりやすい。さらにいえば、磨いたロジック力を現実に応用しやすい。ビジネスマンで経営学を勉強しようという人は、どちらかというと戦略論とかマーケティングに目がいきがちのようだ。これらももちろん重要なのだが、企業戦略にも策定と実行の両面がある。どんなに優れた計画でも実行されなければ意味がない。そして実行に関わる戦略論は、そのほとんどがじつは組織論なのだ。戦略論と組織論はいわばクルマの両輪のように対になってパワーを発揮するといえる。

しかし、このような「よいこと」はいわばおまけみたいなものであって、すでに強調したように、組織論を勉強することの本質的な目的は、世の中を見る独自の視点、ものの見方、メガネを手に入れることにある。組織論というメガネをかけると何が見えてくるのだろう。結論からいえば、組織が社会の中の「愛」の受け皿である以上、組織論のよいところも、究極的には「愛」が見えてくるということにある。ごくかいつまんでいえば、僕ら組織論の研究者はどうやったら組織がうまくいくのか、ということを考えている。組織の動き方や組織の成果を説明するような要因を探しているといってもよい。僕も「イノベーションの組織論」という専門分野でいろいろな仮説を立てたり実証分析をしたりするのだが、結局のところもっとも重要な要因は「愛」のような気がしてならない。やっぱり愛がある組織はうまくいくし、愛がなければいろいろとうまいことをやったとしても相当苦しいな、というのが僕の率直な印象というか直感である。これまで話してきた社会における組織の存在理由からして、これは当たり前の話ではある。

ただし一方で、組織論はロジック勝負の理論である。詩人やフォーク歌手（演歌歌手でもロック・シンガーでも華原朋美でもなんでもいいのだが）と違って、あくまでも理論的に説明しようとするから、いきなり「愛だろ、愛」とは絶対にいわない。そういってしまったら最後、いっきに思考停止に陥ってしまうからだ。「愛」は口に出したとたんに空虚なつかみどころないものになってしまう。だから組織論は表面上なるべく「愛の問題」に立ち入らないようにしてロジックとデータと分析で理論を組み立てていく。本当は愛が重要なことはわかっている。わかっているけれども、それを見ないように見ないようにしながら研究をしていく。研究で「やっぱさー、愛だよね!!」といい切ることができたら、どんなにか楽だろう（この文章ではもう何回もいい切ってしまっているような気もするが）。しかし、それでは論理にならない。どうやったらつかみどころのない「愛」に寄りかからずに現象を説明できるか。こういうスタイルで僕らは研究をすすめていく。

しかし、である。ここがポイントなのだが、そうやって研究すればするほど、どうしても説明しきれないところが見えてくる。たとえば、いまここにいくつかの製品開発のプロジェクトがある。うまくいっているものも調子が悪いものもある。これを研究しよう。何が成果に影響を与えているのか。そうだ、プロジェクトの規模が関係しているのかもしれない。こういう仮説がまず出てきたので、さっそく分析してみる。もちろん規模もある程度関係しているけれども、ではない。次にリーダーシップ・スタイルと成果の関係を分析する。ここでも望ましいリーダーシップが見えてくるけれども、まだ説明できないものがいっぱいある。次に競合他社に対するそのプロジェクトの戦略を分析し、さらにプロジェクトの内外でのコミュニケーションを分析し、プロジェクトの仕事のプロセスを分析し、プロジェクトの組織構造を分析し、はたまたメンバーのモティベーションを分析し、メンバーに対する報酬システムを分析し、メンバーの属性のばらつき方（デモグラフィーという）を分析し……といった具合に、その道の専門家がよってたかって研究する。もちろんこういった努力から相当のことがわかってくるのだが、それでも厳然として説明できない部分は残る。それはもう「やっぱり愛だよね！」としかいいようのないものだ。

組織論という理論は、この世の中に漂っている「愛」を圧縮する。圧縮することによって「愛」の形を見せてくれるものだと僕は思う。「愛」をもち出さずに分析しようとすればするほど、理論の穴が見えてきて、そこにじつはぎっしりと「愛」がつまっていることがわかる。漠然と「愛だろ、愛」といっていたものが本当は何なのか、「愛」を排除して研究しているうちに、逆にはっきりと「愛の輪郭」とでもいうべきものが見えてきてしまうのだ。これが経営学とか組織論のもっともおいしいところである。

経営学とか組織論は基本的にかぎりなく明るい学問分野だと僕は思う。やっぱり世の中捨てたもんじゃない。世の中は楽しい。生きててよかった。これからも楽しくいこう。一見ドライなビジネスを対象にしているにもかかわらず、研究しながらこんな感覚につつまれる瞬間が数多くある。組織論は学ぶ人に元気や勇気を与えるものだと僕は信じている。

日本的経営という日本的課題

日本的経営——その功と罪を徹底分析する

加護野忠男（神戸大学大学院経営学研究科教授）

このところ、日本的経営の評判はすこぶる悪い。企業をめぐるさまざまな不祥事、金融危機などの問題は、日本的経営のなせるところであるという論調が強まっている。たしかに、これらの諸問題の背景には、いわゆる日本的な要素が深く関わっている。しかし、注意しなければならないのは、これらの問題は日本だけで起こっているのではないことである。欧米でも、企業に関わる不祥事は起こっているし、金融危機も起こっている。日本的だから起こるのではなく、どこの国でも起こるのだが、起こり方が日本的なのである。

たしかに日本だからこそ起こりやすい問題もある。しかし、欧米で起こりやすい問題もあることにも注意しなければならない。ここでは欧米と一口で語ったが、アメリカとドイツとの間には大きな違いがある。イタリアやフランスもずいぶん違う。イタリアだからこそ、あるいはドイツだからこそ起こりやすい問題もある。同じような問題でも、起こり方のメカニズムは、国によってずいぶん違うのである。

問題だけではない。それぞれの国の企業の長所もまた、国によってずいぶん違う。ドイツの企業はドイツ的な長所をもっており、アメリカはアメリカで独特の強みをもっている。このような違いがでてくるのは、経営活動が文化や制度によって大きな影響を受けるからである。企業で働く人びとは文化にどっぷりとつかった人びとであり、企業の行動は、社会の制度や慣行によって制約を受けているのである。

よく日本的な経営の仕方はグローバル・スタンダードから逸脱しているという議論が聞かれる。しかし、なにがグローバル・スタンダードかということに関しては議論の余地がある。どれをグローバル・スタンダードとみるかは人によってずいぶん異なるからである。アメリカやヨーロッパのさまざまな国々も、それぞれ異なったスタンダードをもっており、自分たちのものがグローバル・スタンダードだと主張し合っている。どこかにグローバル・スタンダードがあって、無条件にそれに従うべきだと考えているのは、もしかしたら日本だけかもしれない。このような議論がでてくるのも、きわめて日本的なのである。ある意味で、長い鎖国の後、遅れて国際社会の仲間入りをした国だという歴史的な背景からでてくる、独特の主張かもしれない。自分たちを特異だと考えてしまうこと自体、日本的な特徴なのかもしれないのだ。

日本の経営が他の国の経営となんら変わらないといっているのではない。違っているのは確かである。必要なのは、違いを正しく認識することであって、それが特異であるとか特殊であるとかという単純な基準で判断してしまわないことである。

ここでは、日本的経営が他の国の経営とどのように違うかを議論し、その長所と短所はどこにあるかを考えてみることにしよう。

日本的経営を考える「経営システム」「経営制度」「経営文化」の三つのレベル

日本においても、実際の経営の仕方は企業によってずいぶん違う。大企業の経営と、中小企業あるいは零細企業の経営は明らかに異なるし、大企業の間でも、エレクトロニクス企業の経営と自動車企業のそれとは、経営のスタイルは大きく異なる。化学、銀行、証券などの産業ごとには、さらに大きな違いがある。また同じ産業のなかでも、ソニーと松下、ホンダとトヨタでは、その経営のスタイルは大きく異なっている。このような多様性のなかで、日本の経営、日本的経営について語ることに意味はあるのだろうか。

このような違いがあるにもかかわらず、多くの企業に共通した特徴を認めることはできる。このような経営の特徴は、三つのレベルでとらえることができる。

第一は、経営のシステム（経営組織や管理システム、業務の仕組み）のレベルである。このレベルでみると、日本の企業もじつに多様である。アメリカよりも多様性が高いと感じるときもある。しかし、このレベルでも共通の特徴を認めることができる。たとえば、日本の大企業の間では、集団で品質管理に取り組むという活動が、アメリカやヨーロッパよりははるかに多いといった特徴である。

第二のレベルは、取引慣行のレベルである。さまざまな企業は他の多くの企業や個人との取引関係によって成り立っている。製品を買ってくれる顧客、資金を出してくれる銀行や投資家、原材料や部品を供給してくれる企業などとの取引が必要なのである。ある国で仕事をしようとすると、その国の取引の制度や慣行に従わざるをえない。このような制度や慣行のなかには、国際的に共通したものもあるが、国によってかなり異なっている部分がある。その結果として、ある国の企業にはかなりの共通点がでてくる。このレベルでは、経営システムのレベルよりも、国ごとの類似性はより強いであろう。このレベルを、ここでは「経営制度」と呼ぶことにしよう。

最後は、人びとの考え方や価値観のレベルでの違いである。なにが善でなにが悪か、なにが美でなにが醜か、どのように振る舞うのが当たり前か、の違いである。これらを総称して文化のレベルでの特徴と呼ぶことができる。

国のなかでも文化は大きく異なっている。年齢層によって文化は異なるし、産業界と教育界とでは違う。産業界でも、企業間で違いがある。しかし、それにもかかわらず、日本の企業社会に共通した文化は存在しているし、その特徴について語ることにも意味がある。このような文化を嫌って、独自性を出そうとしている企業もあるが、そのような企業でさえも、これが日本の企業社会の標準的な文化だという認識はもっているからである。

この三つのうち、第一の経営システムのレベルでは、日本のなかでもかなりの違いがあるし、変化のスピードも速い。これに対して、第二の取引制度や慣行のレベル、さらに第三の経営文化のレベルでは、相違はより少なく、変化のスピードも緩慢である。このような違いはあるものの、三つのレベルは、互いに支え合ってさまざまな特徴をつくり出している。このうち、日本的な取引の制度や慣行と、それを支えている経営文化の特徴について議論することにしよう。

経営制度の議論は「経営文化」を語ること

経営制度とは、企業とさまざまな取引相手との取引を制御するルール、取り決めである。企業が取引を行なう相手に注目すれば、この取り決めは、つぎの三つの側面に分けることができる。

第一は、労働を提供する人びととの雇用関係に関する取り決めである。この制度を雇用制度と呼ぶことができる。日本的経営の特徴として、終身雇用、年功賃金（年功序列）、企業別労働組合の三つがあげられることが多いが、これらは雇用制度にかかわる特徴である。

第二の経営制度は、企業のガバナンス（統治）に関わる制度である。企業は価値を創造し、それをさまざまな人びとに分配する社会制度である。この社会制度では、統一的な意思のもとに経営が行なわれなければならない。また、その価値を誰にどのように分配するかを誰かが決めなければならない。競争社会にはリスクが必然であるとすれば、誰が損失を負担するかを決めなければならない。このような決定を行なうのが、経営者である。この経営者を誰がどのように決めるのか、この経営者が真剣に仕事に取り組むように牽制を加える制度がガバナンスの制度である。

第三は、企業間の取引に関する制度である。企業は単に労働を取り引きするだけではない。資本、原材料、商品、情報などの資源の取引を行なっている。この取引に関しても、さまざまな取り決めがある。この取り決めを企業間関係の取り決めと呼ぶことができる。

以下、それぞれの特徴を見てみよう。このような制度や慣行の背後には、それが正しいものだという価値観が存在している。その意味で、経営制度を議論することは、同時に、経営文化について議論することにもなるのである。

日本的経営の三種の神器

日本の雇用制度の特徴は、終身雇用、年功賃金（年功序列）、企業別労働組合の三つである。俗に日本的経営の三種の神器といわれる特徴である。これらの特徴については、あらためて説明する必要はないかもしれない。しかし、最近の議論のなかには、このような雇用制度についての意識的・無意識的な誤解があるので、これらの制度がどのようなものであったかを簡単に振り返ってみよう。

終身雇用とは、形式的に定義すれば、正規の従業員として採用された場合に、経営上の大きな困難や従業員の大きな不手際がないかぎり、定年まで雇用されるという慣行である。企業の側に雇用継続を強いる制度であり、働く側にも、できるかぎり長い勤続が期待される制度である。統計的にみても、日本がアメリカやドイツなどよりも、より長期の雇用を行なっているというデータはある。

もちろん、日本でも、この慣行に従わない雇用関係はある。このような慣行に従おうとは思っても従えない場合もある。競争社会に存在する企業であるかぎり、これを守り抜くのはじつに難しい。それにもかかわらず、日本企業とりわけ大企業の間では、従業員を長期にわたって雇用する慣行が生み出されてきたし、それが望ましい慣行であるという価値観はあった。しばらく前も、従業員を解雇しようとした企業が厳しい社会的批判を浴び、経営者が退任に追い込まれるという出来事が起こった。海外の企業、とりわけアメリカの企業とくらべると、日本の企業はいったん雇った人びとの雇用の確保により重点をおいた慣行をつくってきたし、それが正しいことであるという価値観を多くの人びとが共有してきた。

そして終身雇用の制度と密接に関連しているのが年功序列である。年功序列は、賃金と昇進という二つの側面に分けることができる。賃金の側面からみると、年功序列は、年齢（勤続年数）に応じて賃金が上がっていくという慣行である。一定の年齢まで賃金が上昇するという傾向は、日本だけでなく多くの国に見られる。人びとの熟練度が高まってくるとともに、ある年齢までは労働力としての価値が高まるからである。しかし日本の場合には、一つの企業に勤めていても、長期にわたって生計を立てられるように年功給制ができあがってきたという側面も無視できない。生計の原理をある程度重視しながら、経済性の原理を加味したのが、日本的な年功制度である。勤続年数が増えれば、誰でも一律に賃金が増えていくわけではない。毎年、評価が行なわれ、少しずつ差がでてくる。実力や貢献が加味されるのである。

年功序列のもう一つの側面は、昇進に関わる制度である。ここでも勤続年数を重視しようとする考え方がある。しかし、これも、勤続年数が長くなれば、誰でもが昇進できるわけではない。日本でも昇進に関しては、実力や実績が考慮されることが多い。労働組合員である現場の人びとの評価については、アメリカより日本のほうがより厳しい評価が行なわれているといえるかもしれない。

しかし実力や実績が考慮される場合でも、同じ職場では年齢の逆転をできるかぎり避けようとしたり、仕事の実質的権限は若くても実力のある人がもつように工夫しながら、賃金や地位といった表面の制度では年功制を守ろうとすることが多いようである。また、地位を与えることが難しい場合には、資格というかたちで年功制を守るという工夫も行なわれている。こうした工夫によって、仕事の効率の維持と職場の人間関係の調和とを両立させるようにしている。日本の年功制度は、実力主義的年功制度と呼ぶべきものである。このような制度の背景には、長幼の序を重んじようとする日本的な価値観が隠されている。

働く人びとも、株主と同様に出資者になるしくみ

日本の企業の多くでは、管理者をのぞく従業員は、一つの組合に加盟する。日本航空のように複数の組合が存在するケースもあるが、それは希である。このような組合制度は、企業別組合と呼ばれる。イギリスの職種別組合制度、アメリカの企業横断的な組合制度とは明らかに異なる日本的な特徴である。そして企業別組合制度は、終身雇用の制度と密接に結びついている。

終身雇用的に雇用関係が結ばれれば、一つの企業に働く人びとは長期間にわたってともに仕事を行なう。そうなると、職種に関係なく、同じ職場の仲間になる。そうした状態が常識的になれば、労働組合も企業別になるのは自然な話である。

企業別労働組合という労使関係制度は、重要な特徴をもっている。まず第一は、仕事の種類に関係なく、企業を単位として労働者が組織されることである。第二は、この組合が会社側と労働交渉をする主体となることである。連合のような上部労働団体や産業別の労働組合連合も存在するが、これらの組織は基本的には交渉の当事者ではない。アメリカなどの企業横断的な組合では、労使交渉は上部団体に大きく依存している。また、イギリスのような職種別組合でも、労使交渉は企業の枠にとらわれない組合と企業との間で行なわれる。

企業別労働組合であれば、労働組合は企業の将来の発展を考慮しなければならない。したがって企業横断的な組合よりも、労使の協力体制がつくりやすくなる。しかしそれだけに、

労働組合はより弱い立場におかれているといえるかもしれない。

日本企業の組織内の職種間賃金格差は、アメリカなどとくらべれば小さい。とくにブルーカラーとホワイトカラーの賃金格差は小さい。その大きな理由は、両者が一つの組合をつくっているからで、一つの組合の中で賃金格差を大きくするのには抵抗感が強いからである。

終身雇用、年功賃金（年功序列）、企業別組合という制度のもとでは、働く人びとが企業活動の長期的な構成員であるという意識が自然に生み出される。企業にコミットもし、リスクも負っている。これらの人びとの間で、企業は働く人びとのもの、という常識が生まれてきても不思議ではない。

それだけではない。年功賃金のもとで終身雇用的に働く人びとは、企業に対して目に見えない出資をしている。若い時代には、会社への貢献よりも会社からもらう給料のほうが低い。これは会社に対する一種の出資である。この出資に対する見返りは、年をとってから、会社への貢献よりも大きな給料というかたちで支払われる。このように考えれば、株主と同じように、働く人びともまた出資者である可能性があるのである。このことは、後に述べるガバナンスの制度と深く関わっている。

日本のガバナンス制度は「内部中心」

企業のガバナンスについても、多くの日本企業に共通する制度的な特徴がある。株式会社制度のもとでは、企業は株主のものであり、企業の最終的な決定はすべて株主の決議機関である株主総会で行なわれるはずであるが、日本の多くの企業は、その原則から慣行的にはずれている。

日本の企業、とくに大企業では、企業同士がお互いの株をもち合っている比率が非常に高い。旧財閥系の企業グループの内部では、企業間の株式のもち合いはきわめて常識的に行なわれている。それだけではない。企業グループをこえた株式のもち合いも行なわれているのである。

こうした株式のもち合いは、安定株主をつくり、乗っ取りを防ぐという目的で行なわれている。そうすることによって、株主の発言力が実質的に制限されているのである。また、本来は株主の代表として選ばれるはずの取締役についても、企業の従業員からの選出がほとんどで、その人選も現在の経営陣が行なっている。さらにまた、株主総会も短時間で終わらなければ話題になるほどである。

これに対してアメリカでは、取締役会は社外のメンバーによって構成されることが多い。GM、IBMのように取締役会の判断で経営者が解任されることもある。これにくらべると、日本のガバナンスは内部中心である。先に述べたように、日本の企業で働く人びとが企業に見えざる大きなコミットメントをしていることを考えれば、企業は「働く人のもの」であって、「資本金」というカネを出した人のものではないという考え方がでてくる。

このような内部中心のガバナンスが、それなりに機能してきたのは、銀行、労働組合、主要取引先が、さまざまな牽制を経営者に加えてきたからである。実際にヤマハでは、労働組合の圧力で経営者が解任されたし、伊勢丹をはじめ、メインバンクの圧力で経営者が解任された例は少なくない。

なぜメインバンク制が日本で生み出されたのか？

どの企業も、単独では、ほとんどなにもできない。他の企業との協力関係、分業関係のなかで、初めて製品やサービスをつくりだすことができる。このような取引に関しても、日本的な特徴がある。長期継続取引という特徴である。

日本の市場では、企業間の取引は継続的に長期にわたって同じ相手と取引をする傾向が強い。流通の特約店、部品供給の系列化などがその例である。また、その取引相手の数は少数にしぼられるのがふつうで、取引を開始することを「口座を開く」といい、これはそう簡単には行なわれない。しかし、いったん取引が開始されると、簡単には取引停止になることもない。そうした取引関係のなかから、売り手と買い手の間に協力関係が生まれてくる。

このような関係は、資本の取引に関してもみられる。日本の企業は銀行からの借り入れに依存してきたが、一つの企業の借り入れ全体における個々の金融機関のシェアもあまり変動しないのが通例だ。単純に安い金利で貸す用意のある銀行からの借り入れを多くするよう、企業が短期的に借り入れ先を変えるといった行動はあまりとらない。

比較的薄い利鞘のなかでこのようなリスク負担をするには、銀行はリスクを減少させることが必要である。そのためには、銀行は企業の経営状態についての情報をもち、必要とあれば企業に苦言を呈さなければならない。すべての銀行がこれを行なっていると、コストはたいへん大きくなるので、どこかの銀行をメインバンクと決め、その銀行が詳しい情報をもち、他の銀行がそれに追随するという制度が生み出された。これが、メインバンク制度である。

短期的な利益を、無制限に追求しない経営文化

日本的な経営制度と表裏一体の関係にあるのが、企業あるいは経営についての考え方・価値観である。

そのなかでも顕著なのは、仕事観と企業観、ならびに利益観である。日本人の価値観のなかで仕事が大きな位置を占めることは、いくつかの研究から明らかになっている。どちらが先かはわからないが、これは日本的な雇用慣行と深く関わっている。

日本的なガバナンスの慣行と深く関わっているのは、企業観である。先にも述べたように、日本の産業社会では、企業とくに株式公開された大企業が株主のものという認識は希薄である。企業は、単に株主だけでなく、経営者や従業員のものでもあるという意識が強い。皆のものであるということは、誰のものでもないということでもある。これは、企業という組織体を、誰かの所有物、何かのための手段としてとらえるという考え方とは明らかに異なって

いる。

また、日本の企業には、利益に関して独特の倫理的雰囲気が存在しているようである。そもそも私企業は、利益を追求しようとする性向をもった組織体であり、それが企業としての活力を生み出すのだが、利益の追求を行ないながらもそれを抑制しようという意識が日本の企業にはある。企業という組織体の永続にとって、短期的な利益を無制限に追求しないほうがよいという精神といってもよい。「浮利を追わず」を社是としている会社も多い。

このほかにも、和の重視、曖昧さの許容などの文化的特徴も、経営制度や経営システムとかかわっているが、ここではそのことを指摘するだけにとどめよう。

日本的経営のメリットとデメリット

このような日本的経営の特徴は、日本企業に共通の長所と短所をもたらしている。長所としては、次のものを挙げることができるだろう。

一つは、企業のなかの一体感が強いことである。働く人びとの間には、会社は自分たちのものという意識があり、それが人びとの貢献意欲を自然に高めるという役割を果たしている。このような意識があるから、皆の知恵を出し合って、品質を高めたりコストを下げたりという活動が行ないやすいのである。

さらに一体感があるために、企業のなかでも安心してミドルに権限を与えることができる。

その結果、ミドルが中心になって経営を進めるという日本独特の経営方式が生み出された。

このような条件がそろっているから、日本の企業は、一般的に製品を徐々に改善改良していくという前進的なイノベーションが得意である。

第二は、技術や技能の蓄積が行ないやすいことである。いつごろ終身雇用が成立したかについて定説はないが、それを生み出すきっかけとなったのは、技能や技術をもった人びとに企業に残ってもらいたいという狙いであった。終身雇用のもとでは、技術や技能をもった人びとが企業に残ってくれるので、企業の側もさらなる技能や技術をつけるための投資を安心して行なうことができるのである。また人びとの側も、安心してその企業で必要になる技術や技能を身につけることができる。いつクビになるかわからないという不安があれば、他の会社でも役立つ技能しか身につけてもらえないのである。

企業間の長期継続的な取引も、取引をしている企業の技術の高度化に役立っている。いつ取引を切られるかわからないときには、安心して技術への投資はできないのである。

第三は、長期的な視野での投資が可能になったことである。もっと利益を上げよという株主からの圧力が弱いために、経営者は比較的長期にわたる投資を実行することができた。また、「会社は我われのもの」という意識も、このような長期投資を促す力になったわけである。

しかし、これらの長所と表裏一体の関係にある短所もある。

第一は、「会社は我われのもの」という意識が強すぎて、外部からの牽制が利きにくいという問題である。内輪の論理が優先され、外部の利害関係者の声が軽視されるという傾向がある。そしてそれが、時には深刻な問題を生み出す。「会社の常識は社会の非常識」という問題を生みだしてしまうのである。

これとかかわっているのは、日本企業に存在する閉塞感である。息がつまるような雰囲気といってよい。会社へのコミットメントが強すぎ、しかも内部に一体感があるために、このような雰囲気がでてきてしまう。集団からの目に見えない圧力が存在しているのだ。日本の社会では、いやなら辞めるという選択の機会がかぎられているために、この圧力から逃れることは、不可能ではないにしても難しいのである。

もう一つの短所は、非連続的な変化を起こしにくいということである。会社が株主のものということになれば、企業の買収や合併を行なうことは容易である。しかし、会社は従業員のものという意識のもとでは、合併や買収にさまざまな制約がでてくる。つまり、大胆な意思決定を日本の企業で行なうことは難しい。その結果、世の中の急速な変化に対応して企業を変えていくことが難しくなるのである。

雇用保障を行なうのがよいことだという意識も、急激なリストラクチャリングを難しくしている。日本の企業は連続的な変化に適応するのは上手だが、非連続な変化への適応は苦手であるといえるかもしれない。

最後の欠点は、長期的な視野ということでさまざまな非効率が温存されてしまうという危険である。短期的な利益をもとに判断すると、理屈も通りやすい。しかし、長期的な視野というと、なにもかもが正当化されてしまう危険がある。とくに仲間意識が強すぎる場合には、企業が仲よしクラブのようになってしまう危険があるのだ。この場合には、外部からの圧力が必要になってくるだろう。

その国の文化や制度を利用して企業が戦う時代の到来

日本の経営の特徴を、経営制度と経営文化という側面に焦点を合わせ、それがもつ長所と欠点を考えてきた。

日本企業をとりまく環境は大きく変わりつつある。国際的に見ると、変化のスピードはじつに速くなっている。新興の産業国家群の追い上げも厳しい。これまでのように、雇用保障と年功賃金制度を維持することはますます難しくなっている。コストを考えれば、長期取引よりも自由な市場取引が望ましい場合もあるかもしれない。日本の企業を支えてきたメインバンク制や株式のもち合いも、銀行の体力の低下で維持できなくなるかもしれない。

それに対応して、日本の経営の制度も徐々に変わりつつある。年俸制の導入、能力主義の重視、市場原理の貫徹などの変化である。日本的な経営方式を根本から変えろという意見も聞かれる。しかし、それがよいことかどうか、私にはわからない。

むしろ、厳しい国際競争を考えたとき、日本の企業は、これまで培ってきた独自性を大切にする必要があるということも考えなければならない。他の国の企業がやっていることを真似ようとしても、なかなか独自の強みは築けない。むしろ、いままでに培ってきた強みを基盤にしながら、新しい能力を付け加えていく必要がある。

実際にドイツの企業が、ドイツ的な特徴をなくしてしまったとしたら、我われはベンツやBMWにあれほどのお金を払うだろうか。イタリアのファッション企業からイタリア的な特徴がなくなってしまったらどうなるか。これからの国際競争は、特徴のない企業同士の戦いではなく、それぞれの国の文化や制度をうまく利用した多様な企業の戦いになるべきである。そうなることによって、国際的な競争はより意味のあるものになっていくはずだ。

このことは、なにも変えなくてよいということを意味するのではない。日本の経営、日本の企業の強みをさらに強化する改革が必要なのである。

しかし、その改革は、日本の特徴を失わせるような改革とはまったく性格を異にしているはずである。たとえば、「もち合い」に代わる安定株主をどうやってつくるか、技能や技術の蓄積のスピードアップをどのように行なうか、金融の世界からの圧力をどのようにしてかわすか、短期の見通しも念頭に、どのようにして長期的視野を失わないようにするか——これらの問題を真剣に考えなければならないのである。

PART 2

組織に生きる個人を考える理論

新手法としての「現象学的アプローチ」

「任せる」ことの機微に迫る

金井壽宏（神戸大学大学院経営学研究科教授）

組織論研究における日常語（大和言葉）の復権をめざして！

たとえば「流動性選好」という、見るからに難しそうな言葉がある。この言葉は、経済現象の分析をとおして「貨幣という流動的資産に対する需要・選好が、貨幣供給と相まって利子率を決定する」と考えた経済学者ケインズが、自らの利子論に名づけた言葉である。経済学におけるある概念を表わす言葉、いわゆる学術的な専門用語の一つだ。しかし、組織における構成概念の多くは、その組織の中で業務にいそしむ人びと——社会科学者ではないという意味における「素人」——が、ごくふつうに用いている日常語である。たとえば「やる気」とか「チームワーク」、あるいは電話で交わされる「お世話になります」の「お世話」などが、その典型的なものといえるだろう（本書32ページ高橋伸夫氏による「職場の『ぬるま湯的体質』と社員の『やり過ごし』『尻ぬぐい』が組織を支える」を参照）。

社会・自然科学の研究者が厳密に、しかしながら現実とのつながりにおいてはやや距離をおいて構築した言葉を「二次的構成概念」と呼ぶ。これに対して、素人が日常的に豊かな現実的文脈の中で使っている言葉は「一次的構成概念」と呼ばれる。理論的精緻化を図るためには、もともと日常語だった一次構成概念を二次的構成概念へと展開することはたしかに不可欠だ。しかし、経営や組織という「生もの」を研究の対象とする経営学の場合、現場発の理論こそが真に実践的な理論構築の出発点であるという立場も軽視されてはならない。その意味において、「直属の上司とのつながり」とか「思いやり」「一皮むけた」といった一次構成概念の再検討や、それらによって記述される素人理論は、一見精緻に見える公式理論（二次的構成概念）よりもきわめて多くの示唆に富むことが多い。

こうした対象へのアプローチは、現象学的アプローチ、あるいは臨床的アプローチと呼ぶことができるだろう。

なぜ「任せる」に注目したのか？

組織の入口にいる新人と、組織の頂点にいる社長という両極を対象とした調査について、ここではその概要を述べてみたいと思う。

ごく日常的に組織の現場で使われる言葉を、豊かで深い記述とともに組織理論の中にもち込みたい——常日頃からそう考えていた私は、二十人の経営トップへのインタビューをする機会を得た。体系的なサーベイやその統計分析といった定量的なアプローチも貴重であるが、原点に立ちかえって経営者たちの「持論」やその背景をなす原体験のもつ意味を内容分析する定性的な洞察が不可欠だと考えたからである。

そのインタビューをとおして、大半の経営者に共通のテーマがいくつか見られた。中でも、人材の育成にまつわる問いに対し、全員がふれていたテーマに「任せる」という経営者の姿勢があった。たとえば丸紅の龍野富雄氏（調査当時は社長）は、まだ課長にもなっていない若い頃にマニラ支店長を任されたことを自らの人生の決定的な出来事として話されたのである。

多くの支店・支社展開をする流通や金融などの業種でも、現場に「任せる」ことが、情報面でもモチベーションの面でもいいという見解がある。なにより一般的にも「思い切って任せると人は育つ」などとよく言われる。しかし、それはなぜなのだろうか？　はたしてほんとうだろうか？　いや、任せたつもりがかえって上司に依存的になったというパラドキシカルな話も聞くことがある。また、経営トップへのインタビューから、「任せる」といっても、その「任せ方」には多様なバリエーションがあることがわかっている。では、その「任せ方」のタクソノミー（体系的分類枠組み）の構築はできないだろうか？

こうした疑問と問題意識に導かれ、現場でごくふつうの人たちが日常的に使っている「任せる」という言葉（一次的構成概念）の機微に挑むことになったのである。
「任せる」ことの機微を解くという問題意識を念頭に、情報・教育産業に属するある会社の新入社員（以下、新人）百人の、質問紙によるサーベイ・データ（仕事をするうえでの情報要求に対して、どのような情報源があると考えるかを尋ねるもの。情報源として採用したのは表1の二十項目）を集めてみた。さらに、この会社の新人へのグループ・インタビューや単独インタビュー、先輩や管理職との単独インタビューなどの定性データも収集した。新人にスポットを当てたのは、新人が大きく「任される」状況を探ることが、支店長や事業部長といったベテランが「任される」状況を、より単純なかたちではあるが、浮き彫りにできるのではないかと考えたからである。

会社の新人を調査対象としたこの研究は、ア・プリオリ（事前に設定された先見的）な理論に導かれたある仮説を検証するものではない。いわゆる探索的調査である。したがってその手続きは、サーベイ（質問票調査）・データの分析を通じて発見された事実を、インタビューなどの定性的データによって虚心にその意味を探るというものになる。以下、顕著な発見事実を中心に、その分析結果を紹介しよう。

驚愕の発見事実！　上が下に任せると下は客でなく上を見てしまう!!

発見事実①「自律的な職務は、新人の情報の有用性認識の感度を高める」

まだ組織に入って一年も経たないのに、創意・工夫を要求される自立性の高い仕事を任されている新人は、より多くの情報源に有用性を感じやすい。言い換えるならば、自立性の高い仕事をしていると、多様な情報フィードバック源への感受性を高め、多くの情報チャンネルにアンテナを張る必要性があるのだろう。

新人が情報源として重視する項目としては、まず、上司、若手先輩、ベテラン先輩を問わず泊まりがけの出張の機会（項目⑶、⑹、⑼）が目につく。自律的に仕事をすることが期待されているだけに、出張時のようにみっちりと話し込む機会が大切だと思われている。インタビューでも、新人は創意・工夫のいる自律的な仕事を任されているほど、経験の深い人からのフィードバックをより強く必要とすることが示唆された。これは後述する「任せることのパラドクス」にかかわっている。

つぎに目立つのは、項目⑿の職場外のメンター（メンターにあたる日本語を探すのは難しいが、先人、恩師、師・師匠などの意味内容を含んでいる）、顧客（項目⒁）と会う機会の有用性である。自律的な仕事に従事する新人は、職場外、および社外の主要人物との接触も重んじているのである。

発見事実②「新人にとって、組織を介するフィードバック源としては、上司とメンターが大切にされている」

まず、上司との日常的接触（項目⑴）、日誌への上司のコメント（項目⑵）、職場外のメンター（項目⑿）といった情報源は、自律性ばかりでなく技能的に多様性の高い職務につく新

表１　質問した20項目

各項目の記述の末尾の括弧内に記入した数字は、情報源の有用性についての５点尺度の平均値と標準偏差およびその情報源が充分存在すると回答した新人の比率(%)である。

⑴ 上司と職場での日常的な接触（4.02, 0.77；75%）
⑵ 上司からの「日誌」を通じてのコメントおよびそれに関する対話（3.75, 0.87；76%）
⑶ 上司との出張機会（3.4, 1.06；22%）
⑷ 上司との同行外出の機会（3.63, 1.11；32%）
⑸ 入社2、3年目の先輩との職場での日常的な接触 (4.51, 0.64；86%)
⑹ 入社2、3年目の先輩との出張機会（3.56, 1.06；19%）
⑺ 入社2、3年目の先輩との同行外出の機会（3.84, 0.98；44%）
⑻ 入社4年目以上の先輩との職場での日常的な接触（4.41, 0.74；80%）
⑼ 入社4年目以上の先輩との出張機会（3.67, 1.00；17%）
⑽ 入社4年目以上の先輩との同行外出の機会（3.92, 0.97；40%）
⑾ 新人導入研修（オリエンテーション）の場（4.05, 0.89；89%）
⑿ 職場は異なるが、目をかけてくれる先輩（メンター）との日常的な接触（3.94, 0.84；37%）
⒀ 外部の協力者（外部のスタッフ、執筆者、印刷会社、デザイナー、取引先など）と会う機会（4.02, 1.08；68%）
⒁ 外部のお客様（ユーザー、ユーザー組織の購入決定者など）と会う機会（3.84, 1.14；42%）
⒂ 文書化されたもの（マニュアル、規則、規定集など）を見る機会（3.87, 0.79；73%）
⒃ 職場ぐるみの行事（歓送迎会、忘年会など）の場（3.38, 1.11；67%）
⒄ 職場仲間とのきままな食事や飲み会などの場（3.90, 1.02；80%）
⒅ 社内の同好会的集まり（野球、テニス、釣りなど）の場（3.22, 1.11；23%）
⒆ 全社的イベント（○○祭、旅行など）の場（2.79, 1.05；12%）
⒇ 朝礼、社内報（○○）、部会などの公式の場（3.76, 0.98；91%）

人に、より高度に有用であると考えられている。なかでも上司とメンターは、組織を介しての情報フィードバックとしても重視されていることが注意を引く。仕事がうまくいっているかどうか、自己判断するだけでなく、信頼に値する源泉からフィードバックを受けたいと思う度合いが高いのだろう。そう思える相手としては、上司とメンターが重要なのである。

発見事実③「(a)よりチャレンジングな職務についている新人ほど、少し年上の先輩を情報源として大切に思っている。(b)よりチャレンジングな職務についている新人にとって、上司や先輩との日常的接触のほうが、同行外出のような特別な機会よりも重視されている」

新人にとって少し年上の若手先輩との日常的接触（項目(5)）の重要性は、大きくクローズアップされた。情報源の項目(5)は、仕事の性質がチャレンジングである度合いと強い正の相関を示した。このことが意味するのは、適応の難しい仕事につくことになった新人ほど、少し年上の身近な若手先輩を情報源として大切にしたいと思う程度が高いということである（にもかかわらず、上司である管理職は、新人が有用だと思っているほどには、新人にとっての若手先輩の役割を評価していない）。

つぎに同行外出の機会（項目(4)、(7)、(10)）に目を転じると、情報源を広く求める必要のある自律的職務についた新人には、上司、若手先輩、ベテラン先輩との同行外出の機会は、それほど尊重されているわけではないことがわかった。

新人にとっての情報源としての上司や若手先輩については、仕事に関するフィードバックの機会としては、同行外出よりも、さりげない日常的接触の機会（項目(1)、(5)）のほうが、仕事がチャレンジングになるにつれてより重視されている。ここでも若手先輩の役割がけっこう大きい。上司や先輩は、どんなに忙しくても、新人との日常的接触のフィードバック効果を忘却するわけにはいかない。また上司は、新人にとって若手先輩が大切な情報フィードバック源になっていることを自覚しておく必要があるだろう。

発見事実④「マニュアルをはじめ、情報源の中には職場がチャレンジングになったからといって、重要性を増さないものがある」

マニュアル（項目⒂）のように、職務がよりチャレンジングになったからといって、その情報源の重要度がなんら高まることのない項目がある。マニュアル以外にも、新人導入研修の場（項目⑪）、外部の協力者と会う機会（項目⒀）、社内の同好会（項目⒅）、社内イベントの場（項目⒆）、朝礼など公式の場（項目⒇）などの項目でこのような傾向が見られる。

発見事実⑤「(a)分権化が進んでいるほど、新人の情報源への感度（各情報源の大切さについての自覚）は、広範かつ鋭敏になる。しかし、(b)分権化は、その情報源へのアクセス可能性を伴っているとは限らない。また、(c)分権化の進行に伴って、外部の協力者や顧客の情報源としての有用性は、高まらない（むしろ減じられる）」

分権化が進み、担当者レベルでも思い切って大きな責任が任されると、情報ニーズが高まり、より多くの情報源の有用性を感知する（多数の情報源へのアンテナの感受性を高める）ようにならざるをえないのだろう。

分権化でとくに重要性を増す情報源は、(1)職場外のメンター（項目⑫）、(2)若手先輩、(3)

年長先輩、⑷上司との日常的接触（項目⑴、⑸、⑻）である。

部下に（また新人にも）大きく思い切って任せる分権的な職場では、メンターや先輩、上司にあたる人びとは、自分の日常行動が新人の情報源として強く注目されることになることに留意しなければならないだろう。

さて、ここまでは正の相関について論じてきたが、分権化と外部の協力者と会う機会の有用性とは、負の相関を示すことを指摘しておこう。つまり、分権化が進んでいるほど、外部協力者は情報源として重視されなくなってしまうのだ。外向きの情報源には、ほかにも最重要なはずの顧客という項目がある。しかし、顧客と会う機会（項目⒁）については、負の相関とまではいかないが、相関はゼロだった。顧客の情報源としての価値は、分権化の度合いとはなんら関係を示さなかったのである。これは、調査対象企業の人たちがたいへんに驚き、注目した発見事実だった。

任せられた新人は、デザイナーやプロのライターなどの外部の協力者の知恵を探るのでもなく、またユーザーからアイデアを得るのでもなく、その目は、上司を中心として内向きになってしまっていた。これが、今回の調査対象企業にかぎらずけっこう普遍的に見られる事実かどうかについては、さらなる検証を必要とするが、重要かつパラドキシカル（逆説的）な発見事実なので、発見事実⑥として、もう少し詳しく紹介しよう。

任せることのヒラメ・パラドクス――定性的データからの洞察

発見事実⑥「分権化を進め担当者レベルにも思い切って任せると、少なくとも新人にかぎっては、会社、職場、仕事への適応のための情報探索のアンテナは、外向きではなく内向きになる」

これは、任せたつもりでも真に任せたことにはならないというパラドクスである。新人に任せると、新人は、まずなによりも社内の上司、先輩、（職場外ではあっても社内の）メンターに目を向けてしまい、外部者との接触機会がないがしろにされてしまう傾向があるのだ。

任せるとヒラメのようにかえって上に目がいってしまうというこの「ヒラメ・パラドクス」は、どのように理解すればいいのだろうか。そこにどのような心理メカニズムが働いているのだろうか。

この点についてのインタビュー・データは豊富である。このパラドクスが生じる理由を、現場の声の一部からひろってみよう。

Eさん：やっぱりその人はミスを犯したくないと思うことでしょう。そうすると上司の言うことを聞き出したくなります。この会社では、任されるほど、上の決裁を大きく気にするようなところが実際にありますよ。任されたのにアイデアがなければ、あせって、そりゃ上に聞きますよ。

Aさん：上司の考えを引き出してから提案すると、そのアイデアを上司に提案したときにそれが通りやすいというだけではないしね。実際そのおかげで、結果的にうまくいくということがあるんだから。だから自分で外部協力者やお客さんに会いに行って、そこからアイデアをいただくのでなく、かえって上を見るようになってしまうのでしょうね

Eさん：外からアイデアを取ってくることもあるにはあります。でも、取ってくるのだけれど、そのアイデアはなかなかうまくいかない。上司に通らないのですよ。

Aさん：しかしとくに最近この会社では、達成圧力やスピードが要求されるので、新人が適応するためにも要領を覚えるようになっています。だから、そのぶんよけいに上司からOKをとりにいこうとする。上司のねらいやアイデアを引き出そうとするのでしょう。

このような現場の声を分析していくと、調査対象企業におけるヒラメ・パラドクスの心理的メカニズムは、いくつかのステップに要約されることがわかってきた。つまり、(1)仕事の自律性が高く分権化された職場が形成されている。しかし、仕事達成の圧力は高い。(2)上司は、新人に工夫の余地を与え大きく任せる。同時にそれなりに達成圧力・納期圧力をかける。(3)新人は、時間的に顧客や外部関係者の声を聞く余裕がなく、会社としても新人に直接外部者と接するのをあまり奨励していない。(4)新人は自分なりに工夫してアイデアを練り提案書をなんとか作成する。(5)上司に提示するとしばしばボツにされる。(6)ボツにされる基準が新人にはよくわからないので、上司がいったい何を望んでいるのかを探ることにより敏感にな

る。(7)仕事に慣れてくると、上司に大きく任せたと言われると、かえって（顧客の声よりも）上司の腹案を探るべく上司にお伺いを立てるようになる。(8)任されるとまず上に探りを入れ、方向づけを探るというのが、提案がボツになりにくくする効果的な方法だと、新人は学習しはじめる。(9)その結果、上が下に任せるほど、下はヒラメのようにより熱心に上をみてしまうというパラドクスが生じる。

このパラドキシカルな状況は、この会社だけに特異な現象なのだろうか。また、新人の適応に特有な話なのだろうか。

いくつかの会社の役員クラスの経営幹部に別の機会にインフォーマルにこの調査結果をかいつまんで説明すると、彼らのコメントによれば、ヒラメ・パラドクスはけっこう普遍的に存在するようである。

たとえば支店展開をするサービス産業で「支店長の自主責任経営に大きく任せた」という状況を想像してみよう。任されると、現場の支店長は多方面への情報チャンネルの感度を確かに高めるのだが、つい本部は何を考えているのか、よけいに気になるという話をよく聞いた。あとで述べる社長インタビューのひとりもはっきりそう述べておられた。経営幹部という上位のレベルでも本質的に新人の場合と同様のパラドクスが生じていることになる。

戦略的自律性と戦術的自律性

任せることの微妙さを別の観点から考えるうえで実践的示唆を与える研究がある。ＭＩＴのロッテベイリン教授は、ＡＴＴのベル研究所に勤務する研究者のインタビュー調査に基づき、自律性には二通りあるというアイデアを提示した。一つは、戦略的自律性（strategic autonomy）で、これは研究者がどのような研究領域を選び、何をテーマとするかを自分で描けるという自由である。もう一つは、戦術的自律性（tactical autonomy）で、こちらのほうは、ある研究領域のテーマにどのようなツールでアプローチするかにかかわっており、研究者としての道具箱の中味からツールを自由に選ぶという意味での自律性である。

ベイリンは、任せ方に問題のある多くのケースは、戦略的自律性を求めている人に戦術的自律性を与えているミスマッチ、逆に戦術的自律性を望む人に戦略的自律性を授けてしまっているミスマッチで説明できるのではないかと主張する。前者は、テーマは自分のやりたいことを選びたいが、そのテーマにどのようにアプローチするかは、きちんと指示してほしい、教えてほしいと思う人に、「やり方はお前に任せたが、とにかくこのテーマでやってみて」といって任せてしまうミスマッチである。後者はテーマはなんでも器用にこなす自信があるからテーマは上から決められてもいいと思っているが、そのテーマへのアプローチ法（どのような実験器具を使ってどのようにデータを分析するか）は自分に任せてほしいと願う人に、「テーマの選択は任せた、ただし方法はこれを使って」といって任せてしまうミスマッチである。

会社の中でも研究部門だけでなく、企画を伴う創造的活動には、かなり普遍的にみられるミスマッチではないだろうか。

「任せる」ことの類型論

若い人びとの多様なオリジナリティや感性を生かすためには、彼らに思い切って「任せる」ことは大切だ。先に紹介したが、人材育成に関してインタビューした社長のほぼすべてが、「任せる」ことについて言及していた。

そして、より詳細に彼らの見解を内容分析すると、同じ「任せる」と一言で表現しても、さまざまなバリエーションがあることが判明した。

「任せる」ことの類型論を社長自身の発言から構築する際の一つの軸は、「なんのために任せるのか」という目的意識である。この目的意識には、育成か発見かという二つの側面が含まれている。この軸に含まれるもう一つ顕著だった目的には、モティベーション喚起のために任せるというテーマがある。

もう一つの軸は「任せる」ことの内容にかかわっている。職能別、事業領域別、その他さまざまの分類が考えられるが、変化というキーワードに注目して、ここでは「任せる」内容が、任される本人にとってではなく、任せる側（会社の本部あるいは上司や前任者）にとってなじみのある既知のことなのか、変化の方向を読むのが困難な未知のことなのか、という切り口を念頭におく。

この二つの軸から、左の表に示すような六つのセル（ます目）に示すような類型が浮かびあがってきた。

この類型論に沿って、社長インタビュー・データの関連箇所が、いずれか一つ、もしくは二つ（稀に三つ）のセルにコーディングされた。ここではその全データにふれるわけにはいかないが、各セルの代表的な見解をいくつか概観してみよう。

「例外管理」をさせる任せ方

育成を目的に、「任せる」側にとって既知のことを行なう権限を委譲する場合が、左の表のセル1である。既知のビジネス・ノウハウとかその他のコツや手続きは、マニュアルや標準業務手続に文書化される。しかし、会社（の本部）や上司にとっては既知のことでも、任される側にははじめてのことなので、自ら経験しないと身につかない。マニュアルを読むだけではわからないのだ。例外による管理とは、言うまでもなく、マニュアルや標準業務手続に書かれていない例外的事象が生じたときにのみ上司の采配を仰ぐというかたちでの任せ方を意味している。

●「「やらせる」という方針について」たとえば部下から報告する、すべきもんだと思ったも

表2 「任せる」ことのタクソノミー（体系的分類枠組み）

事業・業務・仕事の知識（「任せる」側にとって）／目的（何のために「任せる」か）	既知	未知
育成	セル1 例外管理 技術管理	セル2 鍛錬 逆(上方向)技術移転
動機づけ	セル3 初期成功経験 垂直的職務拡大	セル4 挑戦・ロマン 企業者精神喚起
発見	セル5 選抜・配置 自己発見	セル6 人材発掘 戦略的議論 環境探査

のだけ報告してくれればよろしい。そのかわり報告しない後でなんか大きな事故が起こったら、それは君の責任だよ、ということをいつも言いつづけてきました。例外の原則で、例外の時だけを言って処置を求めるものには応じようという心がけができているつもりなんで、社長になっても同じことだと思うんですねえ（住友電機　川上社長。以下「社長」「頭取」の肩書きはすべてインタビュー調査時点）。

「将来幹部になるものは皆現場を体験させる」（大阪ガス　大西社長）という現場主義も、現場を「任せる」という例である。経営トップもそこを経てきているので現場の重要性を知っている。とはいえ、基本的な考え方を伝えられるかぎり、「自分のくぐった苦労を必ず次の奴にもさせるといういきすぎた現場主義もよくない」（川上社長）。やらせなくても伝えられる原理原則もあるからだ。

また、既知のことを任せて育成することは、技術移転でもある。

●ベルギー（での海外事業）で現地の人がやっぱり取締役になってるんです。……やっぱり研究の中心は高砂の合成樹脂研究所なんです。できあがったものを向こうにやったんですけど、このごろはできあがる前に向こうから連れてくる。その人がいっしょにこちらにきて、研究をしてできあがったものをもって帰る（鐘淵化学　舘社長）。

技術移転の円滑化のために、「任せる」までいかなくとも少なくとも協働してもらうことが現場と本社とのコミュニケーションをよくする、と考えられている。

「鍛錬」のための任せ方

育成目的で任せる側にとっても未知のことを任せるのは、そうとう過酷な試練ないし鍛錬の機会だ。強靱な人材でないと耐えられないだろう。ある社長は失敗経験者、はぐれ鳥、逃げない人には、未知のことでも任せられる、と主張する。その人の成長、成功のためにも、である。

●組織のはぐれ鳥というか、あるいはある程度辛辣な経験をしたとかね、そういうもうここしか行き場がないよという連中がすごく乗りますな。よそでベンチャーで失敗したけど、どこかでもういっぺんやりたいとかね。……今までの経験で言いますと逃げない人間というのは成功しますね（ニチイ　小林社長）。

●私、頭取になってから三光汽船っていう大きな（大口倒産処理）問題を抱えてましてね。これの処理にあたっては相当神経もつかった。銀行としては非常に命運をかけるような大きいものにチャレンジするっちゅう一つの使命感もあったんだろうし……それに携わっている人間がそれなりの成長を遂げたというふうに、私は思いますね。……飛び込んでいってそれを自分の手で処理していく人と、もう逃げちゃって他人任せにしちゃう人とかまあいろいろタイプがあるわけですね（大和銀行　安部川頭取）。

どうも未知の領域での鍛錬には、「逃げない」人材というのが第一要件として注目されているようだ。

もう一つの側面として、セル2の「任せる」というのは、担当者のほうが上に立つ者より業務の実際をもっと身近に知っているという状況を生み出す。その場合には任せることによって下から上への、いわば逆技術（技能・知識）移転――上方向への移転――が生じる、といっていいだろう。

●（顧客とか外部に対することは除くと）内部の日常の組織の運営についてはですね、やっぱりその問題について自分がいちばん詳しいはずだ。事業部長だったら三つも四つもやっているから広く浅くしかしらない。……案を立てるのが若い人ですとやっぱり時代の感覚との幅が近いですね。……時代の感覚をまだ忘れていない一定の層が案を立ててずっと上にもっていくというわけですから（武田薬品　梅本社長）。

「動機づけ」のための任せ方

モティベーション喚起を目的に、会社にとっては比較的既知のこと（それだけに重要なこと）を任せるのは、早い時期に成功経験をもたせて自信を高めるためになされる。このセル3に入る臨界的事象は、部下に任せたストーリーも見られたが、最初に紹介した丸紅の龍野社長のように、自らが若い時期に任されたストーリーに言及されることが多かった。

●本社の経理におりましたら、上司が「おまえに任せるから今月の決算を締めてみろ」と言ってね、女子社員を二人つけてくれました。……はじめて人を使った経験でしてね。……半分徹夜みたいにしてねぇ、仕上げた経験があるんですがね。非常に苦しかったことで今でも夢にみます。……（入社後二年ぐらいで自分に）任せた人も偉かったと思います。「会社の経理というのはこういうものなんだなあ」ということがおぼろげながら頭の中に入りましてね、それが一つの自信につながりましたですね。だからその後もこの自信というのはいい方向に回転したように思います（久保田鉄工　三野社長）。

決算手続は、会社や任せた上司にとっては既知のことではあっても、本人にとってはそうではなく、達成課題を提供する。

三十五歳のとき姫路支店長を任されたことを通じて、「長は全責任、とくに悪いことはみな引き受ける」「自分を捨てると浮かびあがる」という長たる者の基本を学習したという経験も聞かれた（コスモ証券　文箭社長）。「はじめにとにかく成功させなさい」ということを社長が明言しているケースもあった（舘社長）。さらに、営業にとくに注目して「顧客の前では全権大使」（積水ハウス　田鍋社長）という表現も聞かれた。

人事の施策としては、会社にとって既知でも本人にとってわからないところを任せ「幅を広げさせる」方法は、ジョブ・ローテーションに他ならない。「人間というのは刺激を受けて目が覚めて変わるもんだ」（住友金属　新宮社長）からである。

しかし、「次代を創る人材」としては、水平的なスキルの多様性ばかりでなく、計画や調整・統制を含むより責任の大きい、いわゆる垂直的職務拡大も不可欠である。先にふれた「長」としての経験がそれにあたる。また、より上位のポジションにキャリアがつながるようにキャリア展開の天井をはずし、社員全員にとってチャンスを広げるのも重要である（近畿日本鉄道　金森社長）。

「挑戦・ロマン」のための任せ方

未知のことにロマンを感じさせて挑戦してもらうことによって、人びとを動機づけるのも「任せる」形態の一つである。

たとえば、「ベテランがいい部門もあるけど、新事業は若い人か中途入社の人に任せるようにしている」（三野社長）という発言は、「仕事が人間をつくる」という育成の面だけでなく、新事業が企業者精神喚起の機会をもたらすという面も念頭においている。

●人間の欲求の変化というものを自分の肌で感じて自分なりに創造していくとか革新していけるのはやっぱり若手ですよ。……革新的とか創造的とか挑戦的とか、そういうものの基本的原点は分権の中で発揮できるんじゃないか。……ロマンていうかな、夢を、将来の夢、ロマンというものを描けるようなものをね、若い世代というのに中心をおくということにね、私はまあ、賭けておるんですよ（立石電機　立石社長）。

「うまくいきよると思った時はもう口を出さないことですね」（ミノルタカメラ　田嶋社長）、「ずいぶん（口をはさむのを）がまんしましたよ。ぼくがですよ」（小林社長）という発言にみられるように、未知のことを任せて動機づけるには、任せたかぎり口を出さず「耐える」

リーダーシップが必要だと自覚されている。

「選抜・配置」のための任せ方

会社にとって既知のことについて、その職務にふさわしい人を発見するために「任せる」というのは、選抜・配置の問題だ。いろいろなセクションを「任せる」ことにより適材適所の理想に近づくのである。ここでは、このことが本人にとっても自己発見になることをコメントしておこう。

たとえば、営業部門で実験的に新人ばかりのチームをつくったところ高成果をおさめ、その結果が若い人にやる気を与えた（セル3）ばかりでなく、本人にとっても「できることの発見になった」（セル5）という話があった（田鍋社長）。また、出向という一見不本意なかたちで出ていってもらったが、大きな責任が与えられて、本人も自信をもったことから、「人の能力ちゅうのはいろんなチャンスを与えてみないとわからない」（新宮社長）というのも、もっともな意見である。

「人材発掘」のための任せ方

発見を目的に未知のことを任せるのは、人材発掘を主眼としたアプローチである。制度化の度合いは会社によって異なるが、何か新しいことを言いだした人にやらせてみるのが、この類型の「任せ方」の典型である。

●アイデアの公募からですね、それを審査をして、よしこれを企業化しようというときには本人は責任をもってやっていく。最後までですね、責任者としてやっていくところまでのチャレンジ制度ですね（大阪ガス　大西社長）。

これによって新規事業分野を発見するだけでなく、それに向いた人材を発掘している。このことは、通常よく言われる「人間尊重の経営」を超えて「人間成長の経営」につながると考えられている。

未知のことを任せるうえでしばしば「議論する」ということがキーワードになっている。ミノルタのα―7000のゴー・サインは「六甲サミット」と後に呼ばれるようになった場で議論をつくした後、「任せてそこにかけよう」（田嶋社長）ということになった。立石社長は就任後、「私が変わる、社長が変わる、会社が変わる」というキャッチフレーズで『ハロー・ミスター・プレジデント』という約二千七百通の手紙を受けとり、直接返事を書く一方で、ザ・KURUMAZAという名のもとに、係長以下の若手十～十五人の小集団と社長が「車座になって現場の声を聞くツー・ウェイ・コミュニケーションをまず図った」のである。若い人に任せ議論することは、上にいる人間だけでは気がつかない環境変化の意味を探査（スキャン）することにもなる。

「任せ方」に普遍性はあるか？

経営管理とは、自分以外の人びとを通じてものごとを成し遂げてもらうことと定義される。自ら作業するのでなく他の人びとに動いてもらうわけだから、経営管理は、なんらかの意味で「任せる」という普遍的な経営者の姿勢や行動を含意している。

経営者の「生の声」の分析を通じて、ひとくちに「任せる」といってもいろんなバリエーションが存在することがわかっていただけたと思う。定性的研究の強みは、学者がいきなり机上で類型論を構築するのではなく、経営者が現実の場面で「使用」している当事者の「理論」（あるいは「理論」として自覚されていなくても、経験にもとづく「持論」）に根づいた類型論を生み出す点にある。ただし調査対象は日本の経営者である。彼らの当事者見解は、はたしてどの程度普遍化できるだろうか。

ここで報告した調査とパラレルな精度の定性的データを欧米やアジアの経営者から得ているわけではない。しかし、アメリカの経営者についてのドキュメントは非常に豊富である。たとえば、スローン、チャンドラー、ドラッカー、デロリアン、元会長ロジャー・スミスのスピーチ・ライターなどの手になるGM経営陣の記録だ。中でもスローンの経営者としての経営理論において「任せる」というのは中心テーマをなしているといってもよい。分権制、事業部制、数々の委員会、後継者選び、会長と社長の分業といった多様な経営課題のすべてに「任せる」という問題がからんでいる。その基本的トーンは、このような一見した多様さにもかかわらず、私が示した分類体系では主としてセル1（例外管理）とセル5（選抜）のみにかかわっている。

他のセルは、それでは日本企業の経営者に特有なのだろうか。決してそうであるとは思えない。たとえば、GMを再び例にとると、ロジャー・スミス元会長はEDSをロス・ペローに任せた（つもりになっていた）。EDSは、自動車産業の会社にとっては未知のエレクトロニックス部門だから、ここでの任せ方は、セル2（親会社への上方技術移転）、セル4（社内の企業者精神喚起）やセル6（GMマン、GMウーマンに新たな戦略的議論を奨励）に想定できる。米国の企業でも原理的にはセル1とセル5以外のバリエーションがあってなんら不思議ではないのだ。

日本の社長の「生の声」から生み出された「任せる」ことの類型パターンはいずれも、日本の文化だとか日本の労働市場の特性に大きく左右されるわけではない。あえて指摘するならば、労働市場の流動性（したがってより高い転職率）ゆえに、米国企業ではシステム（制度）としては「育成」目的がより希薄かもしれない。日米の経営者の間で「任せ方」に差があるとしても、程度の差だと考えられる。

ここで提示した「ヒラメ・パラドクス」は、既知のことの委譲にかかわるセル1、セル3、セル5においてより生じやすいだろう。任せたといいながら、上司の方で腹案が往々にしてあるだろうから、ついつい任されたほうが上を見つめるので、そうなりやすい。

上に立つものも、ほんとうによくわからないので任せている場合（セル2、セル4、セル

6）には、任せる側に腹案はなく、下にアイデアの生成を自由にやらせる可能性は高い。しかし、新人の調査が示唆するものをくめば、任せた上司の側が、任せたという立場を貫かなければ、肝心の新しいアイデアを実験前にボツにしたりするかもしれない。また、任されたほうが、実施の前に上にお伺いを立てた場合にもヒラメになってしまう可能性がないわけではない。

任せることの機微やそれにまつわるパラドクスをよりきめ細かく探るためには、任せることのタクソノミーを、さらに展開する必要がありそうだ。

日本における昇進競争原理

年功昇進システムは「平等と温情」とは裏腹な「激しい競争と残酷」という複数の顔をもつ！

竹内洋（京都大学大学院教育学研究科教授）

日本型昇進システムは年功昇進といわれ、ぬるま湯のような横並びシステムに思われやすい。しかしじつは、激しい競争を折り込んだしたたかなシステムである。また近年は、出向や選択定年制などの制度を採用する企業が多くなったが、これとて年功昇進を維持するための措置である。とすれば年功昇進システムは、残酷な顔ももっていることになる。平等と競争、温情と残酷という複数の顔をもつ日本型昇進システムは、どのような構造になっているのか？

日本型昇進システムを考えるには、新規学卒同時期採用という採用慣行から出発しなければならない。新規学卒同時期採用とは、当該年度卒業予定者を対象にいっせいに採用活動を行ない、同時（四月一日）に入社させるという採用慣行である。

新規学卒同時期採用は、特定の職務に欠員ができたときに、それに応じて採用するというのではない。将来の必要人員を想定して若年労働力を一括して採用する雇用慣行であるが、そのことによって入社年度を同じくする者の間に同期という仲間集団意識（同期の桜）をもたらす。しかし同期はこうした仲間集団の面だけにとどまらない。同期集団は、昇進差の微細な違いを認知可能にさせる比較集団である。

年齢や入社年月がバラバラな採用方式であれ

ば、自分の昇進がどの程度かを測定する基準集団が見つかりにくい。しかし、新規学卒同時期採用の場合は、昇進の比較準拠集団は同期にあり、これほどわかりやすいものはない。入社年と年齢の条件を同等にするから、ちょっとした昇進差を可視化させ、過敏な反応をもたらす。辞令が出たときに、真っ先に目がいくのは同期の行方であるといわれる所以《ゆえん》である。

それだけに日本企業の人事は入社年にかなり気をつかう。同期入社者を基準に人事管理が行なわれるのだ。学歴・入社年次別人事管理がこれである。そして、学歴・入社年次別管理の内容が、いわゆる年功昇進といわれるものである。ここでは大卒ホワイトカラーを対象にして、こうした年功昇進のメカニズムを考える。

年功昇進は、勤続年数によって自動的に昇進するのではない！

年功昇進は年の功、つまり勤続年数によって自動的に昇進するという単純な勤続年数（年の功）主義ではないことに注意しなければならない。「年」つまり勤続年数と「功」つまり業績・能力を加味したものである。しかも、加味の割合が時間とともに変化していくという巧みな方式である。

まず、入社してから数年間の処遇においては、ほとんど功（業績・能力）の部分は反映されず、勤続年数主義によって昇進する。しかし中間管理職になると、業績や能力などの功（績）の部分が立ち上がってくる。さらに上級管理職になると、勤続年数は必要条件にしかすぎず、功（績）の部分が大きくなっていく。こういう昇進競争を「将棋の駒」型競争と呼ぶ人（小池和男）もいる。つまり将棋の駒の肩（カーブ）は、はじめはなだらかだが、しだいに険しさがまし、あるところにくるとカーブは急坂になるからである。

このような年功昇進の仕組みを個人の側から

見れば、次のようになる。入社して一定の期間（五〜八年）は、同期入社の者にほとんど差がつかない。ヒラ社員のときに差がつかないだけではない。主任、係長もほとんど同じ年度に昇進していく。配属される部署も異なり、人事考課もなされているが、入社後五〜八年は昇進差がほとんどないというのが、大企業を中心にした日本の企業の人事の仕組みである（表1）。つまり入社して数年間の下級管理職への昇進は「（同期）同時昇進」ということになる。

そうはいっても、同期入社の者がいつまでも平等処遇（同時昇進）に浴するわけではない。しだいに業績・能力評価を処遇に反映させた昇進差が現われてくる。

課長までは「時間差昇進」

課長などの中間管理職への昇進は、次のようなものである。中間管理職にはまず同期のなかから選ばれた少数の者がなる。次に、半年あるいは一年遅れで、同期の次のグループが中間管理職に選ばれる。こうしたことが次々に起こる。

そこで、同期のなかで最初に課長に選ばれたグループを一選抜といい、二番目に選ばれたグループを二選抜といっている企業もある。一選抜というのはエリートの代名詞である。中間管理職になる時期は人によって異なっているが、その差は課長になる者とならない者との差ではない。課長に早くなる者と遅くなる者の差である。最終的には同期のほとんどの者が中間管理職には到達するのだから、（同期）同時昇進ではなく「（同期）時間差昇進」ということになる。

ところが中間管理職以上の次長や部長となると、同期の者のほとんどがなるというわけではない。ごく一部の人がなる。競争相手も同期が対象ではなく、前後数年間の先輩や後輩が競争仲間となる。ここでは同期という入社年次別昇進管理は消滅する。

表1　企業規模別同一年次同時昇進の期間

単位:%, (　) 内は実数

		合計	入社後5年程度	入社後7～8年程度	入社後10年程度	入社後12～13年程度	入社後15年程度	入社後15年以上	不明
合計		100 (413)	62.7	21.1	10.2	3.6	1.9	―	0.5
正規従業員数	999人以下	100 (25)	69.2	26.9	―	―	3.8	―	―
	1,000人～2,999人	100 (266)	64.7	18.8	10.2	4.1	1.5	―	0.8
	1,000人～2,999人	100 (43)	55.8	25.6	14.0	2.3	2.3	―	―
	5,000人以上	100 (78)	57.7	24.4	11.5	3.8	2.6	―	―

出典：日本労働研究機構『大企業ホワイトカラーの移動と昇進』1993年

　こういう競争をたとえていえば、次のようになる。下級管理職はエレベータに乗っているようなもので、全員下級管理職という階に到達する。それからはエスカレータに乗る。しかし、ただ乗っているだけではない。エスカレータの上で競歩する。エスカレータは動いているから、歩くのが遅い人も次の階（課長）には到着するのだが、早く歩いた人が早く次の階に到着することになる。しかし、これ以上の階となると、もはやエレベータはおろかエスカレータもない。自分の力だけで登る。競争相手ももはや同期に入社した者だけではない。先輩や後輩が入り乱れることになる。

　こういう昇進方式をキャリア・ツリーにすると、図1のようになる。むろん実際の職位は、課長代理や次長などと細分化しているから図1よりもっと複雑であるが、ここでは昇進パターンを知るために簡略化してある。

　読み方は次のようである。左側から見よう。

ある年度に五十人の大卒が入社した。入社五年後（二十七歳）に一人を除き四十九人が係長になった。一人だけ、同期に比べて一年遅れて係長に昇進しているが、病気による長期の休職、あるいは重要な仕事上のミスなどによって例外的に昇進が遅れた者である。次に入社から十五年後（三十七歳）に十人が課長になっている（一選抜）。翌年、さらに十人が課長になっている（二選抜）。

そこで図1の課長のところを見てほしい。一選抜で課長になる者はエリート候補であり、その他はノン・エリートである。しかし、ノン・エリートも四選抜に入るか五選抜かの競争がある。またエリート候補といっても、課長の一選抜の人がすべて部長になるというわけではない。また二選抜や三選抜で課長になったからといって、その後はいっさい機会がないというわけでもない。三選抜で課長になってもリターン・マッチがあることもわかる。

日本の企業の昇進競争にリターン・マッチがあることは、日本労働研究機構が行なった「ホワイトカラーの人事管理に関する調査」でも確認できる。

この調査は、企業調査（人事担当者）と個人調査（ホワイトカラー）から成っている。まず大卒ホワイトカラーの昇進において、以前の昇進では後から昇進した者が、次のポストへの昇進では先に昇進することについては「一般的にある」とした企業が七二％、「例外的にしかない」二六％、「ない」二％である。多くの企業が「ある」と答えている。しかもこうした追い越しは、低位の職階においてだけでなく、中位や上位の職階でも「ある」と答えている。個人調査を見ても同じようなことが確認できる。昇進が同期のなかでもっとも早いと答えている者のうち三一％が、今後は平均的なところになっていくと答えている。そして同期に比べて昇進が遅れていると答えている者のうち三三％が、

図1　企業のキャリア・ツリー（入社から27年目まで）

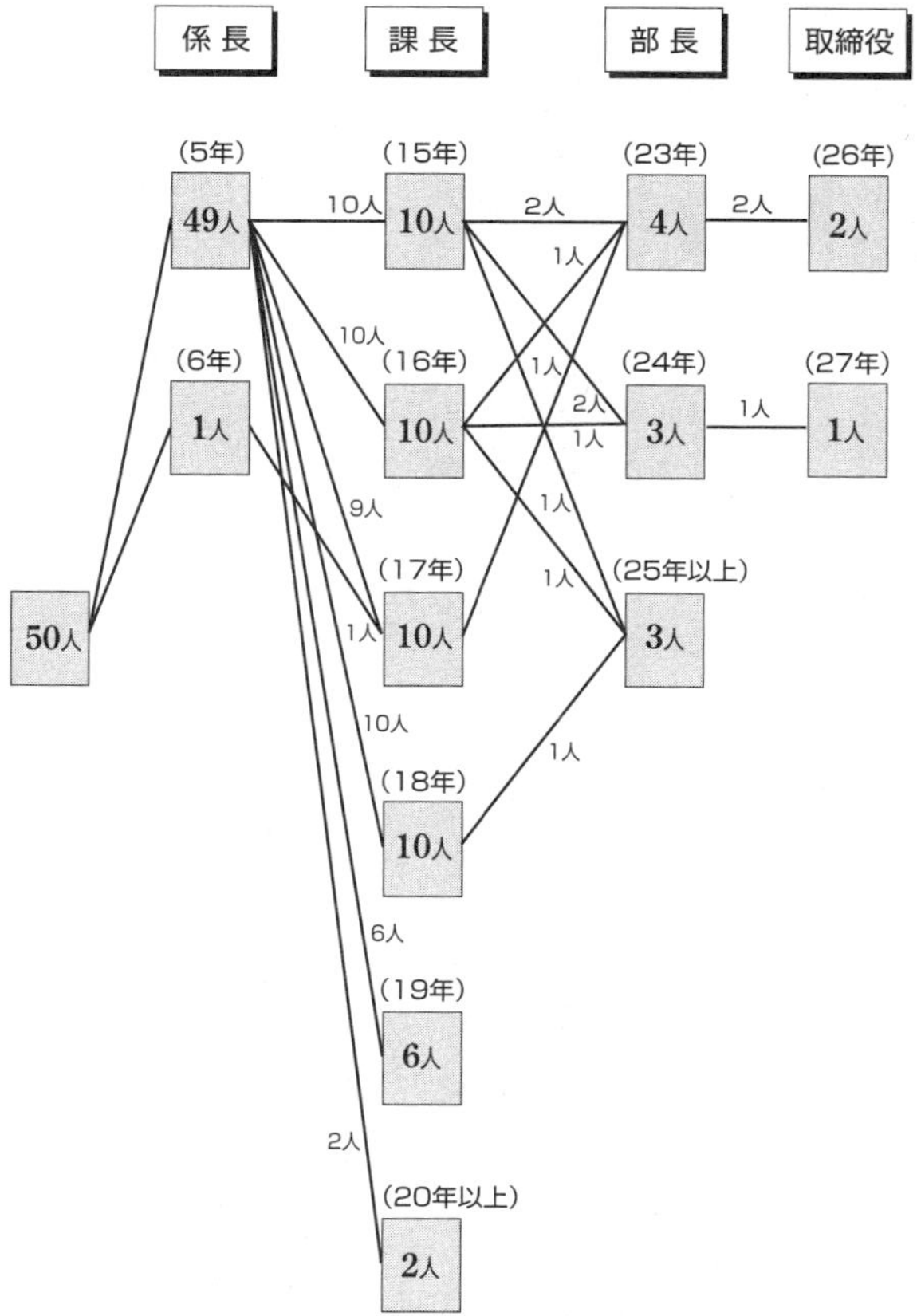

表2　同期入社者の間での相対的位置づけ

(単位：%)

相対的に進んでいると思う	33.1
だいたい平均的なところだと思う	52.1
相対的に遅れていると思う	14.8

「相対的に進んでいると思う」(今後は)　(単位：%)

だいたい現状維持	55.8
平均的なところへ	30.7
他に追い越される	－
わからない	13.4

「相対的に遅れていると思う」(今後は)　(単位：%)

もっとも進んでいる人に追いつく可能性もある	5.8
平均的な線に追いつくことはできると思う	26.9
ほぼ現状のままだと思う	59.6
わからない	7.7

出典：日本労働研究機構『ホワイトカラーの人事管理』1995年

将来平均以上になれると思っている（表2）。
この調査は主観調査であるが、図1のような客観的昇進状況と対応した意識といえる。

リターン・マッチは、エリートもノン・エリートも焚きつける！

昇進競争におけるリターン・マッチの埋め込みは、ファースト・トラック（一選抜）にいるような「エリート」の雪だるま効果を警戒し、トランプでカードを切り直してしまうような力が働いているということだ。

このような雪だるま効果への警戒は、学校歴効果についてもいえる。我々の某企業調査においても、学校歴については次のような知見が得られている。たしかに入社直後の配属などでは、どのような大学を卒業したかの学校歴の効果は大きいが、係長以後の昇進においては、学校歴の直接効果は少ない。表3は、我々の調査企業で大卒従業員に「学歴は昇進にどの程度考慮さ

表3　学校歴は昇進に考慮されているか

(単位：%)

	入社4年目社員	入社12年目社員
かなり考慮されている	40.9	2.5
どちらかといえば考慮されている	36.4	30.0
どちらかといえば考慮されていない	22.7	52.5
まったく考慮されていない	0.0	15.0

出典：竹内洋『日本のメリトクラシー』東大出版会，1995年

れているか」と質問した結果である。入社四年目の者では「かなり考慮されている」と答えた者が多いが、入社十二年目の者になると「考慮されていない」と答える者が多くなっている。

年功昇進は同期入社者に対する気づかいと配慮の人事ではあるが、同時に、ノン・エリートにも競争を焚《た》きつけ、リターン・マッチ〈昇進パニック〈昔エリート、いまただの課長〉や学校歴効果のキャンセル〉をはめ込むことによって、エリート候補も安心させないという競争の焚きつけ装置であることがわかる。

たしかに会社員「並」氏は、エリート競争を諦めてはいる。しかし、会社員「並」氏も次のように言う。「わたしの昇進は、同期入社からすれば普通というところでしょう。でも、ライバルはいますよ。課長にも、普通、……普通よりちょっと早いくらいにはなりたいですね」と。

ここらあたりは、日本の受験生が自分の成績や偏差値を知らされることによって、難関大学

や高校は諦めても、自分の手の届く範囲内で頑張るように仕掛けられることとまことによく似ている。つまり偏差値が五〇と知らされた生徒は、偏差値七〇の学校は諦めるかもしれない。しかし頑張って五五くらいの学校を目指そうと考えるのと相同である。

会社員「エリート」候補氏のほうはどうだろう。「あなたはこの会社のエリートですよね」と問えば、「わたしなんか、エリートなんかではありませんよ」という答えが返ってくる。そこで、「でも、一緒に入社した人のなかでは、もっとも早い昇進をしているのだから、やっぱりエリートでしょう。将来は取締役はかたいというところでしょう」と言ってみる。すると「たしかに、同期のなかではもっとも早く昇進しましたよ。しかしまあ、将来のことはなんともいえません。……会社には逆転というのはよくあることですから。仕事は苦になりませんから、一生懸命やるだけです」という答えが返ってくる。

日本の会社員「エリート」候補氏は、「エリート」といわれても、たかだか数年早く課長になっただけ。間もなく他の人も課長になる。僅差の昇進スピード競争にすぎないから、「逆転」があるかもしれない。昇進パニックも仕掛けられている。他者からエリート・サラリーマンとも見える人が、自分をエリートと自認しないのは、日本流儀の謙遜とばかりとはいえないのである。

こうしてノン・エリートにも競争意欲を持続させ、「エリート」候補にも不安をもたせながら競争を煽《あお》る。これが日本の大企業の大卒者の、昇進におけるこれまでのパターンだった。年功昇進を「平等と温情」と理解するのは錯覚である!

しかし近年、年功昇進を支えるシステムが大きく揺らぎはじめてもいる。その揺らぎの源泉を考えるには、同期同時昇進や同期時間差昇進の年功昇進は、構造的な無理の上に成り立っているということに着目することが必要だ。というのは、組織の構造はヒラは多く、上位になればなるほど少なくなるというピラミッド型である。高給与や高役職ポストは少ない。すべての人に同時昇進や時間差昇進を確保することは無理なのである。

こうした無理を無理でなくすためには、仕掛けが必要である。仕掛けのひとつは、組織が年功昇進の天井が低い要員を大量に抱え込むことである。これまでの日本の企業は、高卒などの大卒未満の学歴の者や女性をこのような要員にしてきた。学歴（高卒と大卒）や性（女性と大卒男子）などの企業内二重労働市場によって、大卒男性の同期同時昇進や同期時間差昇進という年功昇進のためのポストが確保されてきたわけである。高卒男子も、年功昇進の対象にするにしても課長代理までというように、年功昇進の天井を低くしてきた。

そのメカニズムは、図２のようなものである。企業は従業員を「ＡＢＢ′、Ｃ」と「Ｃ′、Ｂ′、Ｃ」の二つの集団に分ける。新入社員Ｂ′、Ｃ（高卒や女性）については昇進機会を与えないか、与えても昇進の天井を低くすることによって、ＢＢ′（大卒男子）のＡ′Ｃ′までの自動的昇進を確保する。

年功昇進システムの維持のもう一つの仕掛けは、たえず企業が成長し底辺が拡大して、ピラミッドそのものが拡大することである。企業が成長していれば、管理職ポストは増える。図２でいえば点線で表わされるように、ピラミッドの底辺（新入社員）が拡大し、ピラミッドの上の部分（管理職ポスト）が拡大するということである。こうなれば、同時昇進も時間差昇進も可能である。企業内二重労働市場とピラミッドの拡大という二つの仕掛けが可能だったのが、高度成長時代の日本の企業だった。

図2　企業内の昇進領域

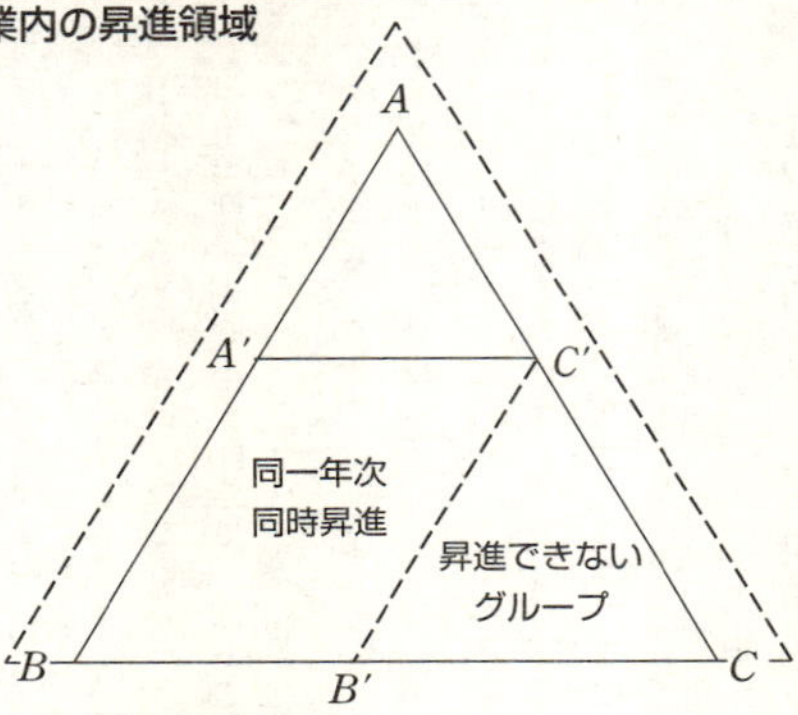

(注) ーーーは、企業規模の拡大を示す。

出典：八代充史「企業内昇進構造の変化」
菊野・平尾編『雇用管理の新ビジョン』中央経済社，1989年

ところがいまや、いずれの仕掛けも無理になった。高学歴化（新入社員の八〇%以上が大卒という企業も珍しくはない）と総合職制度などによる女性の管理職要員の増大、さらには規模の持続的拡大の困難性によって、大卒者の同期同時昇進や時間差昇進のためのポスト確保の条件が揺らいでいる。

したがって、新規学卒同時期採用方式をとり、これまでの年功昇進を維持するためには、新たな仕掛けが必要である。多くの企業は、役職と切り離した資格制度や専門職制度を導入しはじめている。役職ポストに就けなくとも、資格や専門職という職能によって給与が上がる仕組みである。図2のキャリアに、役職だけでなく資格や専門職を加えはじめている。また一般職と総合職、全国異動と地域内異動のコース別採用によって、年功昇進の天井の低い集団を確保している。これが新たな仕掛けである。

しかし、これだけでは充分ではない。もっと

荒っぽい仕掛けもなされている。高齢者の出向や選択定年制がそれである。同期入社者のほとんどが勤務年数を重ねれば相応の地位や資格が得られるためには、高年齢者が中途退職しなければならない。

しかしここで重要なのは、このような荒っぽい仕掛けは、必ずしも日本的経営からの逸脱ではないことだ。日本的経営の原型といわれる伝統的商家はそうしてきたからである。

たしかに商家では、丁稚から手代、そして番頭や暖簾《のれん》分けの年功処遇が行なわれた。そのかぎりでは、丁稚制度は年功昇進と長期雇用の日本的経営の原型といわれる。しかし、相当な人材の間引きによって可能だったというのが、事の真相である。自発的な退職や使い込みなどによる解雇もあったが、雇い主のほうがなにやかやと理屈をつけて使用人を解雇し、暖簾分けする人数を間引きした。これを「お払い箱主義」という。丁稚双六の上がり、つまり丁稚から別家の待遇までになった者は百人中三～五人、多くても一割といわれている。

番頭になった者や暖簾分けをしてもらった者だけを見れば、長期雇用で年功昇進である。しかし、間引きされた大量の人から見れば、長期雇用などではない。人数からいえば、長期雇用の埒外であった者のほうが多いのである。低成長時代の日本的経営は年功昇進を維持するために、かなり荒っぽい仕掛けを使っていたのである。

年功昇進は単なる勤続年数主義ではなく、激しい競争を伴っていることがますます露呈してくるように、低成長時代に年功昇進を維持するためには、その仕掛けも手荒くなる。

年功昇進をもっぱら平等と温情と理解できたのは、高度成長期という例外期の錯覚なのである。

新・日本型経営を探る

女たちの踏み絵

谷口真美（広島大学大学院助教授）

女性が管理職登用にいたるプロセスをたどることで、組織の特徴を明らかにしてみたい――「あるシステム内部の特性が明らかになるのは、その適用の限界においてである」これが私の追いかけている研究テーマである。――このことをサイモンは、橋のアナロジーを用いて次のように説明している。

「橋は、通常の使用条件のもとでは、その上を車が走れる比較的なめらかな水平面にすぎない。それに過重な負担がかけられたときにはじめて、橋の素材の物理的特性がはっきりするのである」(Simon, H.A., The Science of the Artificial, MIT Press,1969)

日本企業の経営システムを橋にたとえると、入社時から長期に勤続するものとみなされてきた男性社員は、さながら普通乗用車ということになる。男性社員の職務遂行や管理職に登用される過程を研究しても、橋にどのような素材が使われているかはわからない。一方、橋にとって過重の負担となる大型車両、つまり女性管理者を取り上げれば、日本の組織、さらには経営システムがどんな特徴をもつかがみえてくる。

男性同様に女性を管理職に登用し、彼女たちに活躍できる場を与える。このことが、多くの日本企業ではうまくいかない。採用、教育訓練、仕事の与え方、仕事に対する評価といった一連の人事管理のプロセスを経て、管理職にたどり着くまでに女性がいなくなってしまう。女性に対して意識して区別をしているわけではないのに、男性と同じ学歴を備えた女性が、管理職に昇進できない。

日本型システムがいかなるものかを明らかにするためには、男性正社員だけを分析の対象にするだけでは不十分であり、女性社員をも対象とすることが大切である。なぜ女性を管理職に登用できないのか、なぜ女性を活躍させることができないかといった限界を分析することが、その特徴の解明につながるのである。

学歴や仕事上の実績を備えているだけでは、日本企業では管理職に登用されない。日本企業の人事評価には、仕事そのものの実績や能力の評価だけでなく、会社との関係のむすび方や仕事に取り組む姿勢などがその項目のなかに入れられてきた。人格、人間性、責任感といった表現を使うことで、一人ひとりの企業に対するコミットメント＝献身的な姿勢が測られてきた。しかし女性は、このコミットメント評価で劣ると考えられてきたため、管理職に昇進することも稀だった。

女性の管理者が少ない要因には、大きく分けて①日本社会の環境、②女性側の要因、③企業側の要因の三つが考えられる。①の日本社会の環境とは、たとえば給与所得者の配偶者控除制度といった税制上の優遇策や社会保障制度、時間外・深夜労働の規制（九七年六月改正九九年四月施行）、託児所などの公的施設の不充分さ、さらには女性が仕事をもつことに対する社会的な通念などがあげられる。②の女性側の要因としては女性の資質、とくに学歴に関して、男性に比較すると短大卒の割合が高いこと、専攻分野も人文科学の占める割合が高く、企業側が求める人材とのミスマッチが生じていることなどがある。加えて、仕事そのものに関する能力の問題（職務遂行上必要な知識や判断力を自覚的に身につける女性が少ない）や女性側の意欲の問題（昇進を希望する女性が少ない）なども、女性管理者が少ない理由となっている。

そして、ここではとくに、女性の資質や意欲が男性と同等であっても、女性管理職が依然増えないのは、日本の企業システムによるところが大きいのではないかという視点から、③の企業側の要因について考えてみたい。女性をとりまく、こうした状況のもとで誕生した女性管理者を見ていくことで、日本の企業組織のこれからあるべき方向性を考えてみたい。

女性管理者の七割が未婚で、社内中心の部署に勤務している

私はこれまでに企業の人事担当者（有効回答百四十八社）、課長相当職以上の女性管理者

（同百二人）、女性管理者のもとで働く部下（同百七十八人）を対象に三つのアンケート調査を実施している。そして女性管理者が、実際にその所属する企業にどうコミットメントを示してきたかを、①長期勤続、②時間外労働、③社内の人びととの付き合い、④社外の人びととの付き合い、⑤転勤の五項目について調査した。

その結果、次のような女性管理者の実状が明らかになった。

管理職に登用された女性の約七割が、未婚で子どもをもたず、平均して二十年にわたってその企業に勤続している。また彼女たちは、男性社員並みあるいはそれ以上に残業、社内の人びととの付き合いをこなすことで、企業に対して献身的な姿勢を示してきている。しかしながら、社外の人びととの付き合いや遠隔地への転勤をこなしてきた女性管理者は少なかった。すなわち男性ほど異動を経験せず、社内業務中心の部署に永年勤め上げたのち、管理職に登用される――これが現在の日本企業における女性管理者の典型像のようだ。

日本企業の女性が管理者になるための「踏み絵」とは

これまで日本企業三社と外資系企業二社に対してケーススタディを実施している。その際、あらかじめ企業の特徴を定め、対象企業を選定した。日本企業三社の特徴は次のとおりである。

①男性従業員の多い男女分業型の企業、おもに基幹産業

②女性が働き続けるための制度が充実し、女性の勤続年数が男性同等の企業
③従来から女性の職場とされてきた女性従業員の多い企業

外資系企業二社に関しては、それぞれアメリカとヨーロッパに親会社をもつ、従業員千人以上の代表的な在日外資系企業をとりあげた。

結論を先取りするならば、日本企業では女性が男性と同じキャリアパスにのる前に、「踏み絵」が行なわれていた。ガンバリを試し、信頼できるかどうか見きわめる期間が設けられていたのである（もちろん、コミットメントを示すことだけが、彼女たちを管理職登用に導くわけではない。経営トップの影響、全社的な動き、彼女たちの仕事上の実績や管理能力、さらには上司の影響などがその要因としてあげられる）。

図1でいう境界線を女性が越える際に、踏み絵が実施される。他方、外資系企業では、男性も女性も入社時から同じスタートラインに立っており、「踏み絵」はない。

ここでは、とくにこの見きわめ期間の有無に焦点をあて、それぞれの女性管理者のキャリア事例を見ていくことにする。

日本企業①：結婚退職の可能性が薄れてからの踏み絵

Aさんは、有名国立大学を卒業し、一九八〇年に大卒女子公募の一期生として入社したものの、高卒や短大卒と同じ一般事務職として処遇されていた。当初、会社側は彼女に対し半信半疑で、結婚で退職するかもしれないと見ていた。同期の大卒女性三名のうち一人は、入

社三年目に結婚退社し、もう一人は五年目に転職した。

彼女に転機が訪れたのは、入社八年目の春である。同社の女性の平均年齢が二十五歳、平均勤続年数が六～七年で、多くが結婚退職していく中で、三十歳になり、結婚せず、一生懸命働いている彼女の姿が、新しく配属された上司の心を打つ。「結婚の予定はあるのか？ 今後もし結婚するようなことがあっても、必ず仕事を続けるか？」と、長期勤続の意思があるかどうかの確認をとった上司は約一年間、彼女の仕事ぶりとともに本当にやる気があるかどうかを観察した。男性部下と変わらない指示を与えても上司の意向どおり対応するか、それまでやっていなかった業務報告もきちんとこなすかといったことをとおして日常的な細かな面で彼女の真面目さを確認していった。担当部署の部長、採用担当者、同期入社の男性社員も一様に彼女の仕事に生きようとする姿勢をみとめていく。翌年、上司は彼女を男性と同じ職種にするよう人事部に働きかけ、それが承認されることとなる。

この一年間が、彼女にとって会社へのコミットメントを確かめる「踏み絵」の期間となった。めきめきと仕事の実績を上げていった彼女は、その二年後には係長に昇進し、入社十三年目、ついに同期入社の大卒八十名のうちでも先発の十名として課長に昇進する。

日本企業②：二段階の踏み絵

一九六五年に高校卒業後入社したBさんは、課長をのぞく全員が女性という職場に配属される。そこは、交替制勤務だったため、原則的には残業のない職場だった。しかし従来から、育児のための短時間勤務をなんども繰り返したり、宿直勤務を拒否する女性は管理職に登用されにくかった。彼女は一年間の育児休暇をとっているものの、それ以降は短時間勤務制度を利用しておらず、宿直勤務にも応じてきた。彼女の言葉を借りれば、家庭の匂いをさせないようにしてきた。この場合、家庭と仕事との両立を助けるはずの制度が、一方で女性をふるいわけていたのである。

育児休暇取得から主任に登用されるまでの期間が、彼女にとって第一段階目の踏み絵となった。

第二段階目の踏み絵は、彼女が二十五年間所属した女性の職域から、男性の職域に移る前の二年間に実施される。それは、それまで受け身的だった仕事とは異なる、企画調整といった能動的な仕事にたずさわるための研修・試用期間で、男性と肩を並べて仕事をするだけの姿勢があるかどうかを見きわめる期間でもあった。

そこで彼女は、男性以上のガンバリをみせる。資料やフロッピーの自宅への持ち帰りはもちろん、泊まり込みも日常茶飯事だった。その甲斐あって、その後彼女は同期入社の高卒の女性では初のスタッフ部門の課長に昇進していく。

日本企業③：三年間のガンバリが正社員と管理職登用に

このケースが他の日本企業と異なるのは、Cさんがデザイナーという専門職であり、中途採用だった点だ。しかし、彼女にも同様に「踏み絵」の期間が設けられていた。

専門学校卒業後、母校で講師を勤める間に結婚し一女をもうけ、離婚。その後、大手百貨店で子供服の専属デザイナーであった亡き妹の遺志を継ぎ、子供服メーカーの嘱託デザイナーに転職。八年間勤めたが、不治の病を患った母親と最期を過ごすために一年間休職する。娘も大学に入学し、心機一転、仕事に専念したいと考えた彼女は、一九八七年契約社員として同社に入社した。契約社員だった三年間に、彼女は担当する部門の売上げを倍増させるとともに、チーフデザイナーとしての能力をいかんなく発揮する。その際のガンバリが評価され、三年後に嘱託社員から正社員に昇格するとともに、次長相当職に昇進している。

まず彼女は、東京と関西の往復勤務をこなした。一週間単位で見れば、月曜から水曜まで関西の本社で仕事をし、木曜、金曜に東京の企画室に出向き、土曜に東京のマーケットを見て、日曜に新幹線に乗り、月曜日に本社へ出勤するというスケジュールだ。さらには、徹夜を辞さない仕事への取り組みも評価されている。

外資系企業①：踏み絵のないコース転換

短大卒業後、日本企業に四年間勤め、語学資格を取得したDさんは、一九七八年に翻訳者ならびに秘書として、中途採用で入社している。六年後、日本企業でいう総合職にコース転換し、さらにその六年後、彼女は課長相当職に昇進している。この際に、日本企業のような「踏み絵」は行なわれていない。ちなみに同社の課長相当職への昇進年齢は、男性が平均三一・三歳、女性が二八・二歳と、女性の方が若い。結婚するころに管理職にしてしまう点が、日本企業と大きく異なる点である。

外資系企業②：結婚退職を宣言しても男女同じスタートラインに

Eさんが四年生大学を卒業後入社した一九七五年当時は、第一次オイルショックの影響で、女子学生にとって就職は厳しい時期だった。採用面接時、「まあ三年ぐらいで辞めるでしょう」と彼女自ら公言していた。にもかかわらず、創立時から性別で職務内容を区別しない同社は、新入社員研修、営業所への配属、担当業務のすべてにおいて大卒の男性と同じ処遇を彼女に施す。入社一、二年の女性が営業を担当し、顧客である企業のもとへ直接出向くというのは、当時の日本ではめずらしいことだった。

入社してから数年間は、彼女は十八時に退社し、お稽古ごとに通う毎日を送る。そういう彼女も、男性と同じ顧客対応の仕事を任され、五年後には一人で仕事を担当するようになる。以上見てきたように、日本企業と外資系企業の大きな相違点は、企業との関係のむすび方が重視されてきた点である。さらに日本企業においては、三社とも性別による役割分業を行なっていたことが特徴的である。

女性管理者職は何を教えてくれたのか

女性に対する「踏み絵」は、彼女たちがコアメンバーとして認められ、企業の中で市民権

図1　日本企業の人事構成

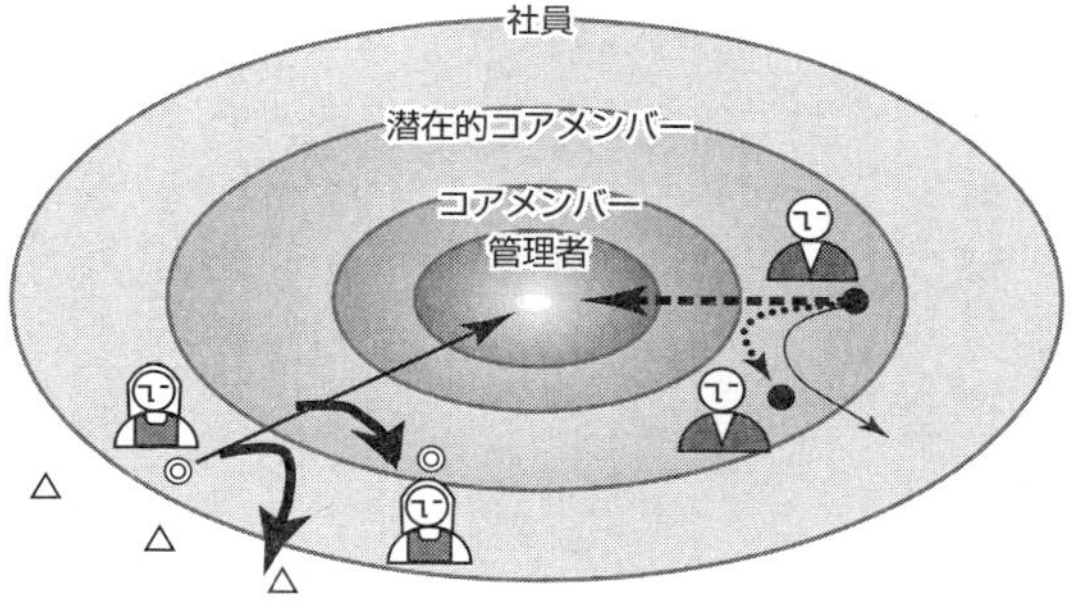

を得るために実施される。またそれは、日本的な人事評価の典型的な発露ともいえる。男性に対しても日常的に細かな面で会社との関係のむすび方が試され、それをくぐりぬけた者が昇進していく。転勤を断わると昇進が遅れるというのは、その一例である。しかしながら家庭の事情や社会的な通念にはばまれる女性とは違って、男性は、やすやすと五つのハードル（長期勤続、時間外労働、社内の人びととの付き合い、社外の人びととの付き合い、転勤）を越えていく。

コミットメントチェックが行なわれるのは、何も日本企業だけに限ったことではない。長期安定雇用を目指してきた欧米の優良企業も、企業のコアになる能力を備えた従業員のコミットメントを必要とする。しかしながら、次の二つの点で日本企業と異なっている。それらは、実施時期と対象者の数である。日本企業では、大卒の男性正社員に対し、採用後直ちにコミットメントチェックが開始され、能力評価も同時並行的に行なわれる。コミットメント評価が重視される一斉昇進の時期、まさにこの時期に、踏み絵が踏めずにほとんどの女性が退職してしまう。そのため、企業としては男性と何ら変わらない処遇をしているはずなのに、「管理職の対象となる女性がいない」、いいかえれば「登用年次を満たす女性社員がいないという状況になってしまっていた。

他方、欧米企業では、まず能力チェックが実施され、能力要件を満たす限られた人々に対し、その後コミットメントチェックが行なわれていく。一定期間の選抜を経た後に、実績をあげた従業員に対し、遠隔地への異動が頻繁に行なわれ、コミットメントが試されていく。欧米の優良企業の役員が、グローバルな規模での頻繁なローテーションを経験し、会社との関係の結びつきが強いのがその典型例である。欧米でも、ミドルクラスまでは女性管理職の比率が高いものの、取締役クラスになると女性が極端に減少する要因の一つが、ここにある。

多数の従業員に対し長期間にわたるコミットメントチェックを繰り返し実施するということは、同様に、それだけ日本企業が働く人びとのコミットメントを重視してきたということでもある。長期にわたってひとつの企業に勤続する従業員一人ひとりのコミットメントが、人間関係、チームワーク中心のマネジメントの基礎となり、情報と技術の蓄積や伝承、さらには企業の革新を生み、日本企業の長期的な発展の原動力となってきた。

組織論には、不満足が生産性を向上させるという命題がある。加護野忠男氏は、現状に対するかぎりない不満足が、創造のためのエネルギーの余剰を作り出すと語っている（『企業のパラダイム変革』講談社、一九九八）。日本企業は、採用後十年二十年のコミットメントチェックの実施期間に、人々の不満足を心理的エネルギーの束として蓄え、それらを長期的な利益の向上に結び付けてきた。

ここで、集団の能力と個人の能力の関係について、説明しよう（図2参照）。個々人が1の能力を保有しており、互いにインフォーマルな結びつきがあれば、チーム全体の能力は5ではなく、10にも15にもなりうる。一方、そこに女性が入ってくると、たとえ彼女の能力が1以上であったとしても、コミットメントによる結びつきが小さいために、組織全体の能力が低下してしまうのである。

男性と同等のコミットメントを要求すると、女性が辞めてしまうだろうとの配慮から、管理職候補の少数の女性を、特定の部署で限定して育成する企業もでてきている。しかし、彼女たちも結局は、管理職登用までに辞めてしまう。男性のように「しんぼうする時期」を経験しておらず精神的にもろいこと、男性社員同士のネットワークから孤立していることなどが、その理由としてあげられるだろう。

図2　個人の能力と集団の能力

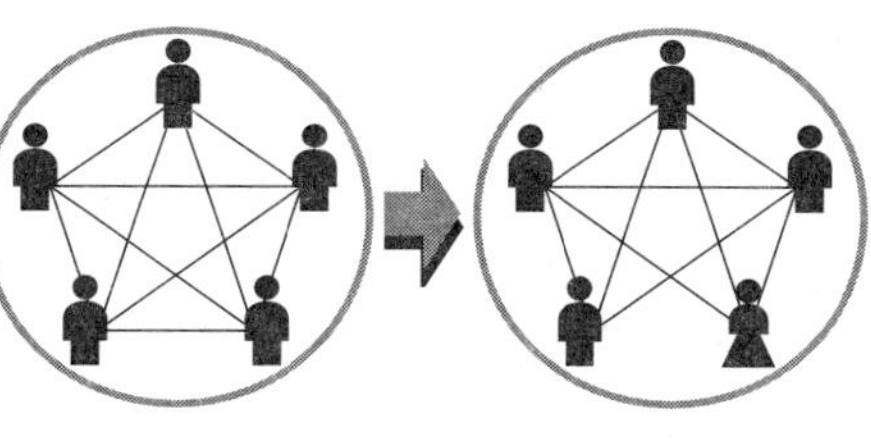

チームに女性が入るとインタラクションが減り、チーム総体の成果が小さくなる

問い直される会社へのコミットメント主義

これまで日本企業では、企業へのコミットメントが仕事上のノウハウやスキルを身につけ、その人の能力を高めるのに効果があると考えられてきた。加齢とともに能力を高めることに大きな意味があったために、企業にコミットすることも能力の一部であるとされてきたのである。

しかしながら現在は、社会環境の変化に伴って、こうした考え方が当てはまりにくくなってきている。情報関連機器の普及により、長年の経験で身につけたカンがそれほど要求されなくなってきた。また情報分析の専門化の発達により、スペシャリスト的な能力がより重視されるようになってもきている。現場でのガンバリがさほど効力を発揮しない業種に、経済全体がシフトしてきたこともその理由の一つにあげられる。

このように科学的・分析的精密さが要求されるようになった今日では、コミットメント主義の有効性が以前に比べると薄れてきたのである。

環境の変化にともない、日本企業はコミットメント主義を減ずるべく、ポータブルスキル（社外でも通用する能力）を身に付けるよう従業員に声高に主張してきている。しかしながら、企業内部には年齢軸による評価がいまだに現存する。また、先述の入社後の「しんぼうする時期」、ネガティブな心理的エネルギーを蓄積する時期が、企業の規模縮小傾向もあいまって、引き続き設けられる結果となっている。

「任せるまでに時間がかかりすぎる」「人びとのコミットメントによる結びつきが、いまなお強く残されている」――こうした日本企業の特性を、女性が管理者になっていくプロセスは教えてくれる。遅すぎる選抜と厚すぎる実務者層、これが日本企業の抱える問題の原因なのである。

女性の管理職登用は、新しい日本型システムづくりのブレイクスルー

日本企業の人事構成の変容について、図1を用いて説明しよう。

第一に、境界線を越える基準が明確になってきている。場所を問わない転勤を受容することがその要件であるという総合職制度は、その一例である。総合職で入社した女性たちは、キャリアパスのスタート地点が同じ男性と同じである。

第二に、多くの日本企業が、コミットメントのハードルを低くし、能力を評価しようとしはじめている。コミットメントがさほど重要視されなくなるに伴って、家庭責任のある女性であってもコアメンバーと認められる人が少しずつ増えてきている。

第三に、日本企業は、社員であり、コアメンバーでない人たちの領域をせばめようとしている。一般事務職の正社員の多くが、契約社員にとって代わられてきている。

第四に、コアメンバーの領域もせばまってきている。これまで入社時から潜在的なコアメンバーとして認められてきた男性社員も、業績主義が進展することで、企業への貢献がなけ

れば、本来的な意味でのコアメンバーになり得なくなる。

では、こうした組織のメカニズムは、どうしたら変えることができるだろう。

まず、女性にも採用門戸をできるだけ開放し、入社後は男性と同じ教育訓練を施すことで、女性の一人ひとりに動機づけを行なう必要がある。さらに男性上司の意識や社内の人事施策を見直し、実績を上げた女性には管理職登用への道を準備すべきだろう。

冒頭のサイモンの例えにもどろう。日本の企業は、これまで男性社員のみを対象とすることで余裕を持って自らの橋の上を走らせてきた。それをあえて危険を承知で重量オーバーかもしれない女性を走らせることで、これまで運用されてきた慣行の是非を再確認し、従来システムのどこを補強し、新たに作り替えなければならないのかを見極め、強化していく。こうした一連のプロセスを経て、日本企業は従来までのしくみを問い直すことができる。

さらに、こうして女性を登用した後に、ほんとうの意味での「橋の構造＝日本型システム」が問われるのである。

いかに能力があり、実績を備えた女性を管理職に登用しても、うまくいかないことが多い。その原因は、単に女性を登用しただけで、組織のしくみに変化がないからである。従来どおり、男性同士の混沌としたしがらみのなかでコミュニケーションをとってものごとが決められたり、女性管理者をネットワークから除外してしまっては、彼女は名ばかりの管理者となり、組織への効力は何も期待できない。大切なのは、異質なものを取り込むと同時に、その効力を発揮できるように、組織のしくみをさらにレベルアップさせることなのである。システムに変容がなければ登用はうまくいかない。

実は、女性の管理職登用は、これまで日本企業が不得手であった次の二つの点に合い通じている。一つは、海外子会社での現地社員の管理職登用および活躍である。コミットがあるかどうか、これまでの日本的なしくみを理解できるかどうかで、日本企業は女性同様、現地社員を信頼できなかった。そのため、彼らには、女性同様に日本企業における市民権が与えられていなかった。二つは、国内におけるスペシャリスト的な人材の能力の発揮である。抜きんでたスター選手をつくることを避け、できるだけ多くの人を長期にわたってやる気にさせ、ポストを与えることで報いるよう務めてきたのだ。女性を管理職に登用し、機能させていくという試みは、これまで日本企業が不得手であったこれらの問題にも解決の糸口を与えてくれる。

図3　コミットメントのエスカレーション

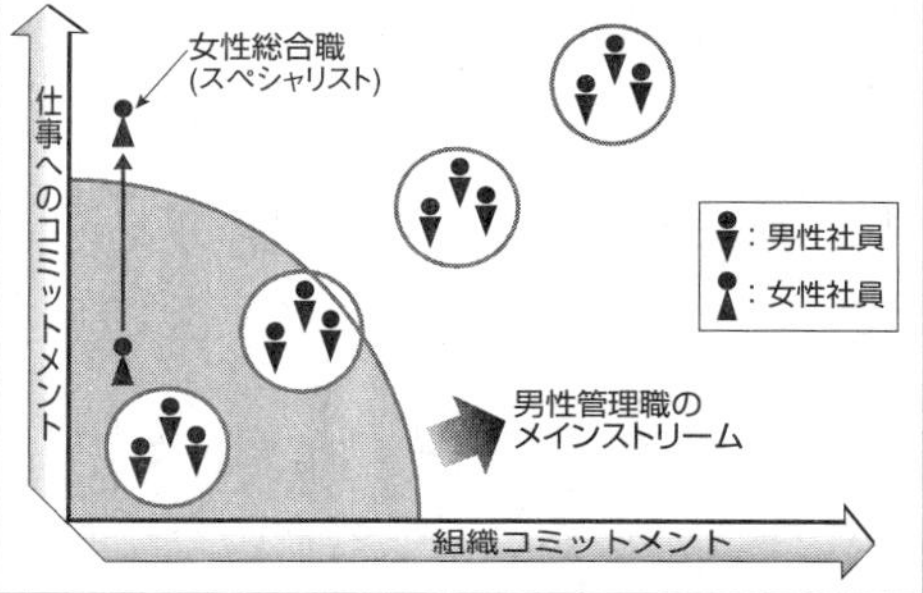

図3は、筆者が一九九九年に大手流通企業A社の従業員724名に実施したアンケート調査の結果の一部である。男性社員は、勤続年数を重ねるにつれて、プライベートより仕事を優先させる姿勢が高まっていくのと同時に、組織コミットメント（情緒的コミットメント、

例えば愛着・規範的コミットメント、例えば忠誠心など）が高まるというメインストリームを描く。これまで日本企業を支えてきたのがまさに彼らである。他方、総合職の女性は、前者が高類似したカーブを描くことが予想される。こうした人びとをいかに組織の中で生かしていくか、これが日本企業の課題なのである。

大企業の組織変革には、大きなイナーシャが働き、人々のマインドセットが深く根付いてしまっているために、ラディカルな変革を行なうことは難しい。そうした中、ポジティブアクションとして女性管理職の数値目標を設定し、メンターを制度的に設けることで、その数を増やそうとする企業もでてきている。こうした取り組みは、人材構成が変化することにより、システム全体をじょじょに変容させることを目的とするもので、長期的な組織変革に有効な手段の一つだといえる。

現在、日本の組織は試練のときである。メカニズムを変容しようと各企業が躍起になっている。女性を管理職に登用していく過程で、組織のしくみを再構築できるか否かに、今後その組織が生き残れるかどうかがかかっている。欧米型でもない、日本型でもない、新しい日本型システムをつくり上げるブレイクスルーが、女性管理者登用の試みにはあるはずである。女性も登用され、女性も活躍できる経営、これが日本型システムの新しい姿だといえるだろう。

バーンアウト理論による組織論

「会社人間」が燃えつきないために知っておくべきこと

田尾雅夫（京都大学経済学研究科教授）

「会社人間」は、最近は流行《はや》らない。むしろアンチ会社人間の方が今風かもしれない。「あなたは会社人間だ」と言うと、その人をからかい半分、同情半分のような言い方になってしまう。こう言っているその人も、あまりいい気持ちでこのことばをつかっているようではない。つかう方もつかわれる方も、「会社人間、ご苦労さま」という気分は払拭《ふっしょく》しがたい。「会社人間」には、だれもが、とりあえずネガティブに構えてしまうようである。

なぜ、このような気分になるのだろうか。今、会社人間はもういらないという風潮が蔓延している。世間一般の風潮である。では、もし「企業戦士」ということばが、そのまま今でも命脈を保っていたら、「企業戦士はもういらない」ということになっただろうか。同じ円陣を組んで敵に向かうとしても、外に槍を向ける企業戦士と、敵にお尻を向けそうな会社人間というイメージの違いは、たしかにありそうである。時代と社会が、ことばのもつ微妙な雰囲気を変えながら伝えていることはあるだろうが、概念の内実、また、その通底するところは、あまり変わっているようには見えない。

過剰な貢献を過剰と感じさせない学習システム

言うまでもないことだが、会社には忠誠心旺盛な人がいてこそ、会社という組織の業績向上があることは経営学の常識である。会社への忠誠心こそが、会社のエネルギーとなる。コミットメントと言い、インボルブメントと言い、同じようなことを意味することばである。ことばの中身に多少ニュアンスの相違するところがあったとしても、これらのことばで描き出された人間の質が、それほど大きく相違しているわけではない。

とは言いながら、アクティブな企業戦士から、お疲れさんの会社人間に至る流れは、わが国の高度成長からオイルショック、低成長、とんでもないバブルとその後の長い不景気など、社会の変化と微妙に重なり合っている。会社人間は、はじめから疲弊することを宿命づけられているような人たちだったのかもしれない、私の友人や兄や父たちも含めて。さらには、もしかして私も含めて。

一般論をいえば、過度の忠誠、つまり思い入れと思い込みはストレスの原因となる。ストレスの原因については、さまざまな要因が列挙されているが、そのなかでもっとも重みづけが大きいのは、人への思い入れ・思い込みである。対人関係は、相手のあることだから、一方の思うようにことは運ばない、当方の言い分を伝え、相手の都合を察知して勘案し、さらに当方の言い分を伝え……このくり返しである。場合によっては、そのままゲームの関係になる。ゼロ・サム的になれば、利得を争うことにもなるから、場合によってはタフさを競うようなことにもなる。

自分の意に反して、相手に合わせるということは、本来、ストレスを多く含むことである。相手に合わせれば、当然自分には我慢が強いられる。我慢には限度がある。限度を超えて無理をすれば、疲れるのは当然である。逆に、自分の勝手ができれば、つまり自分の能力や資質に合わせて働くことができれば、疲労も少なくてすむ。相手のいない、自分だけの世界で趣味のように仕事ができれば、これもまた疲れなくてすむことも多い。しかし会社とは、趣味人や職人さんの世界ではない。

組織のなかにいれば、好き勝手はできない。これをやれ、あれをやれと言われれば、自分の能力の限界までフル稼動しなくてはならないし、時には、それを超えてしまう要求をされることも再三である。能力以内で働くだけならば、人的資源の活用からいっても、組織は採算割れする。採算割れしないためには、一生懸命働いてもらうしかない。だからこそルンルン気分で働くことなど夢のまた夢なのである。

だからこそ会社人間は、常時過剰な貢献を強いられると考えるべきである。また、その貢献を過剰とは感じない、逆に、過剰な貢献を当然と考える心性を心中に密かにセットするように学習させられていると考えてもよい。

過剰な貢献も長期的なスパンで考えれば、いわゆる日本的経営における貢献と報酬とがバランスよくなっている仕組みにおいては、なるほどという納得感を与えてくれる。やがて得るであろう地位と、自分が組織にとって欠かせないとされる役割の自覚、それに組織とはこんなものだという組織学習の成果が、過剰な貢献を当然とする規範を受け入れさせる。このことが「疲労を疲労としない」「疲れがあっても疲れを自覚させない」仕組みをつくり出しているのである。

しかし、疲労は疲労である。自覚されないからこそ深刻になるのも真実で、身中深く累積して心身の障害になることもある。不眠などまだよい。脳血栓や胃潰瘍にでもなれば救われない。会社人間の病気はほとんどストレスに由来する。

会社人間だからこそ、やむをえず疲労を蓄えざるをえないとすれば、それはどのような問題状況に由来するのか。

正真正銘の会社人間にとって、会社への滅私奉公は、それはそれで我を忘れるほど熱中させてくれることになるから、疲れも忘れて会社のために尽くすことにストレスがたまることはないかもしれない。しかし本来、人間とは無理をすれば疲れやすいものであるし、熱中すれば疲れないというのは、詭弁に類することである。無理をすれば疲れる。無理をしなくても、日々の働きは、それをリフレッシュする機会がなければ、どこかに疲れがたまることになる。疲れが見えなければ、心身の奥深くに病理を根づかせることになる。面白くて面白くて何晩も徹夜するのも結構だが、不眠の連続が体を痛めないはずがない。どこかに無理をため込んでいる。こうしてある日突然、頭が重くなる、息苦しくなる、血を吐くなどという悲劇の人になる。

なぜ多忙を多忙と自覚できないのか?

言うまでもないが、会社人間は働きすぎるところが真骨頂である。怠けずに一生懸命働くのが、会社人間のよいところである。しかし、働きすぎると故障するのは機械と同じである。故障に至らなくても、油切れがいつものことなのも機械と同じである。機械の油を血に置き換えれば同じだといえば極論だろうか。

二人の内科医が、狭心症や心筋梗塞など虚血性の心疾患に罹る人が、似たような行動傾向を示すことに着目して、仕事漬けのような行動をよく示す人たちをタイプA、その逆に仕事熱心でないとはいえないが、おっとりしていて競争心が強いとはいえない人たちをタイプBとした。

話題になって久しいが、このタイプAの行動とは、働きすぎの典型として捉えられている。その特徴は、仕事熱心であるだけではなく、時間に追われるように働き、切れ目なく話をしたり、いわゆるパワーランチといわれる昼飯を食べながらの商談をすすめたりする。活動のボルテージは非常に高いが、逆に怒りっぽくて、いつもイライラしているようなところもある。競争意欲が旺盛なことも特徴の一つで、同時にいくつものことを考えて判断できるという多重思考のできる人でもある。でもワーカホリック、つまり仕事中毒と二重写しになっているようなところもあるのだ。しかしタイプAの人たちは、疲労を疲労として自覚できないということで、身中に疲れが深く潜行し、後日より深刻な大病となって発現することになる。

タイプAの誕生は、会社による社会化の成果でもある。だれでも、毎日毎日忙しく働くことになれば、習い性となって、その人の基本的な行動様式をつくり変えることになる。忙しさを学習し、それを習癖としてしまえば、自覚的に多忙を多忙と気づくことはなくなるのだ。しかし、心身への負担は減ることはなく、少しずつ疲れが蓄積することになる。タイプAの行動様式は、会社のなかで多忙を当然とする価値観を注入された結果であるといえなくもない。会社人間の行動様式と重なり合うところが多いのは、当然といえるのではないだろうか。

会社人間になろうと決心すれば、会社という社会を厳しい競争社会と認識しなければならない。その競争はゼロ・サムになるかもしれない。ライバルが課長のポストを得れば、その椅子の数はかぎられているから、自分はもしかすると課長になれないかもしれない。なれないことがわかってしまえば競争心は萎えてしまうだろうが、なれそうであれば、その椅子を目指して猛然と争うことになるだろう。タイプAとしてさらに忙しく働くことになるのは必至である。

このように、タイプAの人たちが競争心旺盛なのは、競争社会の価値観を受け入れた結果である。その人が、生来もともと競争心が旺盛であったかもしれないので、ケースバイケースとももちろん言えるが、いずれにしても競争社会の価値原理とタイプAの行動様式は切り放し難く絡み合っている。切迫感に絶えず自分を追い込み、せっかちを当然とする価値などは、競争社会の価値そのものである。

会社人間の意欲は急激に低下する!

しかし、会社人間を理解するためには、タイプAとタイプBとの単純な二分法では語りつくせないところもある。さまざまな体験が、その人をさまざまにつくり変えるからである。なかにはタイプAを装うタイプBのような、屈託のあるタイプをつくってみたりする。それはそれで、もちろんおもしろい。

しかし逆に、競争社会に本心疲れるようなこともある。これも当然といえば当然だ。いわば燃えつきるのである。「バーンアウト(燃えつき症候群)」がこれに当たる。「燃えつきてしまう」といえば、いくらかセンチメンタルな響きがあるが、本来このことばそのものは、医療や福祉など対人サービスのストレスにかぎってつかうべき概念であると考えられている。

医療・看護や福祉のサービス分野では、患者や高齢者などの社会的な弱者に対する理想主義的な、いわば無定量かつ無際限の貢献が、その仕事に就いているかぎり強いられるのは当然という社会の期待が大きい。ナースなどは、そのために疲れを忘れて働かなければならないことがある。その結果、気がつかないうちに強度の疲労を蓄積させることになり、気がついたときには仕事への熱意が失われ、働く意欲がなくなっていることを学問的に明示するために用いられる概念が「バーンアウト」である。意欲が、突然というか急速に低下することが多いので、仕事熱心だった人があたかも燃えつきたようになるという印象からこう名づけられた。

基本的なところを考えれば、会社人間でも同じようなことになる。つまり、熱心に働いていた人が、その熱心さのために自らのキャパシティを超えて働きつづけると、その無理が蓄積され、ある日突然とは少し大げさではあるが、急速に意欲的でなくなり、やる気を低下させるようになる。医療や福祉の理想主義と会社人間の思い入れと思い込みとの懸隔は、それほど大きいものではないのである。

つまり、燃えつきるということは、熱心に働いていたこと、働きすぎたことが裏目に出てしまったことを意味する。熱心に働いていたからこそ、それが報われないと、むしろ災いしてモチベーションが低下するのだ。いくらか戯画的にいえば、会社人間として熱心に会社のために貢献、それも貢献と報酬のバランスを大きく狂わせるほどの過剰な貢献をしていた人が、それが報われないと知った途端、やる気が失せて、魂さえ失った人のようになる。

バーンアウトの理論では、理想主義的な情熱の人ほど、あるいは熱意をもった意欲的な人ほど燃えつきやすいとしている。意欲的であったほど、つまずけば転落も速いというパラドックスである。会社人間であることを誇りとしていた人ほど、報酬と貢献のアンバランスに裏切りを感じてしまえば、「もうやめた」という気になるのである。課長の椅子を目指して、人一倍どころか二倍も三倍も働いていた人が、その機会が失せたとわかったとき、自らの意欲が急速に低下するのは当然ではないか。

ストレス理論からの会社人間への警鐘

意欲や熱意は、意外なことだが、ストレスとは裏腹の関係にある。ストレスとは、本来主観的な体験であるとされる。「疲れたなあ」「困ったなあ」と、それを自覚することでストレスとなる。とくに意欲的に働き、それを快的体験と感じていれば、たとえ精神的・肉体的なキャパシティを超えていても疲労は感じない。しかし無理は無理。それがいつの間にか溜まってしまい、もうアカンとなれば、いっきにストレスに転じる。もしかすると、大病に至るかもしれない。初老期鬱病などは、過重な負担もあるだろうが、もうアカンというギブアップの果てということも多いのではないか。

くり返しになるが、会社人間として意欲的に会社のために貢献できているとの自己概念があれば、疲労など感じない。ストレスは、感じればストレスであるが、感知されなければストレスではないし、ストレスとはいわない。しかし、心身の奥のほうでの無理の蓄積は厳然としてあるわけで、それが溜まりに溜まって、もう支えきれなくなって心身の異常となって表に出てしまう。燃えつきるなどは、そういうストレスの顕在化と捉えてよいであろう。

タイプAの行動をする人も、燃えつきやすい人も同じようである。ストレス耐性のキャパシティを超えて働きすぎ、その結果、疲れ果てて倒れてしまう。役割ストレスの経験も似ている。地位やポストを得て、それなりの責任を果たさなければならなくなって、それに分相応に対応すればよいが、それを超えて対応しようとすれば、心身が疲弊するのは自然の成り行きである。自分のキャパシティを超えて、過剰適応しようとすれば、そこに無理が働くのは当然である。最悪の場合は、病気になって一線から引き下がることになる。滅私奉公の会社人間になるのも、場合によってはほどほどにしてはという議論は、以上のようなストレスの議論からも成り立つようである（詳しくは『「会社人間」の研究』京都大学出版会、編著、『会社人間』中公新書を参照）。

ケーススタディ▼大和銀行ニューヨーク支店十一億ドル損失事件

個人の引き起こした事件が、支店・本店・監督省庁ぐるみになるとき

井上泉（日本経営倫理学会）

一九九五年九月二十六日、大和銀行の藤田頭取は緊急記者会見で「米国債投資の失敗で十一億ドル（約千百億円。当時のレートで一ドル約百円換算）の損失を被った」と発表した。当初この事件は、一行員の権限外取引による巨額損失事件とされていたが、米国での捜査が進むにつれ、一行員の不祥事を超えた経営者と行政を巻き込んだ金融犯罪としての性格が明らかになってきた。そして最終的には、大和銀行の米国追放処分と、大和銀行自身が米国で起訴され三億四千万ドル（約三百五十七億円。当時のレートで一ドル約百五円換算）の罰金という前代未聞の処分を受け、日本の金融機関と、行政を震撼させる大事件となった。

日本では、大和銀行事件は今ではほとんど風化してしまった感があるが、この事件は、その損失の大きさと投げかけた問題の深刻さにおいて一九九一年のBCCI事件、一九九五年のベアリングズ事件と並んで、国際金融不祥事史上長く記憶にとどめられる事件である。そしてもっとも重要なことは、大和銀行事件は昨今の金融機関不祥事に内在する病理のすべてを包含したプロトタイプ的事件だったにもかかわらず、企業においても監督官庁においてもほとんど何も教訓として生かされることがなかったことである。これはあたかも、ノモンハン事変から近

代戦の教訓を学ばなかった旧帝国陸軍が、太平洋戦争に同じ失敗をくり返して大敗したのにも似て、日本の金融機関と行政は、その後もたび重なる不祥事に見舞われ、今再び経営倫理の欠如の問題を社会から厳しく批判されている。

ここでは、もういちど大和銀行事件とは何であったのかを振り返り、企業経営の観点からその問題点とそのときどのような判断と行動をとるべきだったのかを検討してみたい。

なぜ彼は損失を正直に報告しなかったのか?

十二年にわたって続いた大和銀行事件の巨額損失とこれに伴う犯罪行為は、次の四つのカテゴリーに整理できる。

(1)十一億ドルの損失をもたらした行員井口俊英の権限外取引

(2)ニューヨーク支店による米国金融監督庁への欺瞞《ぎまん》工作と虚偽報告

(3)頭取以下銀行経営陣を巻き込んだ損失隠し工作

(4)大蔵省による大和銀行の工作の黙認

これらのなかでも米国検察やFRBなどの金融監督当局がもっとも重大視して追及したのは、三番目の会社ぐるみの損失隠し行為であった。これら四つの局面を分析しながら、日本企業の経営組織、精神構造に内在する問題点を洗い出してみよう。

行員井口が最初の損失を出したのが一九八三年。変動金利債の取引失敗で五万ドルの含み損を抱えたのが事のはじまりである。この損失を正直に報告することができず、相場の損を相場で取り戻そうとして深みにはまりこんでいった。

なぜ彼は損失を正直に報告しなかったのだろうか。後から考えれば愚かな選択ということになるが、彼にはそれができない理由があった。つまり、井口は現地雇いの嘱託であり、本来なら補助的役割しか与えられない身分であるが、債券投資に自分なりの理論をしっかりもっていると評判になり、腕利きのトレーダーとして行内でも一目置かれる存在となっていた。こうした自分の実績と名誉をこのわずかな失敗で反古《ほご》にするわけにはいかなかった。さらにまずいことに当時ニューヨーク支店では管理体制がほとんどゼロに等しい状態であったから、売買取引と管理と決済が同一人に任されるという業務運営上あってはならない環境のもとで不祥事が拡大していったのである。

井口のみに不祥事の責任を負わせることのできない、これだけの理由

経営管理において社員をどう見るかというのは重要な問題である。「社員を信用する」とか、「社員を信じている」というのは心地よいことだが、それだけで済ませていては経営者失格であろう。人間の本性が「善か悪か」というのは古今東西、哲学者の間でよき論争のテーマとなっているが、少なくとも会社経営上は人間は善でも悪でもなく、弱いものである、すなわち「人間性弱説」を前提にすべきである。人間は育ち、性格にかかわらず、おかれた立場によって右にも行けば左にも行くものだ。そのような人間性を深く洞察したうえで企業の仕事の仕掛け、仕組みを設けないと、結局は組織が罪人をつくってしまうはめになる。この意味で、井口一人にすべての業務を任せていたことは、「営業と管理は別部門で」「売買担当者に損失を隠す手段を与えない」という経営管理の大原則からまったくはずれており、まことにお粗末の極みであった。井口のみにこの不祥事の全責任を負わせることができない理由がここにある。

また、金融機関でありながら売買取引責任者である井口を同じポストに十五年以上も据えつづけていたのも信じがたい措置である。数年単位で担当や部署を交替させることで得意先との癒着を防ぎ、一行員を〝余人をもって替えがた

い〟状態にするのを防ぐのは人事管理の鉄則である。また年間に一定日数の連続休暇を強制的に取らせて業務チェックを行なうのが金融機関の「リスク回避」の基本動作となっている。そのいずれも大和銀行はぬかっており、銀行不祥事の典型的見本ともいうべき醜態をさらすことになった。

会社のためにならない法やルールは無視して当然!?

一九九二年十一月、大和銀行ニューヨーク支店は、支店ぐるみで監督官庁であるニューヨーク連銀の検査を欺き、虚偽の報告を行なった。もとをただせば、一九八六年にニューヨーク支店をダウンタウンからミッドタウンに移転したことが発端である。移転の際の大蔵省への届出では、ダウンタウン事務所には証券管理業務のみ残し、証券売買取引はミッドタウン事務所で行なうことになっていた。しかし、実際は地理的にも便利だったことと、売買と管理を一つの場所で行なわないとこれまでの損失隠蔽《いんぺい》工作が続けられないこともあって、井口は売買取引をダウンタウン事務所で引き続き行ない、支店トップも届出違反を承知でこれをやらせていた。

銀行には違法状態を黙認するだけの理由があった。つまり、してはいけない場所で井口に仕事をさせることで大きな利益を上げていたからである。もっとも、利益を上げたといっても結果的には損失を隠していたので、利益しか見えなかっただけなのだが。

連銀の検査が入ったとき、大和銀行はダウンタウンの事務所のトレーディングルームの照明を消し、段ボールを積み上げて倉庫のように偽装した。さすがにこの漫画のような偽装行為には罪の意識があったのか、大和銀行は翌年の連銀検査では、嘘の報告をしたことを告白した。連銀からは厳しい注意を受け、銀行内でも担当役員と歴代ニューヨーク支店長の処分、および井口をトレーディング業務から外すことで事態を収拾せざるをえなかった。ところが、その後も支店トップの了解のもと、井口は実質的にはトレーディング業務をコントロールしつづけ、不祥事の泥沼を拡大していったのである。

日本企業の不祥事には遵法精神がほとんど欠如しているというケースが圧倒的に多い。収益拡大や会社のシェア拡大にとって阻害要因になると思われる法規制やルールは無視して当然だというメンタリティが強すぎる。「商売はそんな甘いものではない」とか「きれいごとで売上げは伸びない」などという言い方が日本の企業ではまだまだまかり通る後進性が、グローバルスタンダードから確実に取り残される原因となっている。企業倫理以前の問題だが、遵法精神、同じもうけるにしても行儀よくもうける、という風土を定着させていくことが今後の日本の企業なり企業人の課題だろう。

経営トップが金融犯罪を指示していた！

井口は九五年七月に、当時の藤田頭取宛にこれまでの罪を綿々と述べた告白書簡を送った。不祥事の実行犯が経営トップに自分はこのように悪いことをしていましたと告白するなど普通の感覚では考えにくいことだが、井口は極限状態にさしかかった自分と銀行の罪と損失を闇から闇に葬るため、銀行トップの懐に飛び込むという〝ウルトラC〟的裏技を敢行した。頭取以下経営陣がこの書簡を読んでどう判断すべきだったのかは、ケーススタディとして恰好の問題である。実際は、頭取が下した指示のコンセプトは「隠し通す」ことであった。結果的にはこの姿勢が大和銀行の大破局をもたらした。

経営トップの姿勢や思考パターンに、善悪の価値判断を下すことなく部下が追随するというのは、日本の企業組織の通弊とされている。このような姿勢は、過去の高度成長時代には一つの目的に向かっての意志統一という点で大いにプラスに働いたが、今日では日本企業の弱みになりつつある。それゆえに経営トップの責任は重く、昨今経営者の経営倫理や経営哲学の確立が叫ばれているのである。

このような頭取の意向を受けて担当役員がニューヨークに急きょ出張し、こともあろうに井口を交えて隠蔽工作の陰謀を凝らした。ニューヨークのパークレーンホテルで井口、常務、支店長らが額をつき合わせて密談している図を想像すると、鬼気迫るものがある。会談の結果、秋までは損失を隠しつづけて隠密裡に処理することが決定される。その後、損失処理のため銀行本店承認のもと架空取引や違法取引をくり返すという信じがたい犯罪が行なわれるに至った。手口は次のとおりである。

井口は不正取引の決済資金として無断で顧客勘定の米国債三億七千七百万ドルを売却していた。要するにお客から預かった債券を勝手に売り飛ばしていたわけである。この存在しない三億七千七百万ドル分の米国債を埋め合わせるために、大和銀行本店が新たに買い戻して表向きは勘定が合うように仕立てた。次に、同じく無断で売却されたニューヨーク支店勘定の米国債六億ドルについても、あたかも支店から本店に売却されたかのように偽装し、念の入ったことに購入に必要な資金を支店と本店間で融資したことにするなど隠蔽工作は巧妙をきわめた。そして米国債の利払いのため他の顧客の預かり債券を無断で売却することすら行なわれた。この時点で大和銀行事件は単に管理不在の盲点を利用した一行員の不祥事から世界金融史上まれにみる経営トップを巻き込んだ金融犯罪へと変質していったのである。こうした一連の「法外な選択」（大和銀行を告発したM・J・ホワイト検事の声明）が米国当局から厳しく指弾され、前代未聞の大和銀行米国追放処分と三億四千万ドルの罰金となったのである。巷間言われるようにこの処分は決して〝米国の陰謀〟でもなく〝ジャパン・バッシング〟でもない。無法者が市場から退場させられただけなのである。

隠蔽工作は本当に「会社のため」なのか？

ばれないように処理するという方針がすべての誤りのもとであった。しかもその方針は頭取と取り巻きの役員ら五人の密室論議の中で決められている。ここには取締役会や常務会、経営会議などの機能がほとんど意識されていない。密室論議をどう公開し、オープンなかたちで経営判断していくかがこれからの企業経営にとっても重要なテーマであるが、では頭取は井口の書簡を読んでどのような判断と行動をとるべきだったのか。現時点でふり返れば、頭取がしなければならなかったことは、事実関係の正確な調査と報告をまず部下に指示し、そのうえで経営会議などで有識者を集めて議論し、方針を決めるべきだったのではないか。一連の隠蔽工作は誰のためにやったのかと問われたときに、頭取以下関係役員は「銀行のためにやった」と悪びれずに答えるにちがいない。しかし、大和銀行の行員、預金者、融資先、取引先、株主、監督官庁などステイクホルダー（利害関係者）単位に見たとき、こうした隠蔽工作はいったい誰のために役立ち、誰が恩恵を受けたのだろうか。

結論から言えば、結局こうした不正手段は自分の利益、すなわち経営者の保身以外にはまったく役に立たなかったと言わざるをえない。「会社のため」というのは、高度成長時代は企業戦士の大義名分であった。不正や違法行為を「会社のため」として正当化する風潮がまだまだ日本では根強いが、その中に「自分のため」という部分がないのか、深い吟味が必要である。大銀行の総務担当者や役員が総会屋に資金提供したことも、「会社のため」と理屈づけられている。はたして本当にそうだろうか？　ダーティな仕事をことなく処理することで自分の出世や栄達を考えなかったと言い切れるのだろうか。

金融機関は自主的な判断の余地が少なすぎる！

金融機関と大蔵省、日本銀行などの監督官庁との関係においても、大和銀行事件では見逃すことのできない問題点を露呈した。

「大蔵省は邦銀の秘密を守ってやった代わりに内外の信頼性を失った」(『ビジネス・ウィーク』誌)と言われたが、実際ははるかにそれを超え、大和銀行と大蔵省はほとんど共犯関係にあったと見なしうる状態だった。大蔵省は大和銀行首脳より九五年八月八日にニューヨーク支店の不祥事について報告を受けながら、九月十八日まで米国金融監督当局に対する報告を遅らせ、その間大和銀行が損失金の始末をつけるのを待っていたふしがある。なぜこのようなことが起こるのだろうか。日本の産業界、とくに金融などの規制業種では監督官庁との癒着が度が過ぎてひどい。業界そのものが法規制、目に見えない行政指導、業界の自主規制などでがんじがらめになっていて、自主的な経営判断の余地が少ない。このうえに立って監督官庁が絶大な指導力をもって君臨する、不透明で閉鎖的な社会が強固にできあがっている。

したがって箸の上げ下ろしまで役所から干渉される経営環境に慣れてしまい、極言すれば、銀行経営に経営戦略や有能な経営者は必要ないとまで言われている。大蔵省が経営者なのである。そこで要求されるのは監督官庁との友好的かつ円滑な関係づくりということになる。昨今の〝官官接待・官民接待〟の原点はここにある。このような官民のなれあいの中で、強大な権限をもちながら監督官庁もまたその行使をためらう風潮がある。監督官庁とうまくやっていさえすれば他を意識しないでも済むという〝経営環境〟が、規制業種をして消費者志向や遵法精神、経営倫理といった要素から遠ざけ、今や経営のグローバル・スタンダードから決定的に取り残される事態を招いている。この現象の一つが大和銀行事件であった。

かつての日本企業の強みが、いまや逆に弱みになっている！

大和銀行事件をふり返ってみると、かつては日本企業の強みであり日本を経済大国にもち上げた経営諸要素が、いまや逆に弱みになっていることに気づく。すなわち(1)営業第一主義、結果第一主義の経営管理手法、(2)温情的かつ性善説に基づく人事管理、(3)リスク管理、危機管理体制の不在、(4)問題解決の判断基準に消費者、投資家、社会、国際基準などの視野の不在、(5)企業と監督官庁の癒着、である。

二十一世紀に向けて日本が再び活力あふれる経済国家として世界に雄飛できるかどうかは、まさにこれらの課題を乗り越えられるかどうかにかかっていると言えよう。

これまでの経営学の基本的視座は、大量生産・大量消費をベースに置いた「競争」と「効率」の最大・最適値をもたらす経営管理手法の発見であった。しかし、このような価値観では企業は新しい時代に適合できなくなってきたことは、すでに見てきたとおりである。これからの企業は、利益や効率を上げるために人間性を無視・軽視したり、手段を選ばず不正をも辞さない反社会的行動にブレーキをかけることが絶対に必要である。従来の経営学ではほとんど顧みられなかった「人間性」と「社会性」の二つの価値基準を盛り込んだ新しい経営学の出現が望まれる。

大和銀行事件は日本の金融機関のみならず、産業界全体にとっても逆説的に言えば、誠に有意義な教訓であり、〝災い転じて福となす〟べく、日本に与えられた試練と理解するべきではないだろうか。

■大和銀行事件の時系列的整理

76年1月	井口俊英、大和銀行ニューヨーク支店に入行。
79年	井口、証券係主任となる。
83年	井口、変動金利債の取引失敗で5万ドルの損失発生。この損失を取り戻そうと値動きの激しい30年もの米国債売買を開始するが、損失を重ねる。
84年秋	損失が3000万ドルを超える。
86年9月	ニューヨーク支店がダウンタウンからミッドタウンに移転。
87年2月	損失：7000万ドル。
87年末	損失：1億7500万ドル。
89年末	損失：6億ドル。
92年11月	ニューヨーク連銀の検査が入る。ダウンタウンでの債券売買取引を隠蔽し、検査を欺く。
93年	損失：7億ドルを超える。
93年11月	ニューヨーク連銀の検査。 昨年の偽装工作を検査官に告白。厳重注意を受け、大和銀行は是正を文書で約束。 大蔵省にも社内処分と再発防止策を報告。
94年末	損失：10億ドルを超える。
95年5月	ニューヨーク支店に大蔵省検査が入る。半日の臨店検査で終了。届出違反行為に対する行政処分はなし。
95年	
7月14日	藤田頭取がニューヨーク支店を訪問。
7月17日	井口、告白書簡を藤田頭取あて発送（21日着）。
7月21日	井口、連絡がないため再度告白書簡を送付。

<書簡の概要>
・米国債の取引で約11億ドルの損失を出した。
・発覚すると大和は米国追放となるだろう。
・自分は適切な事後処理に協力したい。

7月24日	東京から副頭取、国際総合部長（常務）、国債資金証券部長が井口の自宅に電話。 井口と善後策を話し合う。
7月26日	大和銀行、第三者割当による優先株500億円を発行。
7月28日	国際総合部長が渡米。井口を交え、隠蔽策の協議。
7月29日	国際総合部長、井口に告白書簡のフロッピーディスクを破棄するよう指示。
7月31日	ニューヨーク支店で、FRBに損失を隠した状態で、四半期報告を提出。
8月4日〜9月7日	損失を隠しつづけるため、一連の不法取引を継続。
8月8日	藤田頭取が西村銀行局長を銀行厚生施設に招き本件を報告。
8月中旬	2人の管理職が、不祥事を当局に報告するよう意見具申したが、ニューヨーク支店長は却下。
8月下旬	ニューヨーク支店長は損失隠し工作が完了しないため、社内監査を延期するよう関係者に求めたが、反対され、井口に休暇をとらせ検査不能にした。
8月31日	井口が無断売却した6億ドルの米国債をあたかも本店が購入したかのように偽装。
9月12日	損失額と期間を確定し、9月中間決算で一括償却することを決定。大蔵省にもその旨報告。
9月18日	大和銀行はFRBに、井口が11年に及ぶ不正取引で11億ドルの損失を発生させたと報告。
9月23日	井口、FBIに逮捕される。
9月26日	大和銀行が記者会見で損失を発表。
10月9日	藤田頭取、安井副頭取、山路常務辞任。
11月2日	米国金融監督当局は、大和銀行の米国追放処分を発表。併せて大和銀行を刑事告訴。

【補足的あとがき】

大和銀行事件が発覚し、世界の金融界を驚かせてからもう五年近くの月日が経とうとしている。その間日本の都市銀行は巨額の不良債権の重圧に体力を消耗し、もはや単独では国際金融マーケットに通用しない存在になり果ててしまった。昨今の金融業界の目まぐるしい合従連衡は、このような環境下における銀行の必死な生き残り策である。

一方、「親方日の丸」と揶揄された行政も、大きく変わりつつある。大蔵省は財務省と名称変更されることが決まっているが、既に金融機関に対する監督権限は金融監督庁に移されるなど権限の分割が進められ、昔日の面影はない。また、最近の金融監督庁の検査もかつての大蔵省時代の「業界指導型」から「違反行為摘発型」に変わってきているのも事実である。

大和銀行事件を含めた一連の金融機関不祥事における大蔵省のあり方が問われ、監督システムそのものが変質せざるを得なかったわけだが、問題は不祥事防止の枠組みではなく、精神のあり方も含めた中身である。本ケーススタディでは、新しい企業行動パラダイムをどこまで浸透させることができるかが日本の将来を決定すると指摘した。この意味で企業不祥事を単に非難するだけではなく、教訓・教材として企業や行政の次の行動に活かす視点が必要となる。

しかしながら、つい最近問題となった新潟県警事件を見ても分かるように、上司や組織を慮んばかって不祥事を隠すという体質はまだまだ日本社会に深く根を張っているようである。

〈注〉本稿の不祥事の事実関係は、九五年十一月二日付け「大和銀行に対するニューヨーク連邦地検の起訴状」にもとづいている。

「仕事人」を提唱する論客の新理論！

「個人」の視点に立った新しい組織づくりの理論

太田肇（滋賀大学経済学部教授）

なぜ個人から出発するのか

経営学は一般に、経営者の視点、組織の論理にしたがって人間をみるのを当たり前のことと考えてきた。あるいは労使関係論のように、人間を集団としてとらえてきた。そこには、組織の目的・集団の利益と個人の目的・利益が一致するという暗黙の前提がある。しかし、リストラや過労死、それに労働組合の組織率低下が象徴するように、現実には全体と個の目的・利害は一致しないことも多い。すなわち、従来の経営者と労働組合の視点を第一、第二とするならば、第三の視点が欠かせないことを意味している。

さらに、組織のなかにいる個人そのものが変化していることにも注目する必要がある。組織の時代といわれる今日、組織が好きな人ばかりでなく、組織の論理に馴染めない人や抵抗を感じている人も、多くは組織に属し組織の規範のもとで働いている。けれどもこのような「非組織人」が多数を占めるようになると、従来とは違ったスタイルのマネジメントが必要になる。

また、一般社会だけでなく組織のなかで個人をいかに尊重していくかが大きな課題となっており、企業としては個人の多様な価値観や生活様式を可能な限り尊重していくことが求められている。

一方、企業を取り巻く環境は大きく変化している。グローバルな情報社会のなかでは、他に先駆けて新しくモノを創りサービスを提供することが決定的に重要になる。社員がどれだけ独創性や革新性を発揮できるかが企業の死命を制するといっても過言ではない。さらにビジネスマンとしてのモラル、生き方が厳しく問われている今日、自らの判断と責任で行動できる人間への期待がますます高まっている。

彼らを動機づけ、能力を引き出すためには、彼ら自身が何を目的として、どのように行動しようとしているかを理解し、可能なかぎりそれを尊重しなければならない。芸術家やプロフェッショナルと呼ばれる人たちの仕事をみればわかるように、新しいものを創り出す能力や正しい判断力は、基本的に個人の自発性や自律性によって発揮されるものだからである。

すなわち、個人の目的や利益を追求するためだけでなく、組織の目的を達成するためにも、個人の視点、「個」の論理から出発することがますます重要になってきているのである。

そして、個人を理解する際に忘れてならないのは、彼らが企業というひとつの組織と関係するだけでなく、仕事をとおして市場や社会とも関わり、また当然のことながら家庭や趣味など仕事以外の生活も営んでいるということである。したがって、そうした個人の実像を踏まえ、そこから理論を展開していくことが必要になる。

個人の視点に立ち、組織の外にまで視野を広げることによって、それまで見えなかったものが見えてくることがある。また、同じ対象でも評価が逆転することがある。

〈組織軸〉から〈仕事軸〉へ

伝統的な経営学において、個人はあくまでも組織の一員として行動するものと考えられてきた。個人は組織から与えられた業務を忠実にこなし、受け取った報酬によりさまざまな欲求を充足していく。このようにこれまでは、組織の論理にしたがい、組織人格によって行動する「組織人」が想定されていたといってよい。

しかし、本来個人は仕事をするために組織をつくったり既存の組織に参加するのである。組織の側からすると、ほんとうに大切なのは組織への一体化や忠誠心などではなく、仕事、しかもその成果のはずである。ところが組織の大規模化、複雑化によってこの単純な原理が忘れられ、組織の論理があらゆる場面を支配していることが少なくない。それがさまざまな局面で病理現象を生み出している。

　そこでもういちど原点に帰って考えるならば、仕事を核にした人と組織との関係があってもよいことがわかる。組織に属しながらも自分の仕事をとおして市場や社会の要求に応え、組織の利益に貢献するという働き方である。

　組織よりも自分の専門とする仕事にコミットし、自らの能力を頼りに職業生活を送る人を「仕事人《しごとじん》」と呼ぶ。各種の統計や調査が示すように、さまざまな分野において、伝統的な組織人に代わり、この仕事人が台頭しつつある。

　たとえば、総務庁の「労働力調査」によって過去二十年間の職業別雇用者数の推移をみると、「管理的職業従事者」の伸びがほぼ横ばいであるのに対し、「専門的・技術的職業従事者」は約二・三倍にも増加している。彼らの多くは、能力や仕事内容の面でも、また価値観や志向の面でも仕事人に近い。また私が大企業のホワイトカラーを対象として一九九四年に行なった調査によると、技術系・事務系を問わず、比較的専門性の高い職種には、組織人よりも仕事人に近い態度や行動パターンがみられた。今後、日本型雇用慣行の崩壊、雇用の流動化が進めば、仕事人化はさらに加速することが予想される。

　このことは、個人の働き方が組織軸から仕事軸へと移りつつあることを意味しており、結果として彼らの組織に対する関わり方は限定的、手段的なものになる。彼らが組織に期待するのは生き甲斐そのものではなく、自分が仕事をするために必要な条件である。極論すれば、彼らにとって組織は「仕事をするための場所」にすぎないのである。

仕事人《しごとじん》のための新しい組織形態とはどんなものか？

組織をこのように位置づけるならば、従来は非人間的とされてきた制度のなかに人間的な要素が含まれていることに気がついたり、逆に個人にとって望ましいと考えられた組織やマネジメントの問題点があらわになったりする。

たとえば、権限の序列が明確でルールによって支配される官僚制組織は、個人を抑圧し、自律性や能力の発揮を妨げると考えられてきた。一方、全体と個が密接に結びつき、柔軟な構造を備えた有機的組織は、個人にとって望ましいとされてきた。すなわち、「非人間的な官僚制組織から人間的な有機的組織へ」という主張が無批判に受け入れられていたのである。そして、日本の企業は有機的組織に近く、日本的経営は人間尊重の経営であるという評価が一般的だった。

たしかに組織のメンバーが典型的な組織人ばかりであるならば、有機的組織は理想にちがいない。個人はそのなかで能力を存分に伸長・発揮し、組織に最大限の貢献をすることができる。しかし、仕事人にとっては必ずしもよい面ばかりではない。たとえば、有機的組織の特徴である、組織全体に関係する大きな仕事、全体と個の密接な相互作用・コミュニケーション、無限定な責任などは、彼らにとって魅力に乏しいばかりか、専門の仕事をするうえで負担になる場合もある。これは、有機的組織が、全体と個の目的は常に一致するという仮定をおき、個人が組織に対して全面的にコミットすることを想定しているからである。とくに日本の職場では、組織に対する個人の交渉力が小さく、個人の独立性が維持されていないため、「有機化」によって全体の論理が個人の領域を侵食していく危険性が大きいことに注意する必要がある。

一方官僚制は、もともと利害の対立する統治者と被統治者の関係をルールによって調整し、被統治者を保護する役割を担うものであったため、そこには個人の権利、自由を制度的に保障する立憲的な側面が備わっている。仕事人にとって重要な、専門の仕事の継続、権限と自律性、そのほか仕事に必要な諸条件を保障するのはこの立憲的側面である。

もちろん官僚制には非効率な点が多く、またヒエラルキーによる抑圧、がんじがらめの規則など、彼らにとっても望ましくない側面が存在することは否定できない。

結論的にいえば、官僚制組織にも有機的組織にもそれぞれ長所とともに大きな短所が含まれているのである。

そこで、増大する仕事人のために新たな形態の組織が必要になる。彼らの仕事の性質ならびに組織に対する関わり方から推論すると、つぎのような特徴を備えた組織が理想と考えられる。

第一に、組織に対する強いコミットメントが要求されないことである。また、組織全体、すなわち自分の仕事に関係する範囲を超える意思決定に参加することが強制されてはならない。自分の仕事の目標を見据え、それに専念するためである。

第二に、移動の障害が少ない、労働市場に開かれた組織であること。それは、彼らの能力

[インフラ型組織のイメージ] (伝統的組織との比較)

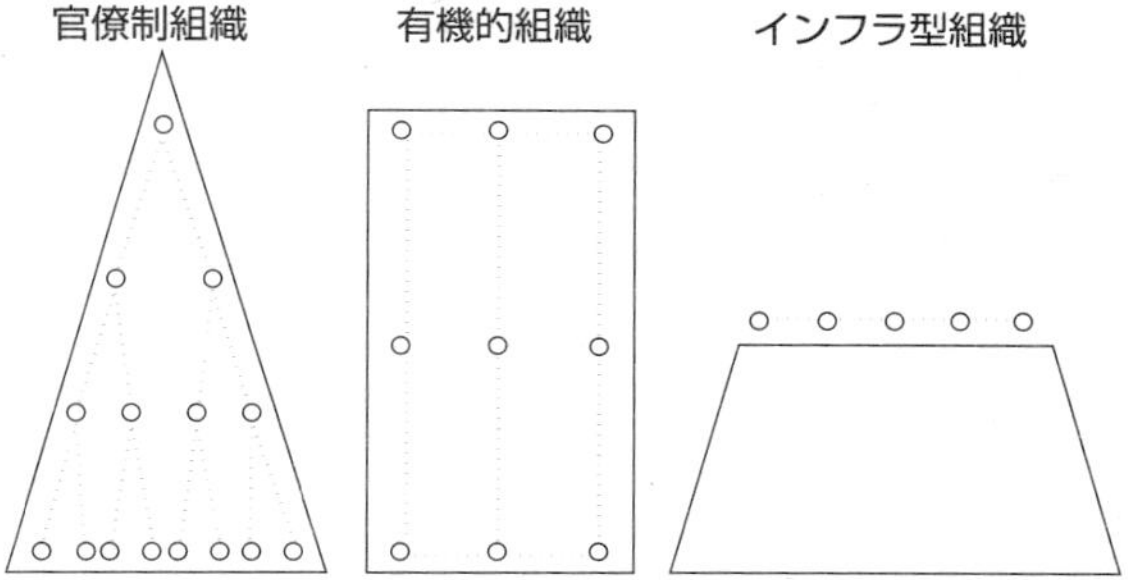

※○は個人、実線は組織、点線はコミュニケーションを表わす。

(太田肇『仕事人の時代』新潮社，1997年，157ページ)

を発揮する場所が特定の組織に限定されないからである。

第三に、専門の仕事に従事し続けること、ならびに仕事を行なううえで必要な権限・自律性などが制度として保障されていることである。さらに、設備、資金、情報などの条件が備わっていることも必要である。

これらの特徴からわかるように、組織は個人に対して活動の「場」を提供し、サポートするものとして位置づけられる。すなわち、組織は一種のインフラストラクチャーとしての役割を果たすわけであり、「インフラ型組織」と呼ぶことができよう。図は、官僚制組織、有機的組織と比較しながらそのイメージを表わしたものである。

実際に、各種コンサルタント会社、企業の研究所、設計部門、ゲームソフトの開発部門など、仕事人が中心になって働く組織の形態は、このインフラ型に近い。

マネジメントのパラダイム転換

このような組織は、ある面で典型的な日本の経営組織と対照的である。日本の組織では、仕事は全員で行なうものという大原則があった。市場や顧客の要求に対しては、それを組織全体の課題として受けとめ、組織として応えていくことが求められた。一方インフラ型組織では、環境適応の主体として個人の役割がクローズアップされる。個人の判断と責任によって仕事が行なわれるのである。

また、同じように「人間尊重」を標榜しながらも、日本的経営が個人をいわば全人格的に取り込もうとするのに対して、インフラ型組織は仕事に必要な範囲で個人と関わる。個人の全人格を尊重しようとするならば、逆に企業が関与する範囲は限定される——という思想である。

リーダーシップについても同様である。従来の研究では、メンバーの参加を促進する参画型、あるいは仕事の遂行と人間関係の両方を重視するリーダーシップが組織と個人の双方によい結果をもたらすとされてきた。しかし、仕事人に対してはむしろ個人の自律的な活動を支援するようなスタイルのリーダーシップが有効と考えられる。

そして、報酬の意味もまた違ったものになる。たとえば歩合制の営業マンや社内ベンチャーのような働き方をする場合、金銭的報酬は「組織から与えられるもの」というよりも、「自ら稼ぐもの」という意味が強い。したがって、単なる能力主義や業績主義ではなく、仕事の成果が報酬に直結するようなシステムが望ましい。これらの職種にかぎらず、仕事の成果をとおして組織に貢献する仕事人の場合、評価のプロセスに入る裁量をできる限り排除しなければならない。職種によっては、仕事の市場価値や顧客による評価を取り入れることも必要になる。

さらにチームワークの在り方も変化する。伝統的な組織人のチームワークが、メンバーの同質性を基礎としているのに対して、仕事人のチームワークは異質性に基づく。このことは、映画やテレビ番組の制作を例にとるとわかりやすいだろう。そこでは、プロデューサー、ディレクター、音声担当、カメラマンといった所属や専門の異なる人たちがチームを組み仕事をする。個々人の役割と責任が明確であるため、作品全体の出来とは別に個人の仕事がメンバーや視聴者によって評価される。そしてそれが次回のチーム編成にも反映される。仕事の専門化、メンバーの多様化が進むほど、このようなスタイルのチームワークが増えてくるはずである。

そのほか、能力開発、キャリア形成、福利厚生、それに「労働の人間化」の在り方なども当然のことながら従来とは変わってくる。

要するに、全体から個、組織から仕事へと視点を移すことによって、これまで閉ざされていた視界が開けてくる。そして、新たなマネジメントの枠組みを構築しなければならなくなるのである。

PART 3

競争に勝ち抜くための理論

競争力とは何か？

藤本隆宏（東京大学経済学研究科教授）

「競争力」（competitiveness）という言葉は、今日では経営学の本でもビジネス誌でも日常的に使われるようになった。大ざっぱにいえば、企業や製品が弱肉強食の市場で生き残るために必要な力のことである。しかし、その具体的な中味については、必ずしも共通認識があるとはいえない。そこで、競争力とはいったい何であるか、あらためて考えてみよう。

戦後「追いつけ追い越せ」で走ってきた日本では、「国際競争力」は意識的によく使われる言葉だったが、アメリカ流の経営学においてこの概念が注目されたのは、それほど古いことではなく、主に一九八〇年代以降である。このころになると、膨れ上がる米国の貿易赤字を背景に、自動車、鉄鋼、家電など多くの製造業で、日本企業などに対するアメリカ企業の国際競争力低下が指摘されるようになった。そんなこともあって、「競争力」という言葉が米国の企業経営者や経営学者の注目するキーワードとなっていったのである。一九八〇年にハーバード大学のマイケル・ポーターが書いた『競争戦略』という本も、そういう風潮を反映して大いにもてはやされた。

一九九〇年代になってからも、国際競争は多くの産業でますます激化し、競争相手も地球規模に広がっている。そのような激しい市場環境の中で企業が生き残り、成長を続けるには、なにをおいても「競争力」の構築が不可欠である。製品マーケットにおける相対的なパフォーマンスを表わす「競争力」という概念は、二十一世紀においても、企業・産業分析における重要なキーワードとして位置づけられていくだろう。

「競争力」とは、顧客を惹きつけ、かつ満足させる説得力だ

さて、それでは「競争力」とは何を意味するのか。ここでは、製造企業の経営学という立場から、製品開発・生産システムの側面に絞って、これを考えていくことにしよう。

端的にいえば、個々の製品のもつ「競争力」とは、それが既存の顧客（すでに買ったユーザー）を満足させ、かつ潜在的な顧客（まだ買っていない人）を購買へと誘引する力のことである。有形無形の違いはあれ、この基本はサービス業の場合も同様だ。

「既存顧客の満足度」と「潜在顧客に対する吸引力」は、短期的には乖離《かいり》するかもしれないが、中・長期的にみれば、強い製品にはその両方がバランスよく備わっている必要がある。

一見、潜在顧客を惹きつける魅力のある商品であっても、実際に使ってみた人が不満をもてば、その評価はいずれはクチコミで潜在顧客にも伝わり、売れ行きにブレーキがかかってしまう。

逆に、買って使った人の満足度がどれだけ高くても、なんらかの理由でそれが潜在顧客に伝わらなければ、新規顧客を開拓することはできなくなる。結局、どちらの場合も「競争力のある商品」とはいいがたい。既存顧客の満足度と潜在顧客の誘引力が両立することで、はじめて好循環が生じ、競争力の強い商品になりうるのである。

また、「競争力」とは、その製品が発するメッセージが消費者を説得しかつ納得させる力だとも言える。そもそも製造企業がモノ(製品)を売るということは、本質的にはメッセージの「発信」にほかならない。いわば企業は、モノというメディアにメッセージ(情報)を乗せ、それを消費者に向けて発信するのである。一方、「受信」する側の消費者は、使うという行為を通じて、モノ＝製品からの情報の束を取り出し、自分にとっての意味づけを行ない、すでに購買・使用している場合はそれを満足や不満に翻訳し、また購買前の場合は将来の使用体験をビジュアルに想像したりして、買うかどうかの判断材料とする。

結局、我われは多くの場合、モノとしての製品ではなく、それが運んでくる情報を消費しているのであり、製品の競争力とは、このような情報の束が潜在的なターゲット顧客を説得し、すでに使用している顧客を納得させる力にほかならないのである。

競争力は多面的な概念であり、一つの指標で測定することはできない

　すでにみたように、消費者は普通、製品のさまざまな側面に関する情報を収集し、それに説得されれば買い、使って納得すれば満足する。つまり製品の競争力とは、そもそも多面的な概念であり、一つの計量的指標でこれを表わすことは難しい。もっともストレートな指標はおそらくマーケットシェア（いわば製品の得票率）だが、これだけで、ある製品の競争力の全体像を把握できるとは考えにくい。

　たとえば、コスト割れで投げ売りをした結果、瞬間風速でシェアを伸ばしたとしても、常識的にいえば、それを競争力の強い製品と評価することはできないだろう。結果としての市場シェアと、要因としての競争力とはある程度分けて考えるべきだともいえる。そもそもマーケットシェアの測定そのものが一筋縄ではいかず、たとえば自動車メーカーの競争力測定のケースであれば、国内シェア（国際競争力を反映しない）か、世界シェア（貿易制限の影響が混入する）か、どのセグメントの市場を分母とするか、など、定義によって測定結果が大きく変わってしまい、「帯に短し襷に長し」が実状といえる。

　結局のところ競争力とは、ある時点で切りとって瞬間風速的に測れるものではなく、顧客満足の度合、評判、製品の客観的品質・性能、取引価格、コスト、利益などの要素が互いに連携し強化し合いながら、よい循環を形成していくというダイナミックな概念なのだ。これを測定する場合、いくつかの指標を採用して、その間の整合性をチェックしながら総合的に

判断するのが無難といえる。たとえばシェア、収益性、コスト、製造生産性、開発生産性、納期、生産期間、開発期間、顧客満足度、設計品質、製造品質などのデータをバランスよく収集し、分析の目的に合わせて総合評価する必要があるだろう。

また、競争力を考える際、「分析の単位」をどのレベルにおくかを考える必要がある。多角化した企業の場合、競争しているのは、いったい企業なのか、事業部（ビジネスユニット）なのか、ブランドなのか、それとも個々の製品なのかということだ。たとえば、相互関連の薄い事業に展開した多角化企業の場合、企業トータルとして競争力を云々しても、実際には正確な測定や評価は難しい。例をあげるなら、トヨタ自動車は、乗用車産業の競争力に関しては、現在でもおそらく世界最強企業の一つだが、以前から続けている住宅事業に関しては、それが本職の一部の有力専業企業と比べて競争力は高くないといわざるをえない。またサントリーはウイスキーでは国内最強だろうが、ビール部門ではあまり強くない。

一般に、競争力をある程度正確に論じられるのは、事業部（ビジネス）、あるいはブランドや個別製品のレベルであろう。いずれにしても、分析の単位を明確にしてから議論する必要がある。ちなみに経営戦略論の世界でも、「競争戦略」といえば通常は事業部（ビジネス）レベルの戦略のことであって、全社レベルの多角化戦略などとはっきり区別されるのである。

また、競争力の分析を、ある事業を形成する製品群全体について行なうべきか、あるいは個別製品ごとに行なうべきかも微妙な問題である。価格、納期、品質などを厳密に比較評価するとすれば、個別商品（個別モデル）のレベルでしか信頼に足る測定は難しいだろう。しかし、他方では、強いメッセージを共有する製品群（ブランド）全体の競争力が、個別製品の競争力の単純総和では説明できないということもある。そのような場合、個別製品の分析と、そのブランドがオファーする商品群全体の競争力分析を、平行して行なうことが必要となろう。

以上のように、競争力は多面的な概念であり、その測定・評価は一筋縄ではいかない。こうした難しさを充分に念頭に置いたうえで、製品の競争力を構成する要素について、もう少し突っ込んだ分析をしてみよう。

競争力の構成要素：品質・コスト・納期の同時改善がポイント

競争力とは企業の発信する情報の束がもつ影響力のことだ、との考え方に立つならば、これを「表の競争力ファクター」、すなわち消費者との接点のところで把握される表層レベルのパターンと、「裏の競争力ファクター」、すなわちその背後にある情報発生装置＝製造・開発システムがもつ深層レベルのパターンとに分けて考えることができる。

「表の競争力ファクター」は、一般にマーケティングで4Pと称されるもの、すなわち製品（product）、価格（price）、広告・プロモーション（promotion）、それに販売チャンネル（place）の四ルートを通じてのコミュニケーションである。こうした対顧客インターフェース（販売・購買・消費の現場）において、消費者へのメッセージ内容とメディア構成をどのように決定するかは、主にマーケティングの分野で論じられる問題である。企業がオファーする製品の名前、使い方、機能、価格などの情報はいうまでもなく、製品そのもの以外のメディアを通して消費者に伝えられるメッセージ、たとえば店頭でのセールス要員の売り込み文句、広告宣伝、カタログ、その他のプロモーション手段などを含む製品関連情報の束をどのようにデザインしていくか……これが「表層の競争力」の構築にほかならない。

一方、お客の目には直接触れないところで、黙々と製品に関する情報創造・情報処理を行なっている裏方が企業の生産・製品開発のシステムであり、そのパフォーマンスを示すのが「深層の競争力」である。その構成要素は、一般にQCD、すなわち品質（quality）、コスト（cost）、納期（delivery）だと言われる。これにフレキシビリティ（flexibility）を加えて、QCD＋Fを四つの要素とすることもある。こうした深層の競争力を通じて、生産・開発システムが貢献するのは、先の4Pのなかでは主に製品と価格である。

要するに、製品そのものと値札から消費者に発信される情報の束を、企業においていかに魅力的なものに創造し、製品に正確かつ効率的に組み込み、さらにこれをいかにタイムリーに顧客に発信するかが、生産・開発システムに与えられた課題である。

そこで、これら深層レベルの競争力、すなわちQCD＋Fを一つずつ検討してみよう。

コスト：製品一単位当たりのコスト、すなわち製品原価のことである。むろん、消費者の意思決定に直接影響を受ける「表」の情報はあくまでも実際の価格であり、コストは買い手にとってはどうでもよいことだ。しかしながら、コストを反映しない価格設定は長期的な存続が不可能であり、その意味で、製品原価は価格を裏で支える競争力要因とみなせる。逆にいえば、「原価企画」とよばれる分野でも主張されるように、コスト目標は競争力目標を原点とし、これを展開するかたちで設定されるべきである。

生産・開発部門が直接関与する製造原価には、労務費、材料費、経費（開発費や設備等の減価償却費を含む）があげられ、これに販売費および一般管理費を加えたものが総原価となる。また、それぞれのコスト要素は、さらに生産性と投入要素価格（時間当たり賃金、設備単価、部品単価など）に分解できる。

たとえば製品一個当たりの労務費は、労働生産性（一個当たりの所要工数）と一時間一人当たり平均人件費をかけあわせたものにほかならない。賃金や部品単価をむやみに買いたたくことはいろいろな意味で望ましくないので、長期的にみたコストダウンの切り札は生産性の向上ということになる。戦後、国際競争力を高めてきた自動車産業などにおける競争力の源泉の一つは、全社を挙げての生産性向上活動にあったといえる。

品質：広義の品質（総合品質）には、製品に体化された情報であって潜在的に顧客満足を生み出すもの（性能、機能、デザインなど）がすべて含まれる。自動車でいえば加速性、最高速度、操縦性といった性能に加えて、居住性、スタイリング、ステータス性、シンボル性などなど、ユーザーが自動車に期待するあらゆる価値・機能をカバーする。

このような総合品質（total quality）は、設計品質（design quality）と製造品質（manufacturing quality）とに大別される。設計品質とは「製造の目標として狙った品質」（ＪＩ

S）で、要するに設計図面に盛り込まれた性能・機能のレベルを指す。製造品質とは「設計品質を狙って製造した製品の実際の品質」（JIS）で、適合品質（quality of conformance）ともいう。つまり、実際の製品がいかに設計図面どおりにできているかを示す尺度で、製品の建てつけ、信頼性、耐久性などを含む。

これらはどちらかが優先されるものではない。たとえば設計品質がよくても、製品が設計どおりに動かず、故障ばかりでは消費者が満足できるわけがない。逆に、設計どおりの完璧な製品でも、設計自体がお粗末であれば、やはり魅力がなく、市場での成功は望めない。つまり、顧客の満足度をアップさせるには設計品質、製造品質の同時達成が不可欠であり、すぐれた総合品質を備えていることこそが、強い競争力をもった製品の必要条件といえる。

納期：競争力の一要素としての納期（delivery）とは、顧客からみての調達期間（発注から納品までの期間）を指す。いくら安くてよい製品でも、手に入るまで延々と待たされるのでは、買う気にならないわけだ。

納期の背後には、生産期間（原料が納入されてから出荷までの期間）と開発期間（製品開発の開始から発売までの期間）がある。たとえば一戸建て住宅のような特注生産であれば、納期に設計期間と生産期間がすべて含まれる。一方、「見込み開発」をする量産の自動車の場合、注文生産ならば納期には生産期間は含まれるが開発期間は含まれない。見込み生産（ディーラーにある在庫から選んで買う）の場合は、納期は生産・開発期間とまったく関係なく決まる。この場合、開発期間は、設計品質の新しさなどを通じて、間接的に競争力に影響を与えることになる。

また、納期を実現する裏づけとなる要素として生産能力、つまり各工程の産出可能量をどう決めるかも重要だ。需要に対して生産能力が不足すれば品切れを招き、受注生産であれば受注残（受注済みだが未納の製品の量）が増加し、結局納期が延びる。この意味で生産能力も、競争力に間接的な影響を与えるファクターといえる。

フレキシビリティ：競争力の要素としてのフレキシビリティは、コスト、品質、納期、すなわちQCDという生産管理の三大目標とは同列ではないが、環境の変化や多様性への対応を要求されるダイナミックな産業においては、競争力の重要な貢献要因となる。

ここでフレキシビリティとは、QCDといった競争力ファクターのレベルが、外的要因の変化によってマイナスの影響を受けない度合いのことだと、とりあえず定義できる。たとえば、生産量ないしロットサイズの減少に対してコスト面でフレキシブルなシステムとは、変動費に対する固定費の比重が小さくてすむシステム、あるいは段取り替え（品種の切り替え）のコストが小さいシステムのことである。また、製品設計の変化や多様性に対するコスト面のフレキシビリティは、モデル間での部品の共通化（同一部品で複数製品に対応）と、工程の汎用化（同一工程で複数品種に対応）の組み合わせによって達成できる。

一般に、高いフレキシビリティと高い生産性（低いコスト）は両立しないといわれるが、戦後日本の製造メーカーのなかには、この二つを両立させるのに成功したものもあり（たとえばトヨタ）、競争力の源泉とされている。

競争力と能力構築競争：自動車産業の例

さて、実際の企業は、こうした競争力で他社に勝つために、どのような努力をしてきたのだろうか。日本の自動車産業を例に考えてみよう。わが国には、従来からその国際競争力が疑問視されてきた産業（たとえば一部の小売業、金融業、農業など）、潜在力はあるがゲームのルールが激変したために苦戦に陥る傾向のある産業（コンピュータ、情報通信など）などなど、さまざまな性質のセクターが混在するが、なかには、八〇年代までに国際的な競争優位を築き、世界的なレベルでものづくりの業界標準を確立した産業もある。自動車はその典型であり、九〇年代に入り競争が激化したにもかかわらず、トップクラスの日本企業の競争力はおおむね健在である。

製造・製品開発の競争優位に話を絞ると、八〇年代までに構築されたわが国高業績企業の特徴は、以下のとおりである。第一に、トレードオフの克服である。生産では高い生産性と製造品質、および短い生産リードタイムという競争優位を同時達成し、また開発分野においても生産性、設計品質（商品力）、開発リードタイムの競争優位を同時に達成した。

第二に、高いフレキシビリティの達成である。製品の変化と多様性（モデルミックスの多様性、生産総量の変動、モデルチェンジなど）に対する柔軟な対応を、最小限のコストアップなどで達成した。

第三に、生産性向上、品質改善、その他の製造問題の解決を継続的かつ全社的に行なう、ある種の組織学習メカニズムがビルトインされていたことである。

しかし、九〇年代に入り、日本の自動車産業は、ポストバブル不況、円高によるコスト競争力の悪化、欧米企業の対日逆キャッチアップなどに直面し、国際競争力の維持と向上が待ったなしの緊急課題となった。これに対し、当初は相当な混乱と業績悪化もみられたが、九三年頃からは、競争力回復のための戦略が徐々にかたちになりつつある。内外の環境は依然厳しいが、多くの自動車メーカーや一次部品メーカーは、そこでの生き残りのための方向性を見出しつつあるといえよう。

たとえば、この産業で九〇年代最大のコスト競争力回復作戦といえば、製品設計のシンプル化をおいてほかにない。そもそもバブル崩壊前の九〇年代頃から日本車の「過剰設計」がもたらす高コスト構造は指摘されていた。製品のバラエティ過剰、モデル間での共通部品過少、装備・品質・仕様の過剰といった一連の問題である。八〇年代、「顧客満足第一」を合言葉に、モデル・バリエーションの多様化、製品ごとに異なる最適部品設計、商品力の向上、ハイテク装備品の増加などをひたすら追求した結果、製品設計の過度な複雑化という副作用をひき起こし、とくに円高後はコストアップによる国際競争力減退という問題が顕在化してきたのである。

こうして円高危機に直面した日本企業だが、かつてコストダウンの主役だった生産現場での地道な改善活動もすでに数十年続いており、さらに大幅なコストダウンをここに期待するのは無理であった。そこで、新たな切り札として登場したのが、肥満体質気味だった製品設計のシンプル化だったのである。その効果は絶大だった。一例をあげると、トヨタでは部品共通化・バリエーション削減・バリューエンジニアリングといった製品設計の簡素化を実施することによって、九三、九四年度ともに一千億円級のコストダウンを実現させ、この時期にこうむった円高差損をほぼ相殺している。高品質であっても高価格の製品ではマーケットシェアを伸ばすことは難しい現在、商品力を犠牲にしない範囲でのこのような設計のシンプル化は、他の多くの産業においても、製品の競争力維持にとって重要な課題となっている。

こうして九〇年代前半の「競争力危機」をしのいだ日本の一部自動車メーカーは、九〇年代半ばになると、より攻撃的な競争力向上戦略に転じている。たとえば、三次元CAD―CAM―CAE（コンピュータの画面上で自動車や部品の設計を三次元で立体的に表現し、シミュレーションや金型設計を行なう情報技術）発達を背景に、デザイン凍結後の開発期間を大幅に短縮し、欧米のライバルを驚かせた。

またプラットフォーム（車体のフロア部分を中心とする、全体の設備投資額の半分以上を占める部分）の統合化戦略により、開発コストを最小限に抑えつつ、国内や海外の市場ニーズの違いに応える多様な新モデルを開発しつつある。排気ガス清浄化・二酸化炭素排出削減のための新技術（希薄燃焼エンジン、直噴ガソリンエンジン、ハイブリッド車など）の実用化においても、多くの面で日本企業が再び世界をリードしつつある。

まとめよう。現代の企業は、製品＝モノに託して消費者にメッセージを伝え、一方消費者は、消費という行為を通じてその情報を消費する。かくして企業が発信する情報の束が、消費者に対してもつ説得力、それが「競争力」の本質にほかならない。

こうした「情報の力」としての競争力は、とりあえず製品、価格、広告、流通経路といった「表層の競争力」と、それを支える品質、コスト、納期、フレキシビリティといった「深層の競争力」とに分けて考えられる。企業の生産・開発システムが関わるのは、主に後者である。今日、多くの産業で、こうした競争力をめぐる企業間競争が延々と繰り広げられているのである。

このように多くの産業でグローバルな競争が激化しつつあるなかで、企業は常に競争力のレベル向上を至上命題として、果てしない「産業マラソン競争」を続ける宿命にある。そうした能力構築競争はまた、ライバル企業間の相互学習の活発化をも意味する。このレースで必要なのは、先の見えない状況のなかでも競争能力を着実に累積進化させていく、ある種の組織学習能力なのではないだろうか。

業界標準《デファクト・スタンダード》をめぐる熾烈な競争戦略

山田英夫（早稲田大学ビジネススクール教授）

デファクト・スタンダードとは何か?

小型メモリーカード、パソコン用外部記憶媒体、放送局用デジタルＶＴＲなど、家電・情報・通信・放送などのエレクトロニクス分野を中心に、デファクト・スタンダードをめぐる競争が激しくなっている。デファクト・スタンダード（de facto standard）とは「事実上の標準」と訳され、「標準化機関の承認の有無にかかわらず、市場競争の結果、事実上市場の大勢を占めるようになった規格」のことである（ちなみにde factoとは、ラテン語を起源とし、from the factという意味である）。

古くはベータマックスとの競争に勝利したＶＨＳ、最近ではパソコンＯＳでアップルのマックOSを凌駕したウィンドウズなどが、デファクト・スタンダードの代表例である。デファクトに対峙する標準は、公的標準（de jure standard）と呼ばれ、これはJIS（日本工業規格）やISO（国際標準化機構）などの公的標準化機関が認証した標準のことをいう。

また最近では、製品が市場に出る前のデファクト競争もいっそう激しくなってきた。電子マネーなどの分野では、市場で負けてから撤収ということになれば、膨大な損失が発生するため、実験段階から多数派を取り込もうという動きが、世界中で行なわれている。

なぜデファクト競争が激しくなってきたのか？

それではなぜ、デファクト・スタンダードをめぐる競争が激しくなってきたのだろうか。

第一に、技術革新のスピードが速くなり、公的標準化を待っていては、事業機会を逃してしまうからである。そのため、企業はいち早く製品化し、ユーザーを獲得し、開発者利益を狙うケースが多い。後述するように、デファクトをめぐる競争は、製品が普及してからの逆転が難しいため、多くの企業が開発期～市場導入期に勝負を賭けてくるのである。

第二に企業の技術レベルが拮抗し、一社で標準をとることが難しくなり、合従連衡が必須となってきたからである。たとえば、かつてのコンピュータ業界ではIBMが採用した規格が、そのまま業界の標準になっていたが、最近ではIBM一社では標準を獲得できなくなった。そこで、他企業を巻き込んだ企業連合の戦いが増えてきたのである。

第三に、デファクトをとることが大きな利益に結びついてきたことを、多くの企業が学習してきたからである。パソコンでは〝ウィンテル（マイクロソフトとインテル）〟が莫大な富を手にし、日本ビクターやフィリップス・ソニーなどは、ＶＨＳやＣＤで多大な特許料収入を得た。

第四にデジタル化・ネットワーク化を契機に、製品・業界や国境を越えた競争が増えてきたからである。たとえばテレビゲームでは、玩具業界の企業だけでなく、家電、通信企業までをも巻き込んだ競争が繰り広げられている。さらにインターネットや携帯電話、衛星放送などでは、国境さえ意味をもたなくなってきている。境目が明確なときには、「業界の秩序」が生まれやすいが、境目のない時代においては、そのつど競争のルールが変更される弱肉強食の戦いになる。

デファクト競争には特異な特徴がある！

デファクト・スタンダードをめぐる競争には、鉄鋼、自動車、洗剤のような一般の製品とは違ういくつかの特徴がある。

まず第一に、差別化の打ち出し方が難しいことだ。一般の製品であれば、競争優位のための製品差別化は常識となっているが、デファクト競争ではこれが非常に難しい。他社との差がなければ価格競争に陥ってしまうが、規格の本質部分で差別化をしすぎると、互換性がなくなってしまう。かつてキヤノンがNAVIという画期的な複合パソコンを開発したが、機能を向上させるためにOS（オペレーティング・システム）の互換性を失い、結局主流になれなかった。

第二に、これまでの競争戦略の定石が通用しない点があげられる。業界のリーダー企業は、下位企業の戦略の同質化（模倣）をしていれば、その地位を守れると言われてきたが、デファクト競争の場合には、模倣が必ずしもプラスにはならない。たとえば、アップルがウィンドウズ用ソフトも動く機器を開発することはあっても、ウィンドウズ陣営がアップル互換機を出す必要はない。これはリーダーが同質化をしかけると、その市場は拡大するが、その市場でリーダー企業がかつてもっていたシェアをとれる保証がないからである。

第三に、同じ土俵で戦っているかぎり、途中でのシェアの逆転がない。これは「ネットワーク外部性」がはたらくためである。ネットワーク外部性とは、「ネットワークに参加するメンバーが増えれば増えるほど、メンバーにとっての効用が増えること」をいう。いったん有利になったネットワークは、市場の拡大とともにますます参加者を増やしていくため、デファクト競争は、「先行したウサギが必ず勝つゲーム」といえる。逆に、「負けたカメは、とことん負けるゲーム」なのである。たとえばベータの残存シェアは五％を割っており、規格競争に負けたVHDやDCCは、すでに店頭から姿を消している。

第四に、製品ライフサイクル（PLC）論があてはまらないケースが増えている。たとえばPLC論によれば、競争がもっとも激しくなるのは市場成長期だと言われてきたが、デファクト競争の場合には、もっとも競争が激しいのは開発期から導入期である。それは、早期に高いシェアをとることが、競争上きわめて重要だからである。

またPLC論では、成長後期から成熟期に利益が回収できると言われているが、デファクトのからむ技術革新の速い分野では、成熟期には次世代の規格が登場し、急速に市場が縮小し、利益が回収できなくなってしまうケースが多い。たとえば、フロッピーディスク（FD）は市場が成熟期に入り、やっと利益が回収できるときにきたが、MO、Zip、CD―ROM、CD―R、DVDなどの新しいパソコン用外部記憶媒体が登場し、市場は急速に縮小した。そのためPPM（プロダクト・ポートフォリオ・マネジメント）の理論からすれば、当然利益を上げられるはずのトップ企業でさえ、FDで利益を上げることは難しくなったのである。

第五に、世代間競争、規格間競争、規格内競争が共存していることが指摘できる。世代間競争とは、旧世代規格と新世代規格との競争であり、LP対CDに代表される。まずこの競争に勝ち抜かないと、市場での存在を許されない。自動車（ガソリン自動車→電気自動車）や洗剤（普通の洗剤→コンパクト洗剤）でも世代間競争は存在するが、それが起こる頻度は十年～百年単位である。他方エレクトロニクス分野では、毎年のように世代間競争が繰り広げられている。これは前述したように、ある世代で負けた企業は、同じ土俵で競争しても逆転の可能性がないため、直ちに次世代の規格を開発し、競争の土俵を移そうとするからである。

さらに世代間競争に勝ち残ったとしても、規格間競争と規格内競争が待ち受けている。前者は、異なる規格間での競争であり、ベータ対VHSの例にあたる。後者は、デファクトをとった同じ規格内での競争であり、ウィンドウズ陣営内の競争にあたる。

この二つの競争のやり方は基本的に異なっており、規格間競争に勝つためには、規格提唱企業は技術供与やOEM供給（相手先ブランドによる生産）などにより、同じ規格を採用する仲間を増やさなくてはならない。規格間競争が決着し、デファクトとなる規格が見えてくると、こんどは規格内競争において、仲間の追い落としが始まる。最終的な勝者となるためには、こうした手のひらを返すような戦略の使い分けが必要なのである。

たとえば後発でパソコンに参入したIBMは、オープンポリシーを採用し、MPUやOSなどを外部から調達し、BIOS（基本入出力システム）周りのインターフェイス仕様までも公開した。その結果、ソフト業者や周辺機器メーカーが急速に増え、さらに互換機メーカーが多数生まれ、IBM規格は瞬く間にデファクトとなった。しかし、しだいに互換機メーカーにシェアを奪われるようになり、かつ利益はIBMではなく、主要部品を提供する〝ウインテル〟にもっていかれるようになった。そこで後にバス（情報伝送路）などを変更し、互換機メーカーを蹴落とそうとしたが、これは市場に受容されなかった。すなわちIBMのパソコンは、「誘引」によって規格間競争には勝ったが、規格内競争における「排除」には失敗したのであった。

オープン環境下で収益を上げる仕組みとは？

(1) オープン化の進展

デファクト競争を激しくかつ難しくしているのが、最近の「オープン化」の流れである。オープンとは、アーキテクチャ（基本的設計思想）が公開されており、これらを組み合わせて独自のシステムをつくりうる状態をいう。オープンなシステムであるためには、①互換性（複数のシステムで共通にデータが利用できる）、②移植性（あるシステムで使われるソフトなどを、他のシステムで容易に利用できる）、③相互運用性（ユーザーからみた操作・運用の統一性）、④拡張性（規模の違うシステムにおいてデータなどを共通に利用できる）の四つが必要であると言われている。

オープン化が進んできた理由として、次の三つをあげることができる。

第一に、前述したメーカー間の技術レベルの拮抗がある。デファクトをとるために企業連合が必須となり、他社を誘引するために規格をオープンにする必要が出てきた。

第二に、メーカーとユーザーの情報・技術格差の縮小があげられる。メインフレームやオフコンの全盛期のように、メーカーがユーザーに比べて圧倒的な技術・情報を保有している場合には、クローズドな一貫システムを提供することによって、メーカーは高い利益率を享受できた。しかし、ユーザーの情報・技術レベルが高くなり、ユーザーが自分でシステムを組めるようになると、オープン化・標準化を求める声が強まり、メーカーもそれに対応せざるをえなくなった。

第三に、ユーザーのコスト志向が強くなったことも、オープン化に拍車をかけている。クローズドなシステムであると、ユーザーは特定の企業からすべてを一括購入せざるをえず、コスト削減の手段をもたないが、オープンなシステムであれば、ユーザーが最適なパーツ、ソフトを組み合わせ、コストを削減することも可能である。

（2）儲ける仕組みづくり

企業にとって、デファクトを獲得することは重要であるが、それが最終目標ではない。世界標準となったコンパクト・カセットでは、開発者のフィリップスは特許を無償開放したため、特許料は一円も入らなかった。オープン化の進展とともに、デファクトの獲得と利益が必ずしもリンクしないケースが増えてきており、この傾向はますます強まると予想される。

規格の知的財産権を強く主張し、特許料を高く設定すればするほど、その規格に賛同する企業やユーザーは減り、デファクトはとれない。逆に知的財産権を放棄すればデファクトは獲得しやすくなるが、開発者利益は得にくくなる。このようなトレードオフの中で、企業はどのように利益を上げていけばよいのだろうか。それを解決する方法の一つとして、「後で儲ける」「他で儲ける」仕組みをつくっていく方法がある。

一つは、製品の販売時点だけでなく、後で儲ける仕組みをつくっておくことである。ソフトウェアの初期バージョンは無料で配布し、ユーザーが使い慣れた後のバージョン・アップ時に回収する方法がこれにあたる。たとえばネットスケープは、ブラウザの開発途上版を無償配付し、これによって多くのユーザーを獲得した。もし、多くのユーザーが使い慣れてから有償のバージョン・アップをしても、その時にはユーザーはもはやそこから逃げられない状態となっている。これは、ユーザーの切替費用を充分高くしてから、利益を回収する戦略と言える。

もう一つは、本体だけではなく、部品や補完製品で儲けるという方法がある。たとえばサン・マイクロシステムズは、ネットワーク用プログラミング言語「Ｊａｖａ」でオープン政策を採っているが、Ｊａｖａを高速に動かすための独自のMPUを開発しており、これはクローズドなものである。またＪａｖａの普及に伴い、サンのサーバーも拡販が期待される。さらに腕時計の交換電池は、補完製品で儲ける適例である。腕時計の電池の原価は数十円と言われているが、時計の機種によってさまざまな種類があることから、電池交換に千円以上を支払わざるをえない。すなわち、「標準化されていないが、使わざるをえないもの」に、利益の源泉が隠されているのである。

以上のように、普及を優先するオープンな部分と、収益を確保するためのクローズドな部分を、ビジネスの仕組みとして融合させていくことが重要なのである。

日本企業が直面する二つの課題

最後に、日本企業をとりまくデファクト競争の問題を考えてみよう。

よく「日本発のデファクトがないことが問題」と言われるが、それ以上に重要な問題が二つある。一つは、ダブル・スタンダードの問題であり、もう一つが日本企業の事業構造の問題である。

(1) ダブル・スタンダード

まず、国内規格と国際規格とが異なるダブル・スタンダードの問題を考えよう。携帯電話、簡易型携帯電話、高品位テレビ、デジタルラジオなどがこの例である。これらは、国内向けの規格と海外のデファクト規格が異なるため、日本企業は二つの規格の製品を別々につくり分けなくてはならない。中小企業であれば、国内規格は無視して世界標準規格だけに特化することも可能であるが、大手企業の場合には、さまざまな方面からの要請もあり、国内の独自規格に絡まざるをえない。

なぜダブル・スタンダードが生まれるのかには、さまざまな理由が考えられる。

第一に、日本市場の規模が充分大きいためである。携帯電話で世界のトップ企業の一つに、ノキアという企業がある。ノキアはフィンランドの企業であるが、国内市場はきわめて小さいため、初めから世界標準を念頭に事業を進めていかざるをえなかった。

反面日本企業の場合には、充分大きい市場が国内にあるため、まず国内市場に参入し、国内の成熟が見えてくると、次に海外という順で展開する。そしてそのときには、すでに世界のデファクトは決まっていることが多い。そのときに、国内規格を世界の標準にしようとしても、時はすでに遅い。

第二に、日本には優秀な役人の数が多く、また日本規格協会などの外郭団体も多いことから、すべてが世界標準で決まってしまうと仕事がなくなってしまうため、独自な規格をつくろうという事情もある。さらに、「デファクトの中核を形成するような重要な技術を、外国勢に握られてたまるか」という発想も、独自規格の策定に駆り立てている。

第三に、「世界標準と言っても、それはアメリカの標準であり、日本には日本文化に根差した独自の規格が必要である」という日本の特殊性を根拠に、独自規格を支持する声も少なくない。その論拠は、時に漢字文化であったり、極東の島国という地理条件であったり、高い人口密度であったりする。これは、海外から新しい概念が持ち込まれるたびに起こる、きわめて日本人的な反応である。

しかしデジタル化・ネットワーク化の進展により、国境というものの意味がなくなる中、世界規模での経済性を考えないと、競争力を保持できなくなってきた。こうした日本企業に対して、ダブル・スタンダードは大きな重荷になっている。

(2)「タテ型」の日本企業は、デファクト競争の主流「ヨコ型」にどう取り組むか?

かつての日本企業では、川上から川下までをすべてフルセットで抱える「タテ型」の事業構造が主流だった(図1参照)。たとえばメインフレームやオフコンのように、ハードからソフト、据付け、メンテナンスまでを同一企業(グループ企業を含む)が手がける構造だった。この時代には、資本力がないと事業への参入自体が難しかった。

この「タテ型」の構造を、ユーザーから見てブラックボックスの形でもてればもてるほど、

図1 「タテ型」の事業構造

図2 「ヨコ型」の事業構造

企業は高い利益率を確保することができたのである。

しかしオープン化の進んだ環境においては、一つの企業がある領域だけ、世界を横串に高いシェアをとる「ヨコ型」の事業構造が主流になってきた（図2参照）。たとえばパソコンでは、MPUはインテル、OSはマイクロソフト、グループウェアはロータスというように、各領域別にごく少数の企業が世界の大部分のシェアをとる構造になっている。ヨコ型の事業においては、資本力ではなく技術力が鍵となる。またヨコ型の企業は、その事業しかもっていないベンチャー的企業が多く、よけいな資源はもっていない。

「タテ型」から「ヨコ型」への構造変化は、産業の進化に伴い進んでいくと言われているが、ヨコ型にシフトした産業構造においては、利益はコア部分を握ったヨコ型企業にもっていかれ、ただ組み立てるだけのタテ型企業では、利益は出なくなる。昨今のパソコン業界がこの典型例である。

これまで強固なタテ型構造を誇ってきた日本企業は、固定的な経営資源を伴うタテ型の事業構造を「もっている」がゆえに、デファクト競争の主流となっているヨコ型事業に、どのように取り組んでいくべきかという難題を抱えているのである。

「営業体制」の理論

競争の優劣を分かつ営業の革新と経営戦略

石井淳蔵（神戸大学大学院経営学研究科教授）

良い商品がすなわち売れる商品ではない。良い商品であっても、それを売るためには、仕組みが必要である。そうした売りの仕組みは、一般に「マーケティング」と呼ばれる。マーケティングという概念はアメリカ発だが、製品（product）、価格（price）、販売促進（promotion）、流通ルート（place）の四つの要素が基本となる。それら四つの要素（それぞれの頭文字をとって四つのP＝4P）を、市場の顧客や競争相手のことを配慮しながら、相互に矛盾しないように組み合わせて、一つの安定した勝ちパターンを築き上げることが、マーケティング担当者の役目になる。

マーケティングの4Pという概念は簡単でわかりやすく、実務家にも研究者にも日常的に使いこなされている。ところが不思議なことに、この4Pには「営業」という言葉はない。

探してみると、4Pのなかの販売促進に、広告やPRなどとならんで人的販売（personal selling）が出てくる。つまり、アメリカ流マーケティングでは、営業とは、マーケティングの4Pのなかの販売促進の一活動、と位置づけられることになる。そして、その課題も、営業担当者の巡回モデルを定式化したり、彼らの動機づけを高めたり、どのような担当者を雇用するかという問題でしかない。ある意味で、そこでの営業問題は、どの流通ルートを選ぶか、あるいはどの広告媒体を選ぶか、ということと同じ選択問題でしかない。

会社を背負う日本の営業

しかし、日本の実務家の感覚は違っている。営業担当者はsellingの担当者ではなく、まさに「業を営む」という字そのままに、会社を支えているという強い感情をたぶんにもっている。あるいはその仕事に対しては、人生を賭けるに値する仕事だという誇りももっている。彼らの考えからすれば、アメリカ流マーケティングにおける営業の位置づけはあまりに低い。実際、いろいろと日本企業各社の「営業」の中に入って調べてみると、それだけの重要な役割を果たしている。

たとえば、トヨタ自動車。トヨタは、クラウンならクラウンという一つの車種ブランドについて、その総責任者であるチーフ・エンジニアが企画から販売に至るすべてのプロセスをコントロールする、という先進的な開発スタイルを編み出した。それまでは、企画から設計、設計から実験、実験から生産、そして生産からマーケティングへと、いわばバトンタッチのようなかたちでクルマづくりを進めるのが一般的だった。しかし、トヨタ方式が、質の高い開発成果を生みだすやり方だということがわかってきて、世界の自動車会社がこぞって真似ようとしている。

そう見ると、トヨタは、エンジニアが主導権をもった技術志向の強い会社に見えるかもしれない。しかし、それに対抗するように、国内営業部の力も強い。実際、トヨタ自動車は、トヨペット店やカローラ店などの五つの系列チャネルごとに、複数の車種ブランド販売を行なってきた。さらに加えて、最近では、中古車販売、修理、金融に至るカーライフに関連しそうなすべての業務を一元的に統括すべく重量級の営業責任者を置いて、営業の力をいっそう強化しようとしている。

わが国のもう一つの代表企業、松下電器もトヨタに似ている。松下の製品事業部制は有名だが、通常の製品事業部制とは性格が少し異なっている。通常の製品事業部制とは、その中に開発、生産、販売のすべての機能が取り込まれた、自立した戦闘単位、つまり師団のようなものである。実際、アメリカなどで製品事業部制と言えば、この師団型事業部制である。ところが松下では、製品事業部は主に開発と生産の機能を担うものであり、営業機能の全部がそこに含まれているわけではない。営業機能は、製品事業部とは独立に、いわば市場ごとに、リビング営業本部とか官公需営業本部とかのかたちをとって組織される。各営業本部では、いろいろな製品事業部がつくる製品を受けて、共通する顧客に向けて営業活動を行なう。

「売上げ達成」「信頼関係」「個人責任の営業」が営業の誇りを生む

トヨタと松下というわが国の代表的な二つの企業のケースを見ていて気づくことは、開発・生産部門と営業部門とは、あらかじめ利害が一致するようにつくられてはいないということである。むしろ両者は、対立含みで互いに切磋琢磨するようにつくられている。つまり、営業部門は、会社の重要な柱として、開発・生産に対抗する、その独自の論理を発揮できるようになっているのである。

そこで言う営業の独自の論理とは何か？　それは、「売れるか売れないかの市場リスク」を背負いながら、商品を売り込むことである。そのためには、お客さんの要望に徹頭徹尾、応えることが必要だろう。しかし、それは営業の活動の半分でしかない。もっと重要なのは、市場の創造である。お客さん自身も気づかない隠れたニーズを掘り起こすこと、成るか成らないかわからない未知の市場に踏み込んでいって開拓すること、これである。

こうしたトヨタと松下の営業体制は、日本企業の一つの典型であり、アメリカ流マーケティング概念では見ることのできないものである。第一に、営業部門は、開発・生産部門とともに、会社の柱となっていることである。アメリカのように、営業担当は歩合制で雇ってきて、マーケティング・スタッフの指令下に置いておけばよい、といったやり方とは違う。

第二に、それとともに、営業の性格も独特の色彩を帯びてくる。営業の唯一の基準としての「予算（売上げ）達成」、お客さんとのかけがえのない信頼関係、許される広い裁量範囲、そして、それにもかかわらず、組織に対する高い忠誠心、こうした要素が重要だろう。売りの責任を任された営業担当者は一人ひとり、予算責任を背負い、誰も代わりがきかない「お客さんとのかけがえのない関係」をつくり上げる。そして、組織内にも組織外にも、融通を利かせることができる営業担当者が有能な担当者として評価される。たとえば、住宅メーカーの営業担当者で、あるお客さんに住宅を販売した者がいるとしよう。その後、十年か二十年を経ると、そのお客さんから増改築のニーズが出てくる。そのとき、その営業担当者はすでにその部署を異動していたとしても、お客さんが追いかけて来て仕事を頼まれるということが起こりうるのである。かけがえのない信頼関係とはこうした関係をいい、組織の秩序を破るそのやり方を融通を利かすという。営業担当者としての誇りも、自分が会社を支えているという自覚も、お客さんの面倒を自分一人で最初から最後まで見続けているという、こうした体制の中に生まれる。

新営業体制――その三つのポイント!

しかし、こうした営業は大きく変化しはじめている。新しい営業体制のポイントは、①お客さんへの企業提案であり、②顧客満足プログラムであり、③組織の営業である。それは、次ページの図表に対比されるように、ここまで述べてきた伝統的な営業とは対照的な特徴である(石井淳蔵・嶋口充輝編著『営業の本質』有斐閣)。

[営業のインタフェイス]

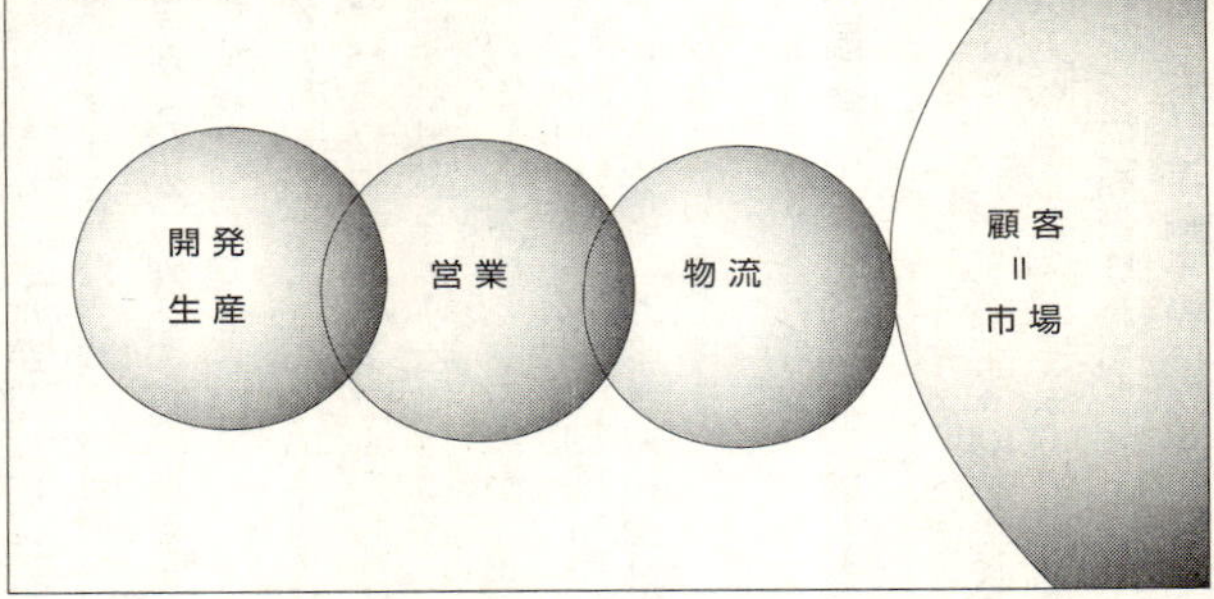

新しい営業体制では、営業担当者は、手持ちの商品をお客さんにうまく売り込んで売上げを上げることよりも、顧客の事業（消費者であれば、生活）上の問題を解決する企画提案をめざす。継続的に顧客の満足レベルが測定され、それが営業担当者の業績評価に結びつく。しかも、その課業の全部を一人の営業担当者が負うというのではなく、組織的に分担し合いながら営業活動を進めるというやり方が一般的になる。そのほうが、うまくやれば効率的であるだけでなく、お客さんの問題解決には適している。

たとえば、営業プロセスを、「お客さんの発見→お客さんへのアプローチ→成約→アフターサービス」といったステップに分けることができる。それにより、それぞれのステップごとに専門能力は高まる。たとえば、住宅メーカーの積水ハウスでは、お客さんを発見するのに「住宅展示場」という仕掛けを考えた。住宅が欲しいお客さんは、まず展示場にやって来る。来場したお客さんには名前を書いてもらい、それを「顧客データベース」

に蓄積する。何回か来場するお客さんをそれで識別して、それからおもむろに営業担当者がそのお客さんのところへ出かける。そして営業担当者が、お客さんに住宅の企画提案をするために、「納得工房」という、「お客さんと研究者が出会う研究所」をつくっている。ここでは、いろいろなタイプの浴槽や、防音設備や台所用具、各種住宅設備を体験することができる。それがきっかけとなって成約に結びつけば、あとは各地に設置された「カスタマーズ・センター」を中心に、住宅販売後の顧客ニーズ（改装、増改築、移転など）に対応する。このやり方にしたがえば、いろいろな営業手法をTPOに合わせて使い分けることができるだけでなく、人手も少なくできる。

別のタイプの組織的営業には、たとえば、食品会社のカルビーの方式がある。そこでは、生産現場におけるQC活動（品質管理活動）に似たチーム活動を組織して、お客さんである卸売業者や小売業者の問題解決を図っている。「商品の鮮度重視」と「小売店頭起点のマーケティング」を旗印に、それらのチームは、主要チャネルごとに生産から小売店頭に至る全プロセスを再検討して、過剰な在庫や物流のムダに関するデータを収集し、改善策を探り、お客さんの収益性（もって自らのマーケティング）を改善する提案を行なおうとしている。

「投機・仮需のビジネス」から「実需対応のビジネス」へ

九〇年代に入って、こうした新営業体制へとシフトしはじめたのには理由がある。一言で言えば、規模の経済性を追い求めた「投機・仮需のビジネス」から「実需対応のビジネス」へと、経営戦略の焦点が変化してきたためである。「実需対応」とは、最終市場での需要の動向に合わせて、生産・在庫・物流を調整するやり方である。それは、生産・流通における「小ロット化とリードタイム（発注から納品までの時間）短縮化」の追求というかたちとなって具体化する。こうした変化は、食品や日用雑貨業界だけではなく、アパレルや自動車、家電業界にも、はたまた住宅（機材）を含む産業財の業界でも起こっている。

新営業体制が生み出す目に見えないメリット

さて、こうした大きな流れの中にあって、新しい営業体制は、それまでの伝統的なそれにはない、いくつかのメリットをもつことが期待されている。効率的で、かつお客さんの問題解決という課題に応えることは、すでに述べたように重要なメリットであるが、それ以外にも目に見えないメリットも生まれる。

第一に、「顧客への過剰適応」を避けることができる。伝統的営業ではお客さんとの信頼関係が重視される事情はすでに述べた。「モノを売るより人を売れ」というセリフはベテランの営業担当者であれば、誰しもが口にすることである。それほどに、お客さんとの信頼関係がなければ、活動としての営業が成り立ちえないことが強調されてきた。

しかし、従来のやり方では、その関係を重視するあまり、お客さんへの過剰適応が起こる。

そのお客さんから稼ぐ以上の収益をそこへ投資したり、他のお客さんのところへ行けばもっと効率よく稼ぐことができるにもかかわらず、特定のお客さんにこだわってしまう。これに対して、新しい営業体制では、顧客満足プログラムや組織の営業という、いわば計算づくの「システム」に依拠しているので、過剰適応に陥ることはない。

第二に、新営業体制は、営業の知識を洗い直し、それを組織的に共有するきっかけにもなる。営業プロセスをステップに分けると、それぞれのステップごとに専門化が進み、その知識が深まる。このことは、先ほどの積水ハウスの例でわかるだろう。その結果、まず、営業の教育・研修がしやすくなる。人を適材適所に配置できるのだ。

また、営業の知識の洗い直しをすると、営業のプロセスが誰にも理解できる透明なものとなる。その分だけ、営業部長と担当者の間で、お客さんとの交渉の進み具合や起こりそうな障害について、分析・検討できるようになる。コミュニケーションが促進されるわけだ。それまでのように、営業プロセスが個人の営業担当者の秘密の世界の中にあれば、営業会議を開いても、

「どうだ、何とかなりそうか?」（営業部長）
「ええ、難しいですが、何とか予算だけは……」（担当者）
「そうか、まあ、がんばってくれ」（営業部長）
「はい、がんばります」（担当者）

で終わってしまう。このような極端に少ないコミュニケーションの言語の世界から見れば、

大きな発展である。

第三に、新しい営業体制が進むにつれ、「営業は誰にでもできる営業」に変わる反面で、営業の新しいヒーローが生まれる。作業が標準化・専門化する中で、個人的な魅力や能力を発揮する場所はなくならず、むしろ創造的な力を発揮できるようになる。なぜなら、新しい営業活動は、工場現場におけるQC活動と同じように、お客さんの問題解決を図る活動に変わるからである。ときには、工場現場以上に臨機応変なやり方が要求される。しかしながら、このことが同時に新体制の難しさとなって表面化する。

新営業体制にはメリットも多いが課題も少なくない!

新体制には多くのメリットが期待されているが、課題も少なくない。その第一は、「営業システムの売り込み」が必要になることである。組織的なシステムを通じて商品を売る前に、お客さんに新しいシステムに馴染んでもらわなければならない。いわば、商品を営業する前に、営業のシステムを売る必要がある。

第二に、工場現場であれば、ある工場・工程での成功事例は別の工場・工程でも生かすことができる。しかし、営業はそうはいかない。営業では、お客さんという人や組織が相手だからだ。相手によって、あるいは同じ相手でも責任者が変われば、やり方は違ってくる。このため、一つの成功がそのまま次の成功を保証しない。営業は、そのため、いかにシステム化されようと、常に「学習する組織」「いつも未解決な問題を抱えている組織」とならざるをえない。

第三はリスクの問題である。新体制の基盤である実需型ビジネスでは、小ロット化とリードタイム短縮化をめざすことで在庫リスクは軽減する。しかしそれでもなお、ビジネスのリスクは残る。いくら「注文を受けてから生産する体制」を完成させたとしても、注文に先だって工場を建設し、人を雇い、原材料を購入する以上、それら資本の稼働率の向上が不可避であり、ときにはそのために「売り込み」をかける必要が出てくる。それは、「投機型」営業にほかならず、それが組織を蝕んでくると、実需型ビジネスが有名無実になる。それを避けるために、いろいろな工夫がいる。たとえば定番と特売に分けて受注生産と見込生産を巧みに組み合わせるやり方、顧客に対する受注数量は早く決めることを要求するが、具体的な製品スペックに関しては納期ぎりぎりまで待つやり方などは、その工夫の例である。

インタフェイス・マネジメントが勝敗の鍵を握る!

現代の経営戦略の重要な課題の一つは、実需対応の仕組みづくりにある。小ロット化とリードタイムの短縮化が進み、営業に革新の波が押し寄せるのはそのためである。営業革新についてはすでに述べてきたが、最後に一点、強調しておきたい。それは、営業活動の実力は、巷間言われるところの「営業力」(営業部門の規模や、営業担当者の融通をつける強さに言及する）によっては測定されないことである。むしろ営業と開発・生産・物流という他の主要機関群とのインタフェイス、さらには顧客とのインタフェイスを、どうマネジメントするかが重要である（P252の図参照）。インタフェイス・マネジメントには、情報を共有し合ったり、流れを同期化したり、相互に相手の問題を解決し合うといったことが含まれる。そうしたマネジメントの巧拙こそが、これからの競争優位を競う焦点になるだろう。

「ビジネス競合情報」という新理論

国際舞台で企業の生き残りを決めるCIA流情報戦略とは何か⁉

中川十郎（東京経済大学経営学部教授）

世界は冷戦終結後、共産圏、自由主義圏の壁が崩れた。その結果、国際マーケットはこれまでの自由主義圏の十億人市場が四十億人市場に拡大し、メガ・コンペティション（巨大競争）時代に突入している。このようなグローバルマーケットで競争優位を保持するためには、情報ネットワークで結ばれる国際市場で、情報をいかに収集し活用するかという情報戦略が不可欠である。

歴代CIA（アメリカ中央情報局）長官で、経済情報の重要性を初めて説いたのは、カーター政権時代のスタンフィールド・ターナーだと言われている。彼は国防情報や軍事情報よりも経済情報が、アメリカの国防と国家安全保障に重要になるとして、情報戦争時代の到来を予言した。そしてその後、フランスやドイツのみならず、中国やロシアでも技術、経済、産業情報を全力で収集するよう国家レベルで指示するようになり、いまや情報がオンラインで自由かつ大量に入手できるインターネット時代への突入によって、世界中が入り乱れて情報戦争の真っ只中にある。

今後の情報化社会の企業経営には、「ビジネス競合情報」システムの構築が企業の存亡を賭けたカギとしてきわめて重要である。「ビジネス競合情報」は日本ではまだ目新しい言葉だが、世界の情報機関、とくにその代表たるCIAの、競争相手国の情報収集や分析の手法を民間ビジネスに活用しようというものだ。

欧米の「ビジネス競合情報」戦略とは、どんなものか?

米国では一九八六年にCIA流の競争相手国の競合情報の収集、分析の手法をビジネスに応用するためにSCIP(Society of Competitive Intelligence Professionals—競合情報専門家協会——筆者訳)が設立された。その設立にあたっては、米国の諜報機関、学界、実業界、シンクタンクなどの情報専門家が中心的な役割を果たした。この協会は十年を経た一九九七年末には、会員数六千人、四十五カ国に支部を擁するまでに急成長した。また冷戦終結後は、とくにCIAや国防総省などの諜報関係者が数多く参加している。

この協会は当初、会の名称に Competitor を冠したように、競争相手の情報を収集し、いかに企業の経営戦略決定に役立てるかを主体に研究してきた。米国諜報共同体(Intelligence Community)の年間予算は約三百億ドル(一ドル百三十円換算で三兆九千億円——日本の国防予算に近い)である。CIAは、そのうちの一〇%を割り当てられている。SCIPは、CIAが冷戦時代の敵対国・競争相手国であるソ連、中国などに対して行なったCIA流の情報収集・分析の手法を民間ビジネスに活用することを研究している、まさに世界最大のビジネス競合情報研究機関である。このように、インテリジェンス(諜報)の民営化が行なわれつつあるのだ。

英国でも九二年に、国際ビジネス競合戦略情報の研究のためにAGSI(Association of Global Strategic Information——グローバル戦略情報協会——本部=ロンドン、会員二百名)が設立され、活発な研究活動を行なっている。

一方、九六年にはスイスにＧＢＤＡ（Global Business Development Alliance――グローバルビジネス開発連合――本部＝ジュネーブ、会員百名）が設立され、ビジネス情報、国際人脈活用による国際ビジネス開発の研究をしている。

欧米だけでなく、オーストラリアや中国でも同じような研究がすすんでいる。ちなみに中国では九五年、中国科学技術情報研究所傘下の四百以上の研究機関ネットワーク（二万人）が中国競合情報協会を設立した。

どうやって諜報情報をビジネスに適用するのか？

こうした研究機関は、いずれも諜報情報のビジネスへの適用をめざしている。つまり、

①競争相手の企業、産業、政府、国家の情報を入手し、自社の経営戦略決定に役立てる

②環境情報（技術、政治、経済、社会、文化など）の収集・分析を行なう

③変化の監視――変化する経済環境全体を追跡し、変化のトレンドを把握する

④さらに原料の供給業者、供給国、競争相手会社、海外市場の動向を監視する

などを目標に、情報を総合的に収集・分析し、企業の経営戦略目標を達成することをめざしているのである。ビジネス関連情報の収集と分析を担当するビジネス競合情報システムの構築が必須の時代となってきているのだ。そこでは、収集した情報を関連づけ、結合し、トレンドを見抜く戦略策定が必要である。こうしてインテリジェンス（諜報）は、知識を経営トップの執行者に提供する経営手法となりつつある。その情報収集のためのビジネス・インテリジェンス・システムは、国家のインテリジェンス・サービスよりもさらに大規模になり、より効率的になるとみられる。

ＣＩＡの元国家情報評議会副議長のハーバート・マイヤーは、ビジネス・インテリジェンス

図1　競合分析法

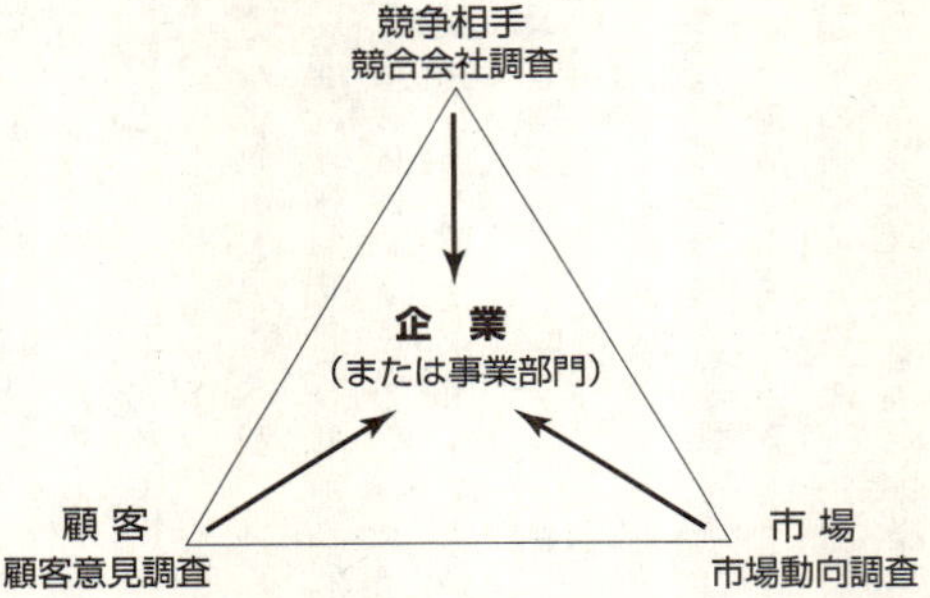

“企業を取り巻く競合状況を三つの視点からとらえる”
（Markowitz & McNaughton,Inc.,Virginia より）

を「組織化された情報で、選別され、収集されるだけでなく、分析され、特定企業のユニークな政策決定のニーズを満たすために伝達される情報」と定義している。

そのためには、企業自身の進路、前方の危機や機会を識別し、対策をとれるようにし、情報を企業戦略決定に役立てられる情報分析力が大切である。しかし我が国の企業の情報分析力は、欧米にくらべ弱い。したがって今後、情報分析能力の強化・拡大に力を入れることが望まれる。欧米ではＣＩＡの手法を活用し、情報を組織化してインテリジェンスに加工し、これを経営の手法に転換すべく努力しているのだ。その手順は、

①適切な情報と不適切な情報を選り分ける
②情報を選別し、収集する
③収集した情報を加工する
④加工の成果―結論、判断、見通しをまとめ、報告し、経営幹部の政策決定に役立てる

というものである。このように、情報の選択、収集、加工、報告の四段階を経て、はじめて情報は価値が出てくる。

ところで情報には、

①公的情報
(Public Information)

②私的情報
(Private Information)

③秘密情報
(Secret Information)

の三種類があるが、ビジネスにおいては秘密情報、つまりスパイ情報には決して手を染めてはならない。情報の収集には倫理的配慮が不可欠である。

米国クリントン政権は、九六年十月に画期的な「経済スパイ法」を公布し、他国に利するための経済スパイには個人で五十万ドルの罰金、懲役十五年、そして組織や企業には罰金一千万ドルというきわめて重い刑罰を科すことにした。外国の政府や機関、企業や個人による企業機密情報の不当な入手の防止に力を入れはじめたのである。

ＣＩＡ関係者によると、必要情報の九七パーセントは公的情報と私的情報から入手できると言われている。ビジネス情報入手には、不正手段やスパイは必要ないことを銘記すべきである。

大切なのは、三パーセントの秘密情報の入手よりも、必要な情報が入手されているか、情報に重複はないかなどの情報監査(Information Audit)のほうだろう。要するに、情報を活用し、自社と自社の競争相手が置かれている環境全体をもっともよく把握する会社が勝利者となるのだ。

マイヤーは、インテリジェンスとビジネス・インテリジェンス・システムは、九〇年代の経営手法を一変させる革命的システムであると言っている。企業・組織競争の最大の武器は未開発資源の「知的資本(Intellectual Capital)」である。「知的資本」とは「情報」「知識」「知恵」にほかならない。「知的資本」こそ、二十世紀の「機械」「財務資本」に代わる二十一世紀の「企業の資産」となる。二十世紀の「物流」よりも「情報流」を生み出す「データ」や「情報」が、「利益」に最大のインパクトを与える要因となるだろう。

CIA流の競合情報研究が主体のSCIP

SCIP（競合情報専門家協会）の国際大会には、毎年約二千人もの情報の専門家が世界中から参加している。

参考までに、九八年三月に行なわれるシカゴの第十三回大会の主要な研究発表の分野を紹介しよう。

・国内外の競争相手の秘密を探り出す方法
・競合情報の戦略的分析
・グローバル企業調査法
・競合情報の戦術から戦略への方向づけ
・パテント情報を活用し競争優位に立つ方法
・競合情報システム構築法
・日本の競合情報
・競合情報防御作戦と対抗手段
・競合情報の販売とマーケティングへの適用
・インターネットとイントラネット技術の解明
・競争相手の将来動向の予測
・競合マーケットと競合情報
・競争相手の科学・技術力の分析
・グローバル競争のためのグローバル競合情報
・戦略的競合情報部門の設置

依然としてCIA流の競合情報研究が主体であることがよくわかるだろう。

欧米で登場しつつある「競合情報」コンサルタント

ビジネス開拓、企業再構築、戦略的企業提携、企業買収、企業進出などの競合情報コンサルタント会社が欧米で出現しつつある。これらの会

図2　競合情報処理機能概略

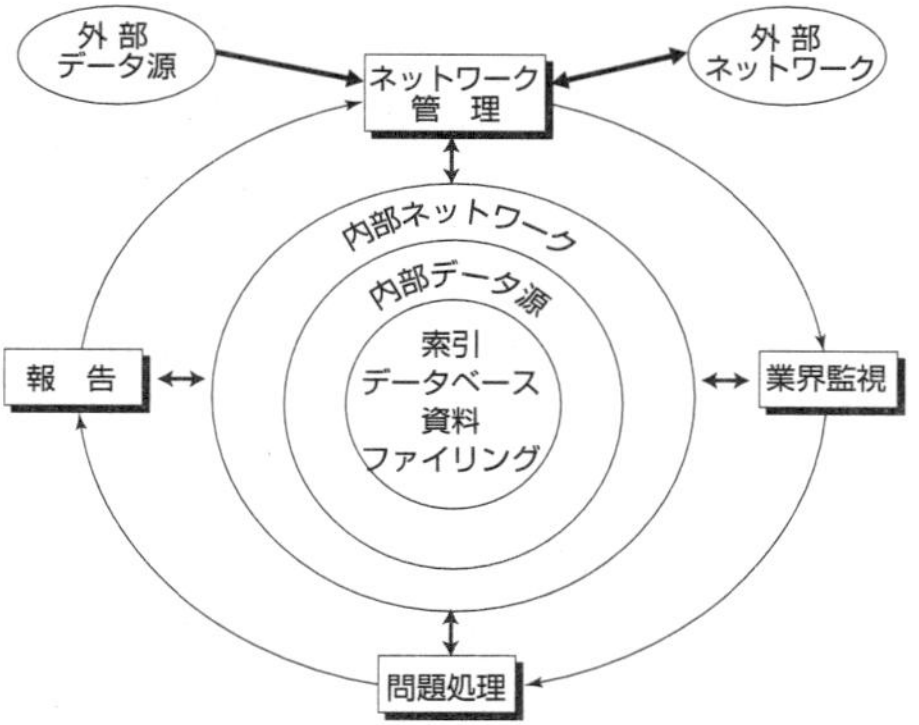

(Kirk Tyson "Competitive Intelligence for CEO" [Chicago,1997]より)

社の競合情報の手法を活用したサービス内容も紹介しよう。

・ビジネス競合情報の収集・分析（市場動向、競争相手企業を実態調査し、その業績や戦略を判定する）

・ベースライン評価（主要な競争相手の売上げ、利益、マーケットシェア、技術革新の度合いなどを数値化し、各競争相手の位置づけ、ランキング付けをし、競争相手を追跡する）

・ベンチマーキング（業界のエリート企業や競争相手などに基準を定め、自社のパフォーマンスを比較測定する――原材料、労働、販売、研究開発、製造コスト、品質、購買、広告）

・顧客の意見、ニーズの調査

・競争相手の顧客の脆弱性評価

・新事業・新製品の可能性判定（市場参入の可否決定、競争相手の戦略、顧客のニーズ、新分野の成熟度、利益、成長速度、代替製品など）

・企業買収、合弁事業、提携先に関する情報入手
・競合情報教育

こうした情報サービスの提供によって、企業経営戦略決定に貢献しつつある。

隆盛するCIA流ビジネス・インテリジェンスの研究・教育機関

欧米の課報部門、実業界、学界などでのビジネス競合情報研究の積極化に呼応し、海外のビジネス・スクールではCIA流ビジネス・インテリジェンスの有効性が認められつつある。とくに、七二年に世界で初めてビジネス・インテリジェンス研究の必要性を唱えたステバン・デテイエル博士のいるスウェーデンのルンド大学は、学部ならびに大学院でビジネス・インテリジェンスと情報の機密保持の講座を設け、ビジネス・インテリジェンスの修士、博士号も授与する情報先端経営大学院がある。以下アメリカ、フランス、スウェーデン、オーストラリアの研究・教育機関、ならびにビジネス・スクールでのインテリジェンス教育の現状を紹介しよう。

[アメリカ]

【競合情報アカデミー(Academy of Competitive Intelligence)】

九六年、ラトガース大学大学院のベン・ギラード準教授と元CIA課報官ジャン・ヘーリングがニューヨークに設立した。学生や企業人に競合情報教育を行なう。あわせてCIA課報官の教育も行なう。このほかにアメリカでは、国防情報大学でも軍事やビジネス情報教育を行なっている。

【ラトガース大学経営大学院】

アメリカにおける競合情報教育の中心的存在である。ここでは、そのカリキュラムの一部を紹介しておく。

・競合情報の分析――理論と実践を重視――ケース・メソッド活用

・経営戦略と競合戦略

・ケーススタディ——コダック対ポラロイド、GE対Westing House、ほかに医薬品業界、自転車業界、食品業界の競合状況の研究を行なう。さらに米国企業の情報戦略、競合分析、環境分析と戦略決定。競争優位のための効果的情報システムの構築法、意思決定支援システムの研究。米国多国籍企業の環境スキャン実践。上級管理職の思考法研究。経営トップの情報ニーズ分析

・入手可能な情報と情報源の活用法、情報収集法。データベース、情報システム、ネットワークの活用。市場と顧客情報、技術情報、生産性情報。実験、検索。文化、政治、社会環境情報。グローバルビジネス競合情報システムの研究

[フランス]

【経済戦争学校（Ecole de Guerre Ecconomique-School of Ecconomic Warfare)】

ハーブロ氏がパリに九七年に設立。もっか企業の部長クラス三十一人が、世界市場のシェアを確保するためのグローバル戦略思考法や、必要な情報の九七パーセントは秘密ではないとの認識のもとに、競合情報を学んでいる。また、この学校はフランス国防省と関係ありといわれている。

ギーラボウリ提督（湾岸戦争時の海軍司令官）による「戦争——軍事から経済へ」、またジーン・ピコ・ダクロス大将（元国防情報大学校長で、諜報のエキスパート）による「諜報サービスから経済分野へ」といった講義が行なわれている。ここではフランスやヨーロッパの競争相手国であるアメリカ、日本、韓国をターゲットに競合情報戦略を教える。

[スウェーデン]

【スウェーデン・ビジネスインテリジェンス・センター（Sweden Business Intelligence Center)】

図3　競合情報処理システム

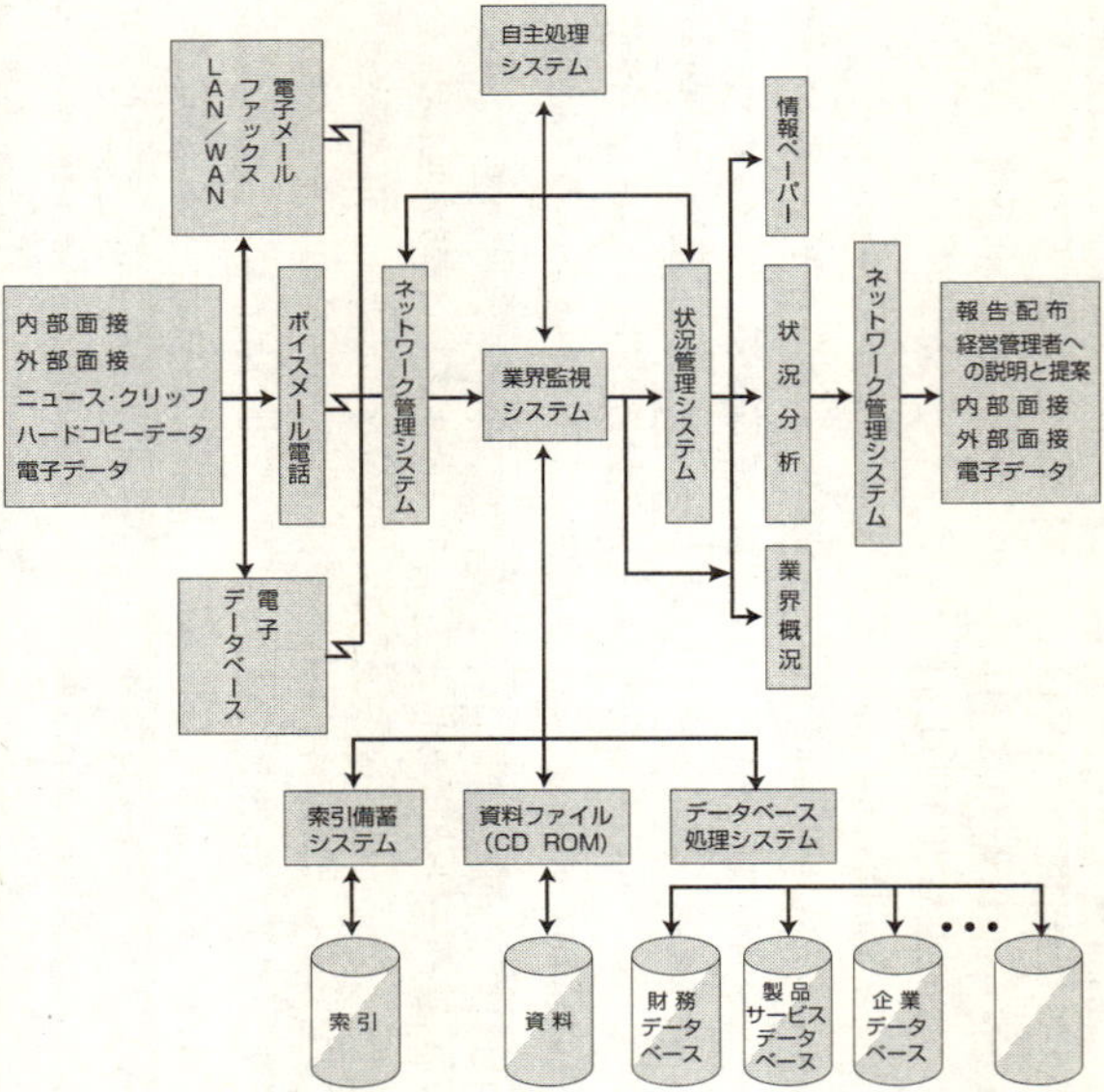

(Kirk Tyson "Competitive Intelligence for CEO" [Chicago,1997]より)

九七年にストックホルムに設立された。このセンターは産・学・軍の共同で情報戦争に備え、情報研究を積極化している。

【ルンド大学】

この大学における「ビジネス・インテリジェンスと機密保持」の履習は五単位。それによりビジネス・インテリジェンスに関連する理論と実践の知識を学生に提供する。

また、講義では全般的な産業分析、競合分析、企業情報システム、組織内の知識移転問題も取り扱う。以下はその特徴的なカリキュラムの一部である。

〈理論〉

・ビジネス・インテリジェンスの歴史と目的
・戦略、マーケティング、金融、組織学習の関係
・組織の外部環境
・インテリジェンス活動のモデルとしてのインテリジェンス・サイクル
・インテリジェンスの必要性とその活用法――情報検索のための情報源、情報の貯蔵、分析、プレゼンテーション
・法律面ならびに倫理面の問題点
・認知、組織面、政治面の機会とその限界
・経営概観、見通し、位置、展望

〈客員講師の招聘《しょうへい》〉

企業の情報分析専門家が企業でビジネス・インテリジェンスを実際にいかに活用しているかを講義し、学生と討論する。

〈ケーススタディ〉

学生はインテリジェンス問題の解決法を研究し、実践的な調査を行なうことを義務づけられている。

［オーストラリア］

【シドニー工科大学経営大学院】

「グローバルビジネスと競合情報――世界的な競争力を高めようとする企業にとって、競合情報の活用は必須である。企業は急激に変化する

打ち勝っていくための人材育成の鍵であるはずだ。

環境を継続的に監視すべきであるが、伝統的な経営情報システムは地球規模の機会や危険を追跡できない。またあまりにも多量の情報を提供しすぎ、意思決定者を混乱させている。ここに『知的情報――インテリジェンス』の提供の必要性がある」との理念から講座を開いている。

日本でもビジネス競合情報教育の早期実現を!

このように、欧米の大学では早くからビジネス情報、競合情報の研究や教育が行なわれている。さらにこれら情報の収集、分析、活用について、CIAなどの先端情報処理手法を導入し、ソフト面からも現実ビジネスへの応用・活用の研究や教育が真剣に行なわれている。

今後国際競争激化のおりから、我が国としても、大学の学部段階から国際ビジネス競合情報の教育が必要と思われる。その早期実現こそ、情報化時代、インターネット時代の国際競争に

研究開発における企業間の競争と協同の実態

ライバルは最大の友人である

佐々木利廣（京都産業大学教授）

馬場のぼるの『11ぴきのねこ』という絵本がある。どらねこ大将を筆頭に十一匹のネコたちが、山一つ越えた湖にいる大きな魚を生け捕りに行く。最初はまったく歯が立たないが、子守歌で眠ってしまった魚を捕まえるまで十一匹のネコはお互いに協同する。そして運よく生け捕りできた魚を家まで持ち帰る間に、全部食べてしまったというお話である。協力関係にあったネコたちも、最終的なパイの取り合いの場面では競争相手となるのである。

こうした物語は、企業と企業の間でも頻繁に見られる。すなわち、企業と企業は、パイをつくり出したり大きくしたりするときには補完的な関係にあり、パイを分け合うときには競争相手となる。

アメリカン航空、デルタ航空、コンパック、デル、インテルという五つの企業を例に考え

[価値相関図]

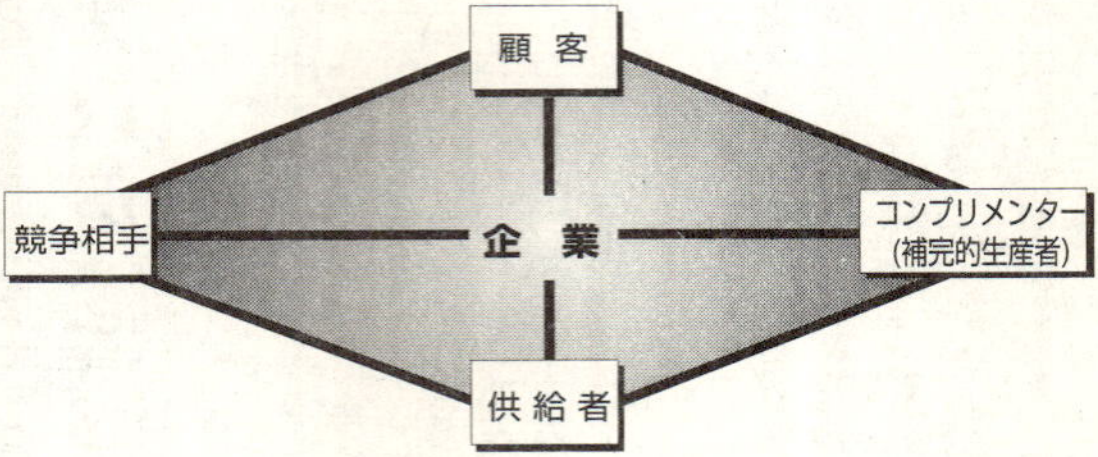

『コーペティション経営』から引用

てみよう（ネイルバフ＝ブランデンバーガー『コーペティション経営』）。航空会社のアメリカン航空とデルタ航空は、乗客や空港設備の利用をめぐってはお互い競争しているが、ボーイング社に次世代旅客機の開発を委託するときには補完的関係になる。ハードウェアメーカーのコンパックとデルは、インテルの新しいチップの供給をめぐっては競争関係にあるが、次世代チップの開発にかかるコストを負担するときには補完的関係になる。

さらにインテルは、自ら開発したデスクトップコンピュータ上に乗せるビデオ会議システム（プロシェア）をコンパックのビジネス用パソコンすべてに組み込むという契約を結んでいる。この高性能処理能力を必要とするビデオ会議システムは、パソコン市場で優位に立ちたいコンパック、より大きな処理能力を必要とするアプリケーションを望んでいるインテル、それに大量データの移送に対する需要増加を望んでいる電話会社の三社の目的を満足させる。三社は補完的関係になったわけである。

さらにこのビデオ会議システムの普及が出張に取って代

わるようになると、インテルとアメリカン航空は競争相手の関係にもなることになる。

ゲーム理論から競争と協力のあり方を論じるネイルバフ＝ブランデンバーガーは、ビジネスにおけるプレイヤーの役割と、それぞれの間の相互関係を考えるための「価値相関図」（P272の図参照）を提起している。前のケースからいえば、アメリカン航空とデルタ航空は同じ産業に属する企業ということで当然競争相手であるが、前述のように異なった産業に属するインテルとアメリカン航空も場合によっては競争相手になりうる。さらに、インテルが開発したパソコンを使ったテレビ電話会議システムをソフトとして内蔵したコンパックは、インテルにとってコンプリメンター（補完的生産者）の役割を果たすことになる。

垂直軸では、インテルにとっての顧客はコンパックやデルなどのハードウェアメーカーであるし、供給業者は半導体の原材料メーカーになる。このようにビジネスというゲームにおけるプレイヤーは、同時にいくつもの役割を演じていることがわかる。

さらに彼らは、それぞれの企業がみずからゲームをデザインするために、ゲームを構成する五つの基本的要素を提案している。すなわちプレイヤー（Players）、付加価値（Added Values）、ルール（Rules）、戦術（Tactics）、範囲（Scope）の五つ、略してＰＡＲＴＳ（パーツ）である。この基本的要素を変更することで、ゲームそのものを異なったものに変えることができる。

ライバル企業は最大の友人である

このように同一業界の競争相手と考えられてきた企業が協力相手となることもあれば、逆に協力相手が競争相手となることもある。競争相手は協力相手でもあることを見事に実証してみせたのは、マサチューセッツ工科大学（MIT）のフォン・ヒッペルという研究者である（ヒッペル『イノベーションの源泉』）。彼は、ライバル企業で働いているエンジニア同士が、独自のノウハウ（情報）を日常的に非公式的に交換し合っていることを、アメリカの小型製鋼メーカーをケースに見事に描いている。たとえば、ライバル企業の労働者を無償で教育したり、自分の企業の社員をライバル企業に派遣し、設備の立ち上げの手助けをすることさえあるという。そして、このライバル間でのノウハウの取引こそが、企業のイノベーションにとって決定的に重要なメカニズムだという。「ライバル企業こそが最大の友人」であることを実証してみせたのである。

地上ではライバル企業同士が競争し合っているように見え、そして実際に熾烈《しれつ》な競争がくりひろげられているわけであるが、地下に潜ってみると無数の情報パイプラインがライバル企業同士を結んでいることがわかる。その情報パイプラインの仲立ちをしているのは原材料メーカーや製造装置・部品メーカーであったり、総合商社であったり、卸小売であったりする。業界や政府機関であることもある。またヒッペルの研究のように企業内技術者やエンジニアがシードネットワークを形成しているケースもある。

このような競争と協同の実態を研究開発の面から考えてみようと調査を始めたのは一九八九年のことだった。八〇年代前半までの米国であれば、ライバル企業同士が共同で研究開発をしようものなら、すぐに独占禁止法違反で訴えられると相場は決まっていた。当時、まさに共同は悪であり競争こそが善であるという思想が大勢を占めていた。しかし一九八四年に反トラスト法の「共同研究開発に対する規制」を緩和する画期的法律が制定された。この「全米共同研究開発法」によって、あらかじめ設立目的や構成組織を連邦取引委員会に届けていれば、実質的には複数企業の共同研究開発が可能になるという環境が整ったのである。

ライバル企業が一丸となってゴールを決めた日の丸コンピューター計画

米国の大学図書館で刻々と開示された政府官報を一つひとつしらみつぶしに当たりながら共同研究開発のデータベースを作成しているときに聞いたことは、日本の共同研究開発に関する見事なまでのサクセス・ストーリーであった。「日本企業は、ライバル企業でも一糸乱れぬ一枚岩となって外圧に対抗することができる」「日本にはいちどコンセンサスをえると、みんなが一丸となってナショナル・ゴールを達成できる風土がある」といった評価である。とくに超LSI技術研究組合という共同研究開発は、俗に「日の丸コンピューター計画」と呼ばれ、米国からカルテル行為だと批判されるほど大きなインパクトを与えた。

この研究組合は、通産省のイニシアチブで東芝、NEC、日立、富士通、三菱電機の五社が集まり、一九七六年から四年間総額約七百億円（うち三百億円は補助金）で64MDRAMのための生産技術を共同研究開発するというプロジェクトである。契機になったのは、IBMが第四世代コンピュータFS（フューチャー・システム）用の電子素子に、超LSIを開発中であることが明らかになったことである。

この超LSIプロジェクトでは、米国からの黒船に対して日本のコンピュータ・メーカー五社と政府が共同研究所で一致団結して千以上の特許をはじめ多くの共同成果をあげたともいわれる。しかしマーティン・フラシュマンやスコット・キャロンなどの最近の研究が明らかにしていることは、参加企業は一枚岩などではなく、呉越同舟（仲の悪い者同士が同じ場所に居合わせる）と形容すべきであるし、ライバル企業間の協同と競争が微妙なバランスでミックスされていたという事実である。たとえばライバル企業の手の内がある程度わかるが、ある程度以上はわからない状態というのがいちばん競争心をあおられるというが、まさに技術研究組合というのは、この競争と協同をあわせもった非常に日本的な場であるといえる。そしてライバル企業を集めて、一時的にでも共同研究開発の場に乗せるためにさまざまな工夫が試みられた。根橋専務理事による「赤提灯ノミニケーション」の場を通じての研究者間の壁の克服なども、よく知られた逸話である。

またキャロンらは、通産省とNTTや郵政省、さらには通産省と文部省や科学技術庁との間での根強いライバル意識が背景にあったことも明らかにしている。たとえば通産省が超LSIプロジェクトを開始したとき、郵政省やNTTもほとんど同じプロジェクトを組織しているのである。

さらに超ＬＳＩプロジェクトの共同成果である特許は、このプロジェクトに参加できなかった沖電機やソニー、シャープにもライセンスされた。もちろん参加した企業五社は技術も平準化し、技術レベルではほとんど差がなくなった。このように十社を超えるコンピュータ・半導体メーカーの間に技術面でのハンディをなくし、横一線に並ぶまでは企業間の研究開発面での協同を促進し、同じスタートラインについてからは設備投資や製品シェアの競争を強調するというのが日本的スタイルだった。最近の小学校の運動会の徒競走は、昔のように背の順に何人かずつ走るのではなく、前もってタイムを計り同じレベルの生徒が競い合えるように工夫されている。日本の研究開発における協力と競争の関係もこれに近い。さらに優劣平均のために、優者に不利な条件を負わせるハンディキャップが付け加わることもある。

「金持ちクラブ」の米国、「アメとムチ」の韓国

日本の超ＬＳＩプロジェクトの成功に刺激されて、米国でも同じようなプロジェクトが立ち上げられた。その代表格がセマテックである。一九八八年、ＡＴ＆ＴやＩＢＭ、インテルなど米国を代表する企業十三社（後に十一社）が、64ＭＤＲＡＭのための製造技術を開発するためにテキサス州オースチンに共同研究施設を建設した。これまで約二百七十億円以上（うち半分は政府補助金）を投資し、途中脱退した中堅企業からは「大企業の金持ちクラブ」

と揶揄《やゆ》されながらも、一定の成果を上げたと評価されている。
その成功の鍵は、皮肉にも参加企業間の水平的な協力関係をあきらめ、半導体製造装置メーカーの国際競争力を高めることへとミッションを変更できた柔軟性にあったといわれる。技術上の成果よりも、ICメーカーとその供給業者との関係を改善したことがセマテックの功績だというわけである。共同研究開発というタテマエを保ちながらライバル企業が手をつなぐには、「供給業者を強くするためにまとまろう」という錦の御旗が最適だったのかもしれない。

事実、セマテック設立後の一九九二年には、米国の半導体シェアは日本を逆転し、製造装置メーカーのシェアも再び五〇%を超えた。米国は半導体という産業の米を、官民一体で大きく育てることにいちおうは成功したのである。

まだよく知られてはいないが、韓国にも日米と同じような共同研究開発のための組織がある。ソウル市良才洞《ヤンジェドウ》にある韓国半導体研究組合は、外見の古めかしいビルからは共同研究開発の拠点とはとうてい思えない。しかし三星電子、現代電子産業、LG（金星）半導体など十三社が一九八六年から約二百七十億円（半分は政府補助金）を投資し、4M・16／64M・256MのDRAM製造のための技術を開発するという長期的プロジェクトであった。

この韓国半導体研究組合はその内部に研究施設をもたず、参加企業がそれぞれ開発チームを走らせ、頻繁に開かれる技術移転委員会によって成果の共有をはかるという方式をとっていた。実質的リーダーである崔 鍾 必《チエジヨンピル》専務理事は、日本や米国のケースはほとんど参考にしたこともなく、自ら経験しながら学んでいったという。いちばん苦労したことは、企業が共同で何かをするという経験に乏しく、企業間の技術ギャップ（三星とLG・現代）が大きい組合企業が一つになることだった。組合が一つになれた最大の理由は、共同しなければ政府からの支援はないぞという脅しと、各企業の相対的シェアよりも自分の会社のメリットを考えなさいという態度で説得したことだという。「アメとムチ」をうまく使い分けた崔氏ならではのマネジメントである。

またプロジェクトのマネジメントにおいても、韓国財閥のライバル意識や競争意識をうまく活用している。人材に関しては、三星、LG、現代いずれも各財閥のプライドを賭けて第一線級の技術者を選んだことで、これ以上は望めないほどの人材が揃った。さらにこの技術者たちは、米国で相互交流のあった人びとばかりであった。さらに各企業の開発チームが上げる成果に応じてプロジェクトの予算も決まるというインセンティブ方式を採用したことで、企業間の競争意識はいやがうえにも刺激された（この方式は後に廃止）。

他方では、共同研究開発の運営上のルールや手続きをまとめたノウハウブックを作成したり、多種多様な公的委員会を頻繁に開くことで情報の交換や共有をはかってきた。たとえば作業グループでの技術交換委員会は三十カ月に六十七回も開かれている。

官主導型運営で韓国三大財閥の中核企業が、お互いに競い合いながら協力し合うことで成果を上げてきたプロジェクトも、九三年がターニング・ポイントになった。九三年までの4M・16／64Mプロジェクトでは政府と韓国電子技術研究所がリーダーだったが、九三年以降は民間主導型に変化してきている。政府や韓国電子技術研究所の役割もリーダーからサポーターへと変化した。今後十年間は、学会や研究機関との連携を密接にしながら産業インフラの一つとしての人材育成が求められるだろうと崔氏は指摘する。

競争＋協力＝「コーペティション」

七〇年代から八〇年代にかけて、日米韓で奇しくも同じようなライバル企業同士の連合体（研究開発コンソーシアムとよばれる）が現われた。もちろんＥＣレベルでも共同研究開発が盛んであるが、その目的は国境を越えての優秀な人材の移動や交換であり、個人レベルでどれぐらい新規な研究開発が可能かという点に重点がおかれているようだ。いずれにしても、共同研究開発の場をいかにマネジメントするかについて、大量のデータとケースにより国際比較をやろうというのが私の目下の関心事である。

もちろん、企業間で競い合い協力し合う関係というのは研究開発に限らない。一九八四年二月にトヨタとＧＭが五〇％ずつ出資して設立した合弁企業ＮＵＭＭＩの交渉過程を詳細にフィールドリサーチした『巨人たちの握手』（佐藤正明）は、トヨタとＧＭという日米のライバル企業がそれぞれの思惑を秘めながらさまざまな障害を乗り越え紆余曲折を経ながら最終的合意にまで漕ぎ着ける過程をノンフィクションとしてまとめたものである。

企業間には競争しかなく、競争こそが活力を生みだす源泉であると考えると、ヒッペルの研究、共同研究開発、NUMMI設立までのフィールド研究には違和感を覚えるかもしれない。しかし企業は競争と協力を同時に行なうものであり、協力（cooperation）と競争（competition）という本来両立しえない言葉をつなぎ合わせたコーペティション（co-opetition）という造語を使う経営者も多い。まさにナイネックス社社長が言うように、今日は競争相手であり、明日は忠実な顧客であり、明後日はユーザー（買い手）であり、その翌日は協力者であるというのがコーペティションである。

「開発インフラ」の理論

持続的な製品開発力は、どうしたら生みだされるのか？

延岡健太郎（神戸大学経済経営研究所教授）

優れた企業とは、高い業績を持続できる企業であることに異論はないであろう。しかし、企業の製品開発に関しては、個々の製品の成否やヒット商品が話題になることが多い。ヒット商品を出した企業が、必ずしも持続的な競争力をもった企業であるとは限らない。サッカーのようなスポーツでも、ある試合で勝ったチームが、必ずしも強いチームではないのと同じである。重要なのは、ひとつの試合の勝ち負けよりも、強いチームの条件とそのつくり方であろう。経営学の領域でも同様に、ひとつのヒット商品に関する理論よりも、製品開発に関して強い企業とは何か、またその条件は何かという視点が重視されるようになってきた。

ヒット商品を開発した企業はかえって危ない!?

実際に、ヒット商品が単発の成功で終わってしまい、その後は壁に直面する企業が多い。さらに言えば、ヒット商品には危険性さえも潜んでいる。ヒット商品が生まれたことによって、それを開発した企業は自社の能力を過大評価してしまうことがある。また、ヒット商品によって、特定の市場や産業のトレンドを見誤る場合もある。なかには、たまたま流行にのってしまっただけのヒット商品さえもある。自社の能力や市場を過大評価してしまったために、本当に必要な組織革新や能力構築に後れをとってしまう企業も少なくない。とくに近年の環境変化を考えると、個別製品の成否に一喜一憂するような製品開発では、リスクが高いばかりでなく、企業としての競争力を継続することはむずかしい。また、ひとつの商品開発に社運をかけても、売れる商品を確実に開発することもむずかしい。さらに、たとえ成功しても、それが持続的な業績に直接的には結びつきにくい。

その理由としては、第一に、製品開発の成否に関する不確実性が高まっていることがあげられる。売れる商品を正確に予測することは不可能に近い。たとえば、「たまごっち」や「プリント倶楽部」にしても、あれだけ売れることを予測できた人はほとんどいなかったであろう。製品のハードに関する基本的な機能以上に、ソフト的な情報価値が商品の売れ行きに大きな影響をもっていることが、不確実性の一因となっている。生活に必要な最低限の機能はすでに満たされており、今後もソフト的な価値基準の複雑化にともなって、この傾向はいちだんと進んでいくだろう。

第二に、製品のライフサイクルが短縮し、企業が次々に新製品を開発し、導入する競争が激しくなっていることがあげられる。ヒット商品が生まれても、その寿命は短い。ある家電メーカーのマネージャーは、「昔は一発当てれば三年間は安泰だったのに、今は一年ももたない」と嘆いている。多くの産業でも、同様の状況を迎えているのではないだろうか。

第三に、企業を顧客とする産業財のサプライヤーも、製品開発やビジネスに関する不確実性の高まりに直面していることがあげられる。従来は、サプライヤーの多くは大企業と系列的な関係をもち、部品や設備を安定的に供給できていた。しかし、近年はそのような安定的な関係が崩壊しつつある。成長が止まり、技術やユーザーニーズの変化の早い市場では、企業はサプライヤーを囲い込みつづけることはできない。つまり、いちど売れる製品が開発できても、同じ顧客と長期間にわたって商売が継続できるような環境ではないのである。

これらのことを考えると、企業はヒット商品を狙うだけではなく、長期間にわたって高い成功確率を持続するための戦略と仕組みを構築する必要がある。すなわち、社内外のさまざまな資源を効果的に活用しながら、低コストで魅力的な商品を頻繁に、しかも継続的に開発することができるような仕組みが求められるのである。このような、個別製品開発を超えた企業の製品開発の仕組みは、近年「開発インフラ」と呼ばれている。今後は、優れた開発インフラをもった、本当に強い企業だけが生き残っていく可能性が高い。

これからの競争のカギは「開発インフラ」！

　現在は、高い業績をあげるためには、明確な独自性が必要な市場環境のもとに企業はおかれている。かつて日本経済全体が急速に成長していた時代には、同一産業内での製品戦略は比較的同質のものであった。開発する製品や、それを生み出す仕組みが企業間で似かよっている中で、生産量の拡大やコスト低減、品質改善において競争していればよかった。産業全体の生産量が増加していれば、同質的な戦略をとっている企業群であっても、各企業がそれなりに経済成長の恩恵を受けることができた。さらには、同じような戦略をもった企業間で厳しい競争をくり広げることによって、日本の製造業全体の競争力と成長が助長されたという意見もある。

　しかし、多くの産業で成長が止まった近年では、限られた市場を企業間で取り合うような競争が中心となった。このような競争の中で利益を確保するためには、企業の独自戦略に基づく明確な区別化が必要なのである。

　では、企業はどのような点で区別化すればよいのだろうか。製品開発の区別化戦略には、大きく分けて二つの次元がある。

　ひとつは特定の市場で競合製品に勝つための、製品そのものに関する区別化である。競合製品よりも顧客に提供する価値が高いことが、その競争に勝つための条件である。そこではとくに、個別製品の技術やコンセプトの革新性での区別化が中心となる。しかし、個別製品の区別性だけでは優位性を持続することはむずかしい。リーダー企業が導入した新技術に対応して、追随する企業が模倣するまでの期間が著しく短縮されてきていることを示す研究もある。これは情報技術の急速な発達に加えて、競合製品を分解して徹底的に分析したり(リバースエンジニアリングと呼ばれている)、特許への侵害を回避しながら類似的な機能を実現する技術が進んでいるためである。つまり、持続的な競争力に結びつけるためには、個別製品のレベルを超えたもっと根本的な区別化が必要である。

そこで、第二の区別化戦略である「開発インフラ」による区別化が必要となってくる。企業が製品を開発して市場に導入するまでには、企業内外の多様な組織が関与した複雑な仕組みが必要である。開発インフラによる区別化がいちど実現できた場合には、個別の技術や製品と違って、競合企業が簡単に模倣することはむずかしい。開発インフラは、製品のように分解して観察することができないからだ。また、複雑な開発インフラは、短期間で構築できるものではない。模倣しようとしても、既存の仕組みが大きな慣性力をもち、簡単には変革できない。組織内部の人びとは本来的に変化を好まないし、組織の利害関係によっては変革への抵抗も大きい。

つまり、区別性が重要な競争環境のもとで持続的な競争力をもつためには、開発インフラによる区別化をもっとも重視すべきなのである。では、どのような視点から開発インフラの構築を考えればよいのだろうか。模倣されにくいことを条件として考えると、複雑な仕組みからなる開発インフラということになる。外部から見て複雑な仕組みとは、多元性をもったものである場合が多い。元来、経営における困難な課題というのは、相反する要件が複雑に組み合わされ、単純な目標設定や解決ができないような種類の問題である。たとえば、単にコストダウンだけを狙った仕組みであれば、競合企業もそこに集中して何とか追いつこうとする。一方、コストと品質、スピードといった複数の要求を統合的に解決するような仕組みは、必然的に複雑なものになり模倣しにくい。

つまり、優れた開発インフラとは、矛盾する目標を高い次元で統合的に解決させる仕組みからなるものである。これは、複数の要因の間で単純にバランスをとったり、妥協点を見いだすこととは異なる。新しい視点を取り入れたり、独自の統合メカニズムを構築することによって、創造的な解決策を可能にする仕組みである。そこで、開発インフラを創造するために重要な視点を、この「矛盾する目標を高い次元で統合的に解決させる仕組み」という点から考えてみたい。具体的には、創造性管理における自由と規律、製品開発管理における専門性と統合、製品戦略におけるコストと付加価値、企業間関係における系列とオープンネットワークである。これらはすべて、さまざまな矛盾やトレード・オフの関係を含んでいる。

創造性管理――自由と規律をどう統合すればいいか？

技術者の創造力を最大限に活用し、製品化するための仕組みは単純なものではない。技術者の自由な発想を重視し、コントロールや規律を最小限にすることが、彼らの創造性を引きだすためには必要だと一般的に言われている。これは、個々の技術者の多様性や異質性を認めることでもある。しかし、技術者の自由度を最大限にするだけで、企業の技術開発がうまくいくわけではない。逆に、自由を過度に認めると、製品開発アウトプットや業績にうまく結びつかないと考える企業も多い。そのような企業では、短期的な研究者の業績評価や、厳密な技術評価ルールを使って技術者をコントロールしようとする。多くの企業の技術開発管理を観察すると、結局は、自由な創造性とコントロールの間を振り子のようにゆれているのが実情である。

しかし、元来これらの関係は相反するものではない。むしろ補完的なものであると考えることもできる。つまり、技術者の多様性や自由度を認めるからこそ、それらを束ねるための、よりいっそう強いコントロールが必要なのである。逆に、多様性のない金太郎飴のような組織では、これを束ねるための規律は、もともとあまり必要とされない。

優れた企業では、自由と規律を高い次元で統合するための開発インフラをもっている。技術者の自由な創造活動をうまく企業業績に結びつけている代表的な企業として、米国の３Ｍ社が取り上げられることが多い。３Ｍでは技術者をコントロールすることは最低限にとどめられ、技術者は技術開発の失敗を責められることはない。上司は技術者が提案した新しいアイデアを決してつぶしてはならない、とする文化が浸透しているのである。また、技術者は就業時間の一五％を自由に利用して、自分のやりたいテーマを追求することができる。

３Ｍの技術マネジメントの特徴として、このように自由な創造性管理が取り上げられることが多いが、その成功の鍵を理解するためには、これだけでは不充分である。じつは３Ｍの自由な創造性管理は、明確な企業戦略が前提となっている。この戦略が自由な発想を束ねるための規律となっているのだ。３Ｍでは、大きな戦略のベクトルがあり、そのベクトルを太くするような技術開発の範疇で、異質性や自由な発想を強調しているのである。その戦略とは、自社内のコア技術を最大限に活用した製品開発を行なうことなのだ。

３Ｍでは百二十の独自のコア技術が明示化されている。これらのコア技術を、いかに有効に利用したかという創造性によって技術者は評価される。具体的には、(1)コア技術のひとつを利用してこれまでにない顧客価値を生み出す、(2)複数のコア技術を組み合わせて新製品を提案する、(3)埋もれたコア技術を何とか利用して製品化する、の三点がとくに強調されている。独自のコア技術を創造的に活用したり組み合わせることによって、企業の区別化が実現できる。また、このような規律があるからこそ、技術者の創造性はいっそう高まるのだという。本来、創造性とは無から何かを創るのではなく、情報や知識を新しいかたちで結合することである。そして、それを促進するガイドラインが規律となっている。３Ｍは技術者の創造性を、明確な戦略による規律との相互作用によって高揚させるような開発インフラをもっているのである。それが競争力の高い新製品を持続的に開発するための仕組みとなっているのだ。

製品開発管理——技術開発者と市場開発者の壁をどう取り払うか？

新しい独自技術を創造するためには、特定分野の専門家による長期的な視点に立った基礎研究が必要である。短期的な製品化計画とは一線を画したものである必要があるだろう。しかし、その一方で、新製品開発では多様な専門知識を迅速に結合させて製品として具現化させなくてはならない。そこでは、急速に変化しつづける市場に対応した新製品を、短期間で開発することが求められる。つまり、製品開発の最大の課題は、専門分野における新技術の創造活動と、それを組み合わせて製品化するための仕組みを高い次元でバランスさせることである。

これまでの技術管理の研究では、研究所で創造された新技術を事業部が商品化するプロセスのマネジメントに焦点が当てられてきた。つまり、研究所から事業部への技術移転の問題である。しかし、このような一方通行の視点だけでは充分とは言えない。いくら技術評価や製品化のルールを定めても、結局は中途半端な妥協に終わってしまう。結果として、多くの企業で、研究所の技術者は新技術をうまく製品化してくれない事業部に不満をもち、逆に事業部は研究所がビジネスに直結するような新技術を開発してくれないことに不満をもっている。こうした技術開発者と市場開発者とのインターフェイスは、その間に壁があるかぎりうまくマネジメントできないのである。つまり、より統合された解決策を可能にするための開発インフラが求められている。

具体的には、研究所から事業部という一方通行ではなく、双方向に影響を与え合う仕組みが必要となる。技術は、製品化されることによって市場で鍛えられる。市場からの情報や経験がうまくフィードバックされれば、さらなる技術イノベーションへと結びつく。そのような相互作用を連鎖的に継続させるための仕組みが求められている。

液晶ビューカムやザウルスに見られるように、近年活発な製品開発が目立つシャープでは、そのような開発インフラをうまくつくり上げている。その仕組みを、シャープでは「スパイラル展開」と呼んでいる。研究所と事業部という別組織間の調整ではなく、全社一丸となって技術・製品戦略を立案し、それを遂行している。つまり、技術と製品の間の相互作用を、スパイラルなかたちで継続的にマネジメントするのである。具体的には、シャープでは重要な技術開発や新製品開発の多くが、複数の研究所と複数の事業部から選ばれた人員で構成される「緊急プロジェクト」によって実施される。新技術や事業化の戦略も、関連する部門がすべて集まってトップがリードする会議によって、とことん議論されたうえで決定される。

ひとつの製品開発における開発スピードの向上に向けた組織革新を実施している企業は多い。しかし、それ以上に重要なのは、技術開発と製品開発の間の相互作用の頻度とスピードを向上させることである。実際には、多くの企業で長年維持されてきた複数の研究所や事業部の間に高い壁ができあがっている。シャープでは、二十年近くにわたってプロジェクト組織を広範囲な製品開発において頻繁に採用してきたので、部門間に壁のない文化ができあがっている。そのような文化のない競合企業が模倣しようと思っても、スパイラル展開を実現するための開発インフラは、そう簡単には構築できない。

製品戦略――コストと付加価値をどう両立させるか?

一般的には、製品戦略として大量生産によるコストリーダーシップ戦略と、明確に特定の顧客を狙う高付加価値戦略があることが言われてきた。たとえば、ハンバーガーを大量生産するマクドナルドは前者の例であり、一品ずつていねいに調理する高級レストランは後者である。または、既製品のスーツとオーダーメードのスーツも同様である。企業はこの二種類の戦略のどちらかを明確に狙う必要があり、どっちつかずの中途半端な戦略はよくないとする議論である。

しかし、多くの企業では、明確な戦略や有効な仕組みをもたずに、コストと付加価値を中途半端に妥協させているのが実情である。また、どちらか一方だけに偏った企業も、結局は過当競争に巻き込まれ、期待するような業績をあげているとは言えない。そのなかで、近年、コストと付加価値を統合的に両立するための開発インフラをもった企業がいくつか現われ、それらが高い業績をあげている。たとえば、製造業のなかでトップクラスの業績を持続している企業にキーエンスというオートメーション用センサーのメーカーがある。同社は過去十年近くにわたり、一貫して四〇%近い驚異的な売上高利益率を実現している。

オートメーション用センサーは、顧客の各工場に適合させるために特注品になってしまう傾向が強い。しかしキーエンスは、トヨタや松下といった大手の顧客からの要望であっても、決してそれらの企業に合わせた特注品を開発しない。コストを下げるために、注文された機能は実現しながら、なんとか標準化して大量生産に結びつけている。個別ユーザーのニーズは満足させているわけだから、特定の顧客にとっても製品の価値は高い。

このような製品開発を実現するために、キーエンスではユニークな開発インフラを構築している。約千人の従業員のうち、半数近くが営業部門に配属されているのだ。この営業部隊の役割は、二万社にものぼる顧客企業の現場を歩き回り、顕在化したものだけでなく潜在的なニーズまでも集めてくることである。潜在的なニーズを掘り起こすには、数量的な市場調査では意味がない。キーエンスの営業部隊は、配送や単なるご用聞きはしない。標準化しながらも個別の顧客にとって高い価値をもつような新製品のアイデアを創造するために、膨大な顧客情報を統合する役割を担っている。このような仕組みによって、標準化と高付加価値化のメリットを融合させているのである。個別の顧客企業は、センサーの標準化に関する情報をもちあわせているわけではない。キーエンスのようなサプライヤーだけが、多数の顧客に関する情報を集約することができる。ただし、サプライヤーであればどこでもこのような能力をもてるわけではない。まず、産業財メーカーの多くは、顧客第一の名のもとに個別の顧客からの要望に忠実に応えることを最大限に重視する。お得意様の言うとおりに開発した製品を納入することが、もっとも大切であると考えてしまう。企業経営としては、そのほうが簡単なのかもしれない。ユニークな戦略に加えて、キーエンスは競合企業にない独自の開発インフラをもっている。それは付加価値創造と大量生産を両立させるための情報創造の役割を担う営業部隊である。競合企業がこれをまねしようとしても、短期間でこのような組織部隊をつくり上げることはできないために、キーエンスの好業績は持続されているのである。

企業間関係——系列化とオープンネットワーク化の矛盾をどう解決するか?

自動車、家電、パソコンなどのほとんどの製品において、ひとつの企業内だけでその開発が完結することはない。多くの部品や素材、開発設備を外部から購入しなければならない。つまり、開発インフラの構築においては、企業内部だけでなく外部企業との関係も含めて考える必要がある。企業を超えた開発インフラに関して、近年は二つの相反するトレンドを考慮する必要が出てきた。ひとつは、オープンネットワークへの方向性である。日本的経営の特徴として、系列関係に基づいた長期的な企業間関係の役割が大きかった。しかし、技術変化のスピードが速く、企業外部の資源を有効に利用することが競争要因として重要になってきたために、これまでのように系列的な関係に束縛された経営だけでは競争力の低下を招くようになった。系列にとらわれないで、グローバルな視点も含めて最適なサプライヤーから部品を調達することを重視しはじめた企業も多くなっている。

一方では、これまで以上に緊密な企業間関係を構築することの重要性が高まっている。製品開発のスピードアップや品質向上を実現するためには、製品開発プロジェクトの初期段階からサプライヤーと共同で問題解決にあたる必要がある。また、長期的な関係をベースにした信頼関係の重要性も、これまで以上に注目されている。しかし、これらは系列関係の特徴であり、オープンネットワーク化とはある意味ではトレード・オフの関係にある。サプライヤーを含めた開発インフラに今後求められるのが、このトレード・オフの打破であろう。つまり、より広範な企業間ネットワークを構築しながらも、個別企業とは信頼関係をベースとした、より高度な共同問題解決が実施できるような開発インフラである。

この点に関して、トヨタのサプライヤー管理が優れている。系列企業との緊密な信頼関係の構築やグループ企業間の相互学習を促進する仕組みについては、世界中の研究者が従来から高く評価している。しかしトヨタは同時に、系列の弊害である硬直的で排他的な側面を回避するような戦略も併せもっている。たとえば、同じ種類の部品に関しても、複数のサプライヤーから部品を購入する。また、系列企業に対して、トヨタの競合企業へも積極的に部品を納入することを推奨し、広範な情報収集のネットワークを築いている。じつは、このような系列サプライヤーの「他流試合」は、サプライヤー自身の能力を高め、結局はトヨタにとっても大きなメリットとなる。加えて、トヨタは新規サプライヤーの教育にも世界中で熱心に取り組んでいる。たとえば、国内だけでなく米国でもサプライヤーの生産性を高めるためのトレーニングプログラムを実施している。このような複雑な開発インフラによって、オープンネットワークのメリットと緊密な企業間関係を両立させているのである。

これからの開発インフラ構築の戦略ポイントは何か？

よく考えられた独自の開発インフラを構築することによってのみ、企業は持続的な競争力をもつことができることを述べてきた。市場環境も競争のルールも大きく変わったからである。とくに、矛盾する目標を高い次元で統合的に解決するための開発インフラが効果的である。

しかし、限られた企業だけしかそれを実現していない。そのような開発インフラを構築するためには、トップのリーダーシップに加えて、戦略的な創造性が必要である。ここで創造性が必要なのは、独自の開発インフラを創るためには、戦略Aか戦略Bかといった相反する戦略目標からの選択だけでは充分ではないからである。単純に戦略を選択するだけであれば、確固たる意思決定とそれを徹底的に実行するためのリーダーシップだけでよい。両者からの選択でも、中途半端な妥協でもなく、これらを統合的に解決するための独自の戦略Cを考え出さなくてはならないからこそ創造性が必要なのである。

残念ながら、日本の大企業の多くでは、独自の戦略と開発インフラを創造・立案し実行できるような人材はあまり育っていないのが実情である。日本的経営の本質は、「現場主義」や「絶えまない改善」の言葉に代表されるように、細部のマネジメントに潜んでいる。これを犠牲にするような開発インフラであれば、いくら創造的なものでも意味はない。しかし、今後はそれだけでも充分とは言えない。日本企業に求められるのは、開発インフラの創造に求められる大きな視点と日本的経営の本質である細やかな視点を統合的に打ち出せるようなマネジメントであろう。

PART 4

経営学は何に挑み、どこへ向かっているのか

経営史の研究には、歴史を超えた愉しみがある！

米倉誠一郎（一橋大学イノベーション研究センター教授）

経営史とは何か

「経営史」？　学問としてはまだあまり耳慣れない言葉である。その社会科学としての歴史もそう古いものではない。ハーバード経営大学院ではじめて「経営史（ビジネス・ヒストリー）」が正式科目として開講されたのは、今から六十三年前の一九三〇年（講座の設置は一九二七年）にすぎない。十八世紀後半にイギリスに起こった産業革命の担い手であった企業が、いわゆるビッグ・ビジネスとして量的にも制度的にもその体制を確立したのが十九世紀後半から二十世紀初頭にかけてのアメリカであった事実を考慮すれば、若い学問であることは仕方のないことである。近代資本主義の原動力である企業ビジネスの歴史はまだ百年足らずの歴史でしかないのである。

ハーバードで取り上げられた経営史は、「経営政策（ビジネス・ポリシー）」の一環の中に、ハーバード特有の事例研究（ケース・スタディ）法の科目として位置づけられた。確かに、歴史こそケース・スタディの宝庫である。歴史の中には、「ある時点でどこの誰がどんな企業においていかなる意思決定を行なったのか」について、たくさんの事例が詰まっている。

そうした過去の事例のなかから、普遍的な真理や事物の原則や法則、さらには相互依存関係を見出すことは歴史の重要な使命であり、その意味では経営学教育におけるケース・スタディ法と同じ使命を分かち合うのである。しかし、歴史自身はランダムな事象の集合であり、それが学問として集大成されるにはその方法論あるいはいくつかの歴史観が形成される必要がある。

複雑系としての歴史

経営史における方法論については、基本的にそれが歴史という複雑な実態のうえにある企業の現象を対象としているという認識が重要である。すなわち、経営史をはじめとして社会科学系学問は、自然科学と違って「こうすれば、ああなる」といった決定論を追究する学問ではない。すなわち、「気温が摂氏零度になれば水は凍る」というような法則性は、歴史にはあり得ない。シェアが六〇%を超えていれば安泰だなどとはとてもいえないし、逆にシェア五%では危ないともいえない。無謀といわれた新規参入が成功するケースもあれば、確実といわれた事業展開が挫折するときもある。

ではなぜ学ぶのか。それは、他人《ひと》が考えるよりもさらに多くのことを考える、そして他人《ひと》が考えないことを考えることが経営史学では重要だからである。他人《ひと》が考えなかったこと、あるいは考えなかったような組み合わせを行なうことが差異、すなわち競争力を生み出す源泉だからだ。そのためには、それまでのさまざまな思考回路・方法を学ぶことが重要である。思考の因果関係をトレースすることによって、他人《ひと》がどう考えるのかをシミュレーションできるようにするのが前提である。

ここでシミュレーションを実行することの重要性は、思考をなぞることにあるのではなく、その思考よりもさらに深く考えることを可能にする点にある。その意味では、多くの棋士や軍事戦略家がかつての名勝負の棋譜や戦闘をシミユレーションすることに似ている。こうした社会科学の特性ゆえに、僕の同僚の沼上幹君は経営学における事例研究の重要性を強く主張し、近年経営学における大量のデータを基にした定量分析という疑似自然科学モデルに警鐘を鳴らしている。すなわち、多くのデータからあたかも「法則性がある!」といったタイプの研究は、経営学の本質から離れることになってしまうという危惧である。

歴史家の僕もまったくの同感である。なぜ歴史を学ぶのか。それは、歴史の法則性を知るためではなく、歴史における人間の思考回路や社会経済事象と人間との対応関係の複雑なあり方をトレースすることによって、より深く洞察することを可能とするためである。かつて、偉大なる歴史家E・H・カーは、「歴史はくり返さない」と明言した。しかし、僕はそうは思わない。歴史はなんどでも繰り返すのである。もっと詳しくいえば、歴史を学ばないものに対して、歴史はなんどでも繰り返すのだ。

結局、経営史学を大きく定義しておけば、きわめて複雑な人間の集合体としての企業や企業システムの発達史を長期的視点から研究・考察する学問なのであり、そこにおける思考のプロセスをシミュレートすることに方法論上の重要性があるのである。以上のことを念頭において、以下経営史の学問的性格を述べておこう。

主体性と自律性

まず、「経営史」の大きな特徴は主体性と自律性である。そのことを経済史との対比から考えてみよう。経済史は、定義するまでもなくマクロ経済の歴史的研究である。その経済史にとって、たとえば一九二九年から一九三〇年代は、ニューヨークの株価大暴落に始まる世界恐慌の時代である。一九二九年十月二十九日、今では暗黒の火曜日 (Black Tuesday) と呼ばれるその日一日で、アメリカの株価はそれまでの好況で得た一年の上昇分をすべて失い、全世界で三千万人（そのうちアメリカ一国で一千万人）の失業者を生み出した大恐慌に発展した。経済史の視点からいえば、当時の経済は明らかに深刻な経済不況であり、目に浮かぶ光景はスタインベックが『怒りの葡萄』に活写した混乱した都会と疲弊した農民の世界である。多くの企業は倒産し、株価暴落で財産を失った人びとは相次いで自殺を余儀なくされた暗い時代であった。

しかし経営史の視点からみると、この深刻な不況期に経営の基礎を固め業績を伸ばした企業があったのである。一九二〇年代に事業部制という組織革新を行ない、戦略と組織の間に有機的関係を確立した化学会社デュポン社やGM（ジェネラル・モーターズ）社がその代表である。とくに、GMはそれまで業界のリーダーであったフォード社に決定的な差をつけ、この時期にあって他のいかなる自動車企業より高い利益率を上げつづけたのである

同じようなことが今回の平成不況でもいえる。多くの大手企業が資産デフレと消費市場の冷え込みの前に業績を悪化させるなか、着実に業績を伸ばしている企業もある。技術革新と小さな組織を通じて好業績をあげるロームやミスミ、POSシステムを利用して脅威的な成長を示しているセブン―イレブンやそのシステムを活用したテレビ・ゲームの流通企業であるデジキューブなどがそのよい例である。このことを逆に考えれば、絶好の好況期においても業績を伸ばせず倒産する企業もあるということである。結局、企業にとってマクロ経済の大きな流れは、経営を取り巻くいくつかの条件のうちの一つにしかすぎない。企業はマクロ経済や市場のあり方など数々の与えられた条件（与件＝given conditions）のもとで、自社内の経営資源（ヒト・モノ・カネ・情報）を組み合わせて競争しているのである。経営史とは、こうした企業の経営戦略や組織を策定していく意思決定のプロ

セスを歴史的に考察することである。したがって、経営史では「当時の経済状況がよかった、あるいは悪かった」といった他律的な決定論は排除され、企業の主体的な適応力や独創性が考察の中心となる。よって、すこぶる面白いのである。

学際的な分析視点

もう一つの大きな特色は、企業の意思決定がマクロ経済や産業組織とのかかわり合いのもとで、技術革新・生産戦略・マーケティング・人事・組織・動機づけなど、まさに経営戦略そのものを実行するプロセスであるため、経営史はきわめて多様な学問の上に形成される学際的(interdisciplinary)な内容を要求していることである。ただし、すべての観点を網羅することは不可能であるばかりでなく、研究の焦点を曖昧にするため、経営史の分析視角は研究者の取り上げる観点あるいは歴史観に大きく左右される。たとえば、企業の戦略と組織の関係についての時系列的な経営史研究もあるし、財務諸表を手がかりにした経営史研究もある。同じように研究開発やマーケティング、あるいは生産管理の時系列的研究もあり得る。したがって、長期的なタイム・スパンから企業の発展を分析するという共通項を除くと、経営史の分析視点は多様なものとならざるを得ない。ただし、長期的視点という言葉が示すように、経営史研究は「歴史」研究であることを忘れてはならない。企業や企業システムあるいは技術や組織が、長い時間の中でどのように進化や変化を遂げさらには蓄積されていくのかを、一時点だけの静態的な分析からではなく、累積的に関連し合う動態的なプロセスとして分析していくことが経営史の重要な共通項なのである。

イノベーション研究

企業者史や制度史学と同じくらい重要な研究

視点として「イノベーション研究」がある。シュムペーターがイノベーションを実現するものこそ企業者と定義したことからすれば、イノベーション研究は企業者史研究の一側面と考えられるが、その後の詳細な研究から、イノベーションはきわめて制度的・組織的な営みの結果であることも明らかにされてきている。その意味では、イノベーション研究は企業者史と制度史学を結ぶ研究視点ともいえる。そのイノベーションの歴史的研究の第一人者にスタンフォード大学のネイザン・ローゼンバーグ教授がいる。

ローゼンバーグは、大著『西洋はいかにして豊かになったか（How the West grew rich）』の中で、現在に至っても飢餓や貧困を本当に克服したといえるのは全世界の人口のわずか一〇%内外であり、それらの国をいわゆる「西洋（the West）」とした。そして、一九八五年のアメリカ人の人口一人当たりの産出量のうち八五%以上は一八八五年以降の成長（価格調整後）によるものという例などを用いて、いわゆる「西洋」が本当に貧困を克服して富の蓄積を開始したのはわずか百年ほど前のことにすぎないことも明らかにしている。こうした「西洋」の勝利は、中世から始まる経済行動の政治からの独立、企業と個人の自由の確立、さらには義務教育・高等教育の発達と科学と産業の融合といった長い歴史的蓄積の上にあることを明らかにしているのである。そして、科学と産業間に生まれた科学技術に基づいたイノベーションこそが「西洋」の成長にとって、もっとも本質的な役割を果たしたという。イノベーション研究も経済発展の重要な研究視点なのである。

また、シュムペーター自身も述べているように、イノベーションは単に技術革新にとどまらず、組織や販売チャネルの革新、新市場の開拓を含む「新しい組み合わせ」であることから、イノベーション研究とは、異なる経済環境・資源環境にある企業が、いかに自己の自律性と主体性の中から発展の新しい組み合わせを見出すかという研究であり、まさに自律性と主体性を重視する経営史研究の格好の研究対象なのである。

必要とされる日本の経営史研究

確かに、日本の経済発展の分析、とくに企業や産業を分析視点とした研究はいまだ充分な状態とはいえない。多くの「なぜ?」については、まだよく答えられていないのが現状である。たとえば、「なぜ、敗戦であれだけの打撃を受けた日本が終戦後十年足らずで高度成長の基礎を築き上げたのか」という疑問などは、依然として残ったままである。

たとえば、当時の日本と現在の東欧諸国を比較するという現代的視点をもてば、この疑問の深さがわかる。ソ連の崩壊にともなって東ヨーロッパの実状が明らかになるにつれ、その生産性の低さや工場の老朽化が西側諸国の話題となっている。解放された東ドイツの生産性は、西ドイツの四分の一から十分の一だという。その現状を前提に、東欧諸国の近代化と西側へのキャッチアップはとうてい不可能と懸念する声が強い。しかし、戦争直後の日本と欧米諸国との生産性格差は、じつはいまの東欧諸国のそれと大差なかった。鉄鋼業の生産性では、戦後十三年経った一九五八年になってもアメリカの三分の一にすぎなかったのである。

また、一九五〇年、高度成長直前の日本人一人当たりのGDP(国内総生産)は、OECD十六カ国平均の三〇%、アメリカのわずか一六%、ラテン・アメリカ平均と比べてもその七〇%にしかすぎなかった。もっと具体的に言えば、日本の一人当たりのGDPは驚くべきことに当時のアルゼンチンやチリの五〇%にすぎず、メキシコやブラジルとほぼ同程度の千百十六ドルだったのである。

一方、国内的には敗戦で国富の四分の一を失い、国民は物理的にも精神的にも混乱していた。日本人は自分たちがいったいどこへ行くのかさえも見失った状況にいたのである。しかも、大企業の重役たちの上位四、五人がほとんど経済人パージによって追放され、新しい経営陣に入れ替えられた。その衝撃の大きさは、今の六大企業集団の上位経営陣四、五人が総入れ替えになったことを想像すればわかりやすい。

また、共産主義に激しく影響された労働運動は経営者と厳しい対立を生み、日本の労働者たちを社会主義革命の直前まで導いていったのも事実である。さらに、進駐してきた連合国軍の初期占領政策は、日本からいっさいの戦争能力を撤去する方針であり、日本の産業界、とくに重工業部門ではいかなる規模の生産力をもちえるのかさえも自主的には決められない状況であった。冷静に当時の状況を振り返れば、日本は現在の東欧諸国とくらべてもけっしてひけをとらないほど困難な状況にあったのである。

その日本がいったいどのようにして、鉄鋼、造船、自動車、電機、さらにはエレクトロニクスの分野で世界的な競争力を築いていったのかについては、まだまだ解き明かされたとはいえない状況である。しかも、その発展を支えた日本の企業システムにはさまざまな特徴があり、それらもまだ研究途上の状態である。たとえば、企業グループの形成やメイン・バンク機能、分社化や日本的経営、さらには産業政策と企業発展の関係などには研究すべきことが山のように残っていて、ある程度のコンセンサスができたとはいいがたい。それどころか、いまだに勤勉や和を尊ぶ文化論、定義不明の日本的経営論、通産省をはじめとする政府主導論、国内市場保護と輸出助成のアンフェア・トレード論などさまざまな説が混然としているのが現状なのである。

さらに、昨今になってなぜ突然に日本的経営が崩壊し、再び強いアメリカが出現したのかも、うまく説明はされていない。

こうした混乱に終止符を打つ方法は、ただ一つしかない。それは、一つひとつの産業そして企業の発展を長期的な視野から丹念に分析していくこと、すなわち日本の企業や産業の経営史的な研究を積み上げていくことである。前述したように、経営史研究はきわめて複雑な現象を複数の研究視点による学際的接近によって明らかにしていく学問である。しかも、企業の自律性と主体性を分析の中心とすれば、研究は個別具体的なものとならざるを得ない。したがって、日本の経営発展を一つや二つの視点から一刀両断に分析することなど不可能なのである。だからこそ、いま丹念な歴史分析が必要とされているのだ。その多様で個別具体的な蓄積が山のようになった時点で、しだいに日本に向けられた「なぜ?」に対するいくつかの答えが浮かび上がってくるにちがいない。

経営史分析には限りない夢とロマンがあるのである。

経営学の開拓者《パイオニア》25人の理論と方法、キーワードを網羅した一目瞭然の学説史

松尾隆（福井県立大学経済学部専任講師）・山田耕嗣（専修大学経営学部助教授）
桑嶋健一（東京大学大学院経済学研究科助手）・椙山泰生（東京大学大学院経済学研究科助手）

フレデリック・W・テーラー
Frederick W. Taylor
（1856～1915）

経営学の起源はいつだろうか？　一説によれば、アメリカの経営学は、一八八六年にＡＳＭＥ（アメリカ機械技師協会）の大会でヘンリー・タウンが行なった「エコノミストとしての技師」というタイトルの講演に始まるという。つまり、この時期には、経営管理は主に機械技術者によって議論されていたのである。このＡＳＭＥの一団のなかで、後に「科学的管理法」と呼ばれる管理手法を開発したのがテーラーである。

フレデリック・W・テーラーは、アメリカのフィラデルフィアで生まれた。彼の生家は裕福で、父の希望のハーバード大学法学部を目指す。順調に行けば典型的なエリート・コースを進むはずだった。ところが、ハーバードの入学試験には合格するものの、目を悪くして故郷に帰ってしまい、なんと地元の小さなポンプ工場で見習工として働きはじめる。その後、父の友人が経営するミッドベール製鉄所に雇われ、このミッドベールで管理システムの実験と実践に取り

フレデリック・W・テーラー
科学的管理法
怠業
動作研究・時間研究
差別的出来高給制
職能別組織
ハーバート・A・サイモン
意思決定過程
限定された合理性
経営人
アルフレッド・D・チャンドラーJr.
境界単位
コンティンジェンシー(環境適応)理論
ローレンス/ローシュ
コンティンジェンシー理論
分化
統合
カール・E・ワイク
組織化
イナクトメント(enactment)
ヘンリー・ミンツバーグ
「プロセス型」の戦略

「組織(構造)は戦略にしたがう」
事業部制
組織能力
マイケル・E・ポーター
競争戦略論
コストリーダーシップ戦略と差別化戦略、集中戦略
価値連鎖
アンリ・ファヨール
管理活動
経営管理論
創発(emergent)
オリバー・E・ウィリアムソン
取引コスト・アプローチ
取引特殊的資産
トマス・J・アレン
ゲートキーパー
ウィリアム・J・アバナシー
産業のライフサイクル
ドミナント・デザイン
インクリメンタル・イノベーション
生産性のジレンマ(productivit-

エルトン・メイヨー
ホーソン実験
インフォーマル組織
人間関係論
チェスター・I・バーナード
協働システム
公式組織
有効性
能率
ジェームズ・G・マーチ
ゴミ箱モデル
ジェフリー・フェファー
資源依存モデル
エドガー・H・シャイン
複雑人モデル
組織文化
ウィリアム・G・オオウチ
日本的経営
セオリーZ
バートレット/ゴシャール
グローバル化
トランスナショナル

ダグラス・マグレガー
X理論
Y理論
ビクター・H・ブルーム
期待理論
H・イゴール・アンソフ
企業戦略
多角化
シナジー
ジェームズ・D・トンプソン
テクニカル・コア
クラーク/フジモト
重量級プロダクトマネジャー(HWPM)制
プラハラード/ハメル
経営資源
コア・コンピタンス
野中郁次郎
組織的知識創造
暗黙知と形式知の相互作用

組むのである。彼はそこで技術主任にまで昇進するが、経営者が代わり彼の実験に理解が得られなくなると、この会社を辞めて技術コンサルタントや製紙工場のゼネラル・マネージャーを務めた。そして、ＡＳＭＥ大会で差別的出来高給制を発表するなど、科学的管理法の啓蒙活動に努めるようになる。

一九〇六年にＡＳＭＥ会長に就任したのち、一九一〇年には鉄道運賃の賃上げに対する反対運動で、賃上げ不必要の根拠として科学的管理法が取り上げられ、一般にも科学的管理法が知られるようになった。

テーラーが工場で見せつけられたのは、作業者の怠業であった。怠業が生ずるのは、一日にできる本当の仕事の量がわかっていないからだと彼は考えた。優秀な作業者が作業を行なう動作や時間を測定し（動作研究・時間研究）、それを標準とすれば同じ作業条件で同じだけの仕事量がこなせるはずである。テーラーはこのように個々の課業を詳細に調査したうえで、次のようなルールに基づく出来高給制を導入した。まず、できるだけ一日の課業を大きくする。つまり優秀な作業者がようやくこなせるような課業の量にする（前述のようにすれば誰でもこなせる）。その課業を達成した作業者には高い賃金率を、失敗した作業者には低い賃金率を適用する。このような仕組みを「差別的出来高給制」と呼んだ。

工場の組織については次のような「職能別組織」を提案している。まず、頭脳的な仕事は、できるだけ現場から切り離して計画や設計部門に集中し、職長や組長には純粋に執行的な性質の仕事だけを残す。さらに管理職能を分割して、副工場長以下の人間が全員できるだけ少数の職能を担当する。それで、この組織を職能別組織と名づけた。この組織では、ある作業者を管理する管理者が各職能ごとに複数存在することになる。

テーラーの評価は近年では、おおむね否定的なものが多い。いわく、「計画と実行を分離してしまった」「定量的な測定を過度に信頼し、人間性を無視している」などなど。しかし、当時の親方徒弟制のもとで恣意的に管理されていた状況を克服したり、なによりも経営管理を技術的条件から独立した活動とみなした点は評価するべきだろう。また、テーラー自身は人間性無視といった批判に対して、高賃金と低労務費の両立や愛情あふれる協働を目指し「精神革命」を説いている。科学的管理法は批判は多いものの、現在でも実際の業務設計はテーラー的な思考に基づいていることが多い。

ハーバート・A・サイモン Herbert A.Simon

バーナードの理論を継承し、発展させた近代組織論の祖であり、一九七八年にはノーベル経済学賞を受賞している。主著に『経営行動』(一九四七、訳書はダイヤモンド社)、マーチとの共著『オーガニゼーションズ』(一九五八、訳書はダイヤモンド社)などがある。

サイモンの研究は政治学、経済学、経営学、数学、統計学、心理学、人工知能など多彩であるが、その共通した問題意識は組織における意思決定過程にある。どのような活動も「決定すること」と「行為すること」の両方が含まれる。サイモンは既存の管理の理論は、行為の過程のみに焦点が当てられてきたとして、行為に先立つ意思決定過程の重要性に注目し、その理論的解明を試みた。

意思決定は大別して、どのような目的を設定すべきかといった価値前提に基づく意思決定と、所与の目的に対してどのような手段を選択するのかといった事実前提に基づく意思決定とがある。現実の意思決定には、この双方が含まれるのだが、このうちサイモンは経験的に検証可能な事実前提に基づく意思決定を研究対象とし、その意思決定の合理性に着目した。

決定理論や古典的な経済学では、全知全能的な「経済人」としての人間観のもと、人間は意思決定に際して、①すべての可能な代替的行動を観察し、②それぞれの代替的行動から生じる諸結果すべてを把握したうえで、③価値体系に基づき、すべての代替的行動からもっとも最適な一つを選択するという客観的合理性に基づく意思決定を想定していた。しかし実際には、人間は現実の意思決定において次の三つの点で客観的合理性を達成できない。すなわち人間は、①すべての可能な代替的行動のうち、ほんのわずかなものしか考慮できず、②それぞれの代替的行動から生じる諸結果についての知識は部分的で不完全なものであり、③代替的行動の結果すべてに対して、完全なかたちで価値づけを行なうことができない。つまり現実の意思決定における合理性とは、「限定された合理性」でしかありえないのである。サイモンはこうした限定された合理性しかもちえない現実の人間を「経営人」と呼んだ。

しかし限定された合理性しかもたない人間も、意思決定の際に考慮すべき変数のシステムが充分に単純化され、それを行なう環境が整備されていれば、高い合理性を達成することも可能である。そしてこのような環境をつくり、経営人としての人間が、できるかぎり合理的な意思決定を行なうための装置、それこそが組織なのである。組織における意思決定の分業化、専門化によって人間の合理性は拡大される。またこの意思決定のシステムとしての組織が有効に機能するためには組織的調整が必要である。そのため組織は意思決定の諸前提を伝達するためコミュニケーション・システムを整備し、権限を中心とした組織影響力を行使することによって意思決定の実行を確保しなければならないとサイモンは考えたのである。

このようにサイモンは、組織を意思決定の分業化されたシステムとして捉え、組織のメンバーの限定された合理性が、組織の情報伝達と処理のメカニズムを通じて、どのように克服されていくのかを明らかにしようとした。そして『経営行動』で提示された概念、フレームワークはマーチ／サイモン、サイヤート／マーチ、ウィリアムソンらカーネギー学派の論者の研究に受け継がれただけでなく、その後の現代組織論の発展に大きな影響を与えた。

アルフレッド・D・チャンドラーJr.
Alfred D. Chandler Jr.

チャンドラーはアメリカの経営史学者であるが、その研究は、経営史のみにとどまらず、経営組織論や経営戦略論の分野に対しても重要な影響を及ぼしている。

チャンドラーの「組織（構造）は戦略にしたがう」という有名な命題は、彼の二冊目の著書である『経営戦略と組織』（一九六二、訳書は三菱経済研究所）のなかで提示されたものである。この本でチャンドラーは、近代アメリカにおいて重要な役割を果たしている大企業の成長に関する一般的な法則を見いだすことを目的とし、デュポン、GM、スタンダード石油、シアーズ・ローバックの四社を歴史的に分析した。この四社は、第二次大戦後のアメリカ経済の発展のなかで多角化によって成長した企業であり、多角化の際に一般に採用されるようになった新たな組織形態である「事業部制」を最初に編み出した企業である。

これらの企業の成長過程を分析した結果、企業はまず成長を計画して実施し（チャンドラーはこれを「戦略」と呼ぶ）、それによって拡大した活動や資源を管理するために組織（構造）がつくられていることが明らかになった。この発見事実に基づいて、チャンドラーは「組織（構造）は戦略にしたがう」という命題を唱えたのである。経営学の分野において、「戦略」

という概念を最初に用いたのが、この『経営戦略と組織』であるといわれており、その意味では、本書は戦略論の嚆矢《こうし》的な存在であるともいえる。

チャンドラーの著書のなかで、『経営戦略と組織』についで出されたもののうち、高い評価を得ているのが五冊目の著書である『経営者の時代（一九七七）』だ。この本は、近代企業の経営管理という「目に見える手（ヴィジブル・ハンド）」が、市場を支配する「見えざる手（インヴィジブル・ハンド）」にとってかわった過程を、アメリカにおける生産・流通の歴史的な変化と、そこでの管理手法の変遷を検討することによって明らかにすることを目的として書かれたものである。ここでいう「見えざる手」は、アダム・スミスがその著書である『諸国民の富』のなかで提示したものであり、チャンドラーは、アメリカ近代企業による「マネジメント」という「見える手」が、経済活動の調整と資源配分に関して働く「市場メカニズム」（アダム・スミスのいう「見えざる手」）にとってかわったことを、この本のなかで示しているのである。

この『経営者の時代』で展開された近代産業の成立と発展に関する議論の枠組みは、一九九〇年に発表された『スケール・アンド・スコープ』（一九九〇、訳書は有斐閣）において、経営史の国際比較を行なう際に用いられた。『スケール・アンド・スコープ』のなかで、チャンドラーは、一八八〇年代から第二次大戦に至るまでのアメリカ、イギリス、ドイツにおける産業企業上位二百社の順位の変動に注目して、企業間、産業間、国家間の比較を行なっている。本書におけるキーワードは、「組織能力」である。ここでいう組織能力とは、企業内部で組織化された物的設備と人的スキルの集合を意味するが、チャンドラーは、この組織能力こそが企業の絶えざる成長のための源泉であり、それがひいては産業や国家の成長にもつながると述べている。

ここで取り上げた三冊の著作の内容からも明らかなように、企業の発展、成長の歴史を記述するということは、その組織の変化や戦略の変遷を記述することになる。その意味でチャンドラーの研究は、現在の経営学にとって重要な基礎となっているといえるだろう。

マイケル・E・ポーター
Michael E. Porter

業界の構造分析を基軸とした競争戦略論の創始者であるポーターは、おそらく実務界および学界において一九八〇年代以降もっとも影響力の強かった経営学者だろう。彼の競争戦略論のフレームワークが示された一九八〇年に著わした『競争の戦略』（訳書はダイヤモンド社）は、アメリカにおいて「有名企業の社長室の書棚には、必ずといっていいくらい、この本が並んでいる」ほどに普及した。一九七三年に経済学博士を受けてすぐにハーバード・ビジネススクールで教鞭をとりはじめたポーターは、その功績が認められ、一九八二年には三十代の若さで、同校史上もっとも若くして正教授となっている。

『競争の戦略』では、企業が競争戦略を策定するうえで必要となる産業構造の分析方法が明らかにされている。業界の競争状態は五つの要因によって決まる。それは供給業者の交渉力、顧客の交渉力、新規参入の脅威、代替品の脅威、業者間の敵対関係の五つである。この五要因によって定まる業界の基本的な構造によって企業の収益性が異なることから、経営者は、業界の基本特性を押さえたうえで、より自社に有利な位置を確保すべく行動するのがよい、というのが彼の基本的な主張である。

業界を自社に有利な構造にするための競争戦略の基本型として、ポーターはコストリーダーシップ戦略と差別化戦略、集中戦略の三つがあることを示している。コストリーダーシップとは、他社よりも低コストを実現することである。低コスト・競合相手と同じ価格で販売できるならば、低コストは高い収益性をもたらす。差別化とは、顧客の立場から見て他社よりもよいものを提供することである。差別化によって企業はプレミアム価格を要求できる。集中とは、市場のなかで特定のセグメントにねらいを定めて資源を集中する方法である。セグメントが異なれば競争優位の源泉が異なることが多いのである。

これも多くの読者を獲得した『競争優位の戦略』（一九八五、訳書はダイヤモンド社）では、競争優位の源泉を理解するために、企業の行動をいくつかの活動に区分し、それぞれの活動の価値を分析する価値連鎖の概念が導入された。

ポーターの議論は伝統的な産業組織論に基づいた業界の構造分析をもとに展開されたものであり、いわば産業組織論の企業サイドからの読み換えであった。戦略のねらいは、経済学でいう独占レントを意図的につくり出すことで競争優位を獲得することにあった。テーラーの科学的管理法以来、独自の発展を遂げてきた経営学が、こうして経済学に再び出会ったことになる。

その後、一九九〇年に出版された『国の競争優位』（訳書はダイヤモンド社）では、ポーターは十カ国の産業の事例をもとに、業界が国際競争力を獲得している理由について理論化した。ここでは業界と企業をセットにして分析対象とするポーターの姿勢に変化はなかったものの、静的な業界構造の分析ではなく、イノベーションによる持続的な競争優位の創造に焦点を当てて業界全体がダイナミックに発展していく過程を議論の中心にすえた点で、ポーターの分析視角に発展が見られた。

ポーターは、その理論の射程の広さ、事例にこだわった研究方法などから、多くの論争を引き起こしたが、戦略論がその論争を通じて大きく発展を遂げた面は否定できない。戦略論における自らの理論的貢献に加え、提起した理論に対するネガティブな反応ですら研究の発展に寄与していたという点から見ても、ポーターが経営研究者に与えた影響の大きさは明らかだろう。

アンリ・ファヨール
Henri Fayol
（1841～1925）

「組織の管理」は独立して分析できる事象なのだろうか。この問いは経営学が独立した学問として成立し得るかどうかに関わるという意味で、非常に重要である。管理職能を組織の他の活動から分離して分析したのがファヨールだった。

アンリ・ファヨール（一八四一―一九二五）はフランスの鉱山会社の社長を務めた。晩年に企業経営の経験を理論化したのが主著『産業ならびに一般の管理』（一九一六、訳書は未来社）である。

ファヨールは事業経営のプロセスで起こる活動は技術活動、商業活動、財務活動、保全活動、会計活動、管理活動のいずれかに分類できると主張した。彼の功績は管理活動を他の五つの活動から分離して取り出してみせたところにある。管理は計画、組織、命令、調整、統制からなる。それまで「管理する」という活動は、その他の活動、たとえば「生産する」という技術活動に付随して生じるものと考えられていたのだが、これを他の五つの活動とは明確に区別し、六つを同列に扱うようにしたのである。このことは当時としては画期的なことであった。ファヨールが経営管理論の創始者として取り上げられることが多いのはこのためである。

テーラーが作業現場での現象に終始していたのに対し、ファヨールは組織全体の管理を問題意識とした点が特徴であり、しかも管理活動は多かれ少なかれ組織のあらゆる階層において生じるとした点でも計画と実行を分離させたテーラーとの相違が見られる。しかし、六つの活動を確保することである「経営」は管理と異なるとしながらも、これについての言及はなされていなかった。

エルトン・メイヨー
Elton Mayo
（1880～1948）

メイヨーは、ホーソン実験と呼ばれた作業現場における能率を測定する実験に途中から参加し、作業員の間には自然発生的に形成される非公式の組織があり、それが作業能率に大きく影響することを発見した。この研究は、彼の主著『産業文明における人間問題』（一九三三、訳書は日本能率協会）にまとめられている。

ホーソン実験とは一九二四年から三二年まで、ウェスタン・エレクトリック社のホーソン工場を舞台に行なわれた一連の実験をいう。そこでは作業能率の変化を長期間追跡するなど、十数回の実験が行なわれた。最初は、工場内の照明などの物理的な条件と作業能率の関係を調べることが目的だったが、実際に実験してみると両者の間に明確な相関は存在しなかった。そこで、物理的要因以外に作業能率に影響を与えるものを探索する実験が新たに行なわれた。その実験では、作業時間、賃金、管理方法などと能率の関係が記録されたが、興味深いことにこれらの条件と関係なく、作業能率は一貫して向上し、作業者の満足感も高まったのである。メイヨーはこの実験のデータを解釈するところから、ホーソン実験に関わるようになった。

メイヨーは、重要なのは従業員たちが諸要素の変化をどう感じるかであり、従業員の感情には個人的感情と社会的感情の二つがあることを発見した。社会的感情とは、いわば従業員のなかの仲間意識であって、これが価値判断の基準となり、能率に影響するのである。そこで、このような仲間意識の価値基準を形成する組織をインフォーマル組織と名づけた。

このホーソン実験をもとにしたメイヨーの研究は、社会的欲求の充足を重視する「人間関係論」という新しい研究分野が生まれる契機となった。

チェスター・I・バーナード
Chester I.Barnard
(1886～1961)

近代組織論の創始者。バーナードは学者ではなく、アメリカ電信電話会社の子会社の社長を務めるなど、専門経営者だった。

バーナードは主著『経営者の役割』(一九三八、訳書はダイヤモンド社)で、協働システムとしての組織の本質を明らかにし、この協働システムを維持することが経営者の役割であると主張した。協働システムは物的、生物的、個人的、社会的なサブシステムから構成されるが、その中核をなすのが公式組織というサブシステムである。公式組織は「二人以上の人間の意識的に調整された諸活動または諸力のシステム」と定義される。公式組織成立の必要十分条件は組織メンバーの貢献意欲、共通目的、コミュニケーションの三要素である。すなわち組織に対する貢献意欲をもち、共通目的の達成に向かう人びとの活動が、コミュニケーション・システムによって調整されるとき、組織が成立するのである。こうした組織が存続するか否かは、組織が「有効性」と「能率」を達成できるかどうかにかかっている。ここでいう有効性とは組織の目的の達成の程度のことを指し、能率とは個人が組織に貢献しようとするに足る誘因を提供できる程度のことをいう。組織は環境に適応し、組織目的を実現するという有効性を達成し、かつメンバーの組織への貢献を獲得するため、組織のメンバーにさまざまな誘因を提供し、メンバーの動機を満たすという能率を達成できなければ存続できないのである。

こうしたシステムとしての組織観、有効性と能率の概念は権限受容説などとともに、サイモン、マーチ、サイアートらの近代組織論の論者に大きな影響を与えた。

ジェームズ・G・マーチ James G. March

ジェームズ・G・マーチは、ハーバート・A・サイモンとともに一九五〇年代から六〇年代のカーネギー・メロン大学における意思決定論学派の中心人物だった。スタンフォード大学では教育学、政治学の教授でもあったマーチは、サイモンと同様に多くの学問領域にわたって学際的に活動しているため、その仕事を一言で語るのはもとより無理である。ここでは彼の二つの業績を紹介する。

まず、リチャード・サイアートとの共著『企業の行動理論』（一九六三、訳書はダイヤモンド社）では、伝統的な経済学と組織理論の融合を図っている。これは企業において意思決定がどのような過程を経てなされるのかを説明しようという試みだった。企業を内外の制約条件に適応する「適応的で合理的なシステム」として記述し、コンフリクトの準解決、不確実性の回避、問題に刺激された探索、組織学習という特徴をあげている。

一九七〇年代にはコーエンらとともに「ゴミ箱モデル」という興味深いモデルを提出した。意思決定論が実際の意思決定過程を記述するには限界があったため、より現実に近い状況を説明しようとしたモデルである。彼らは、選好に問題があり、因果関係が不明確で、意思決定の参加者が流動的である状態を「組織化された無政府状態」と名づけた。このような状態では、意思決定の場は、問題や解や参加者がばらばらに投げこまれるゴミ箱のようなものとなる。このため、問題が解決されないまま意思決定機会が終わってしまったり、問題が認識される前に意思決定が行なわれてしまったりするのである。マーチらは、このような現象をコンピュータ・シミュレーションによって分析した。

ダグラス・マグレガー Douglas McGregor（1906〜1964）

マグレガーはMITなどで教えた社会心理学者である。主著『企業の人間的側面』（一九六〇、訳書は産業能率短期大学出版部）において、彼は経営管理の思想を大きく二つに分類した。一つはX理論、もう一つはY理論という。

彼は、ファヨールなどの伝統的管理論をX理論と呼んだのだが、それは次のような前提から成り立っている。普通の人間は生来仕事が嫌いで、仕事はしたくないと思っている。たいていの人間は強制されたり、統制されたり、命令されたり、おどされたりしなければ、企業目標を達成するために充分な力を出さない。普通の人間は命令されるほうが好きで、責任を回避したがり、野心をもたず、安全を望んでいる。このような状況では、権威がもっとも重要で欠くことのできない経営統制の手段となる。

一方のY理論は、X理論とは正反対の次のような前提からなっている。人びとは働くことを望み、必要としている。仕事で心身を使うのはごくあたりまえのことで、外から統制したりおどかしたりすることだけが企業目標達成に向けて努力させる手段ではない。献身的に目標に尽くすかどうかはそれを達成して得る報酬しだいである。普通の人間は条件しだいでは責任を引き受けるばかりか、自ら進んで責任をとろうとする。創意工夫をこらす能力はたいていの人に備わっているものである

マグレガーは、人間は単なる歯車なのではなく、人間は信頼でき、ちゃんとした仕事をしたがり、創意工夫の才能をもつと考え、Y理論に

よる経営管理を主張した。さらにY理論に基づいた組織運営のあり方を追究し、業績評価、給与、キャリア、意思決定への参加、スタッフ／ラインの調整などについても言及している。

ビクター・H・ブルーム
Victor H.Vroom

モチベーション理論の代表的研究者。主著に『仕事とモチベーション』（一九六四、訳書は千倉書房）などがある。モチベーション理論には大きく分けて二つのアプローチがある。一つは人が動機づけられる要因を解明しようとする内容論である。代表的な論者としてはマグレガー、アージリス、ハーズバーグら人間資源アプローチの研究者があげられる。他の一つは人が動機づけられる過程の解明を重視するプロセス論であり、刺激反応論、期待理論、公平理論などがある。そのなかでもブルームが定式化した期待理論は、その後ポーターとローラーなどの研究者によって発展、精緻化された代表的な理論とされている。

期待理論は基本的に合理的で功利的な人間を仮定し、そうした人間の仕事へのモチベーションを定式化したものであり、主に外的報酬（金銭、上司や仲間からの能力の承認、パワーの獲得など）による動機づけに焦点を当てた理論である。期待理論によれば、人間の仕事へのモチベーションの大きさは、仕事の遂行によって得られる成果や報酬に対する主観的価値と、努力によってなんらかの成果や報酬が獲得できるという見込みの二つの要素の積として表わされる。期待理論では前者を「誘意性」、後者を「期待」と呼ぶ。

つまり、人間は仕事をすることによって得られる報酬に対して魅力を感じれば感じるほど、また努力すれば報酬を得られるとする期待が大きいほど、モチベーションは高くなるのである。したがって組織のメンバーの仕事へのモチベーションを高めるためには、その人にとって誘意性の高い報酬を適切に提供することと、仕事をすれば報酬を得られるという期待の認識を高めることがともに必要となるのである。

H・イゴール・アンゾフ
H.Igor Ansoff

アンゾフは、「戦略論」の分野において体系的な理論を展開した最初の研究者である。一般に経営戦略は、企業の成長に関する戦略を扱う「企業戦略」と、特定の市場における競争を扱う「競争戦略」とに分けられるが、アンゾフが議論したのは、前者の企業戦略である。

アンゾフはその主著『企業戦略論』（一九六五、訳書は産業能率大学出版部）のなかで、企業で行なわれる意思決定を「戦略的意思決定」「管理的意思決定」「業務的意思決定」の三つに分けている。ここでいう戦略的意思決定とは、主に企業と環境との関係に関するものであり、より具体的にいえば、企業がどのような事業あるいは製品・市場を選択するかに関する決定、すなわち「多角化の決定」を意味している。アンゾフによれば、この戦略的意思決定は、他の意思決定と比較した場合、非反復的（ノン・ルーチン）であり、しかも不確実性の高い状況で行なわれるものであるという。

この『企業戦略論』のなかで、アンゾフが提唱した有名なコンセプトに「シナジー」がある。「シナジー」とは、当該事業と進出先の事業との間に生ずる2＋2＝5となるような効果を意味する。アンゾフは、この「シナジー」が、企業が新しい製品・市場分野へ進出（多角化）する際の指針となると述べている。またアンゾフは、多角化する際の基準として、他に製品・市場範囲、成長ベクトル、競争上の利点の三つをあげており、これら四つを合わせて「戦略の構成要素」と呼んでいる。企業戦略の核心が多角化であると考える立場からすれば、この多角化の意思決定基準が、まさに「戦略」を構成する重要な要素となるのである。

このように、アンゾフは企業の多角化戦略を中心として「戦略論」の基礎となる理論を構築した。アンゾフ以後、戦略論は、ポーターをはじめとする多くの研究者によってさらに精緻化され、組織論と並ぶ経営学における重要な研究分野へと発展していくことになる。

ジェームズ・D・トンプソン
James D. Thompson

トンプソンは、アメリカにおける組織論の領域でもっとも権威あるジャーナルであるASQ（アドミニストラティブ・サイエンス・クォータリー）の初代編集委員長も務めた社会学者である。

一九六七年に出版された『オーガニゼーション・イン・アクション』（一九六七、訳書は同文館）は、経営学や組織論における古典的な業績の一つとして高く評価されている。本書は、組織と環境との関係を理論的に考察した研究書である。トンプソンは本書のなかで、組織を「オープン・システム」として捉えている。オープン・システムとしての組織は、不確実性を含んだ環境と相互作用をもち、環境の不確実性の影響を受けることになる。トンプソンによれば、組織は、環境によってもたらされる不確実性から組織の「テクニカル・コア」（技術的な合理性を発揮するための中核）を守るために「境界単位」をおき、また、環境の不確実性を積極的に削減するために「対環境戦略」をとる。

『オーガニゼーション・イン・アクション』は、命題が箇条書き的に書かれており、それに対する説明も非常に簡潔であるため、難解であるといわれている。それでも本書は、組織の環境適応や組織と技術関係を考察する際の理論的な出発点となっており、一九六〇年代後半から七〇年代にかけてさかんに行なわれた一連の「コンティンジェンシー（環境適応）理論」研究に対する重要な基礎を提供したという意味で、きわめて意義のある組織論の研究書であるといえる。

ローレンス／ローシュ
Paul R.Lawrence/Jay W.Lorsch

ローレンスとローシュはいずれもハーバード大学の組織行動論の教授である。彼らは一九六七年に著わした『組織の条件適応理論』（一九六七、訳書は産業能率大学出版部）によって、コンティンジェンシー（環境適応）理論の提唱者として知られている。

科学的管理法の萌芽以来、経営学では唯一最適な組織の追求に主眼が置かれていたが、一九六〇年代に入ると、組織の有効性の実態調査研究が数多く行なわれた結果、市場・技術環境によって有効な組織が異なることが発見され、組織の有効性が組織構造などの組織特性と環境との適合関係に条件依存することがわかってきた。ローレンスとローシュは、組織と環境との関係を扱ったこれら一連の調査研究の結果を総称して、コンティンジェンシー理論と呼んだ。その後、一九七〇年代は組織の有効性をめぐる経験データを用いた研究が全盛となり、コンティンジェンシー理論は組織論の主流になっていくのである。

ローレンスとローシュのもう一つの大きな貢献は、分化に応じた統合が環境適合性の高い組織をつくることを示した点にある。企業が対面している環境は一つではなく、たとえばマーケティング、研究開発、財務の各部門は、それぞれ市場、科学技術、金融の各セクターに直面している。それぞれの環境に適応するために必要となる組織の目標、指向する時間の範囲、対人接触のもち方が各部門で異なるため、組織は部門ごとに環境に合わせて分化するようになる。ローレンスとローシュは、この組織の内部の分化に応じて、より強度に組織を統合するメカニズムを有していることが、有効な組織の条件であることを発見した。分化した部門間のコンフリクト（対立）を統合によって効果的に解消することで、組織の各部門が空中分解することなく機能するようになるのである。

カール・E・ワイク
Karl E.Weik

組織論は、組織という見えないものを対象とした学問にもかかわらず、あるいは見えないものを対象としていたがゆえに、静的で可視的な組織図や標準手続、職務明細といったものを過大評価してきた。だが、現実の組織とは「不断に再構築をくり返さなければならない進行中でダイナミックな秩序」であり、すべての組織は一過的で壊れやすいものである。ワイクは、このような視点から、代表的な著書『組織化の社会心理学』（一九六九、訳書は誠信書房、第二版は文眞堂）において、静的な「組織」にかわって動的な「組織化」というプロセスを議論の焦点とした。

ワイクの考える組織化とは、多義性を削減し合意された妥当性を獲得することである。自明ではない何らかのインプット、つまり二つ以上の解釈が可能となる多義的な事実が組織に与えられたとき、組織の成員は、共同で新しい事実を解釈しようとし、事実に意味を与えようとする。この共同活動によって事実の意味づけが安定化されていくプロセスこそが、ワイクの言う組織化なのである。

ワイクはこのプロセスを進化論のアナロジーを用いて意味形成の自然淘汰の過程として表現した。生物は変異→淘汰→保持の自然淘汰の過程を経て環境に適応する。これに対し、ワイクは、組織が適応するのは環境そのものではなく、自らが創造した環境であるとした。組織のメンバーは環境に働きかけ、環境変化の認識において積極的な役割を果たすのだ。この適応すべき環境を自ら創造する自然淘汰の「変異」にあたる過程をワイクは「イナクトメント（enactment）」と呼んだ。イナクトメントによって環境変化の認識を与えられた組織は、解釈を当てはめて事実認識の多義性を「淘汰」し、合意に到達してそれを組織のルールとして「保持」するのである。

ヘンリー・ミンツバーグ
Henry Minzberg

ミンツバーグは、日本ではそれほど知名度は高くないが、欧米ではきわめて著名な経営学者の一人である。ミンツバーグの研究は、一貫して合理主義および既成概念に対する批判的な観点から行なわれている。たとえば、『マネジャーの仕事』（一九七三、訳書は白桃書房）では、組織管理に関してマネジャーの仕事について行なったケーススタディをもとにして、ファヨール以来の管理原則はマネジャーの仕事を何ら説明していないと断言している（ちなみに本書は、アメリカのビジネスマンや管理学を志す者の必読書であるといわれている）。また、『人間感覚のマネジメント』（一九八九、訳書はダイヤモンド社）のなかでは、マネジメントを行なう際のマネジャーの〝直観〟の役割について、ノーベル経済学賞受賞者であるハーバート・サイモンの見解に対する反論も述べている。

ミンツバーグの合理主義あるいは既成概念への批判は、戦略論の分野でも顕著である。ミンツバーグは、アンゾフやポーターによって展開された事前の合理的な戦略計画に対して批判的な立場をとり、「プロセス型」の戦略を提示している。プロセス型の戦略というのは、簡単に言えば、企業レベルで事前に戦略が決定されるのではなく、企業活動の過程で、ミドルやボトムレベルから「創発（emergent）」すると考えるものである。この点については、『戦略計画

——創造的破壊の時代』（一九九四、訳書は産業能率大学出版部）に詳しく述べられている。

このような観点に立ったミンツバーグは、戦略計画は無意味なものだとして合理計画主義者に対して過剰批判したため、アンゾフをはじめとする戦略擁護派との間に侃々諤々《かんかんがくがく》の論争が引き起こされることになった。

オリバー・E・ウィリアムソン
Oliver E. Williamson

ウィリアムソンはコースを源流とした取引コスト・アプローチの旗手であり、主著に『市場と企業組織』（一九七五、訳書は日本評論社）、『資本主義の経済制度』（一九八五）などがある。

彼はカーネギー・メロン大学で、サイモン、マーチ、サイアートらの影響を強く受け、経営者の自由裁量が企業行動にどのような影響を与えるのかについての研究を行なっている。その後、意思決定に着目した分析方法を、企業のみならず市場の分析にも拡大し、取引コスト・アプローチとして体系化したのである。

取引コスト・アプローチは、市場、企業内部双方において成立する「取引」を基本的分析単位とし、市場と企業との並列的分析を試みる分析枠組である。ウィリアムソンは、取引が市場と企業のどちらで行なわれるかは、限定された合理性、機会主義的行動といった人間的要因と環境の不確実性、取引当事者の少数性といった環境的要因によって規定される「取引コスト」を基準に決定されると主張した。

当初彼は、取引コストの節減を基準に、市場か企業のいずれかの統御機構が選択されると説明した。しかし実際には、市場的取引と企業の中間形態ともいうべき継続的取引が広く存在している。そのため『資本主義の経済制度』では、新たに「取引特殊的資産」という概念を提示し、継続的取引の存在の説明を試みた。取引当事者双方に、取引特殊的資産は特定の取引相手との関係でしか価値をもたず、取引が中断されればその資産価値は激減し、多大の損失が生じるとの認識が大きければ、この取引特殊的資産の存在は取引を継続させる効果をもちうると主張したのである。

トーマス・J・アレン Thomas J.Allen

アレンは、企業の研究開発活動の過程におけるコミュニケーションを中心に研究した経営学者である。アレンはもともとボーイング社のリサーチ・エンジニアだったが、R&DマネジメントにШ味をもってMITのマネジメント・スクールに留学し、マーキス教授（研究開発マネジメントの分野における嚆矢的な研究を行なった人物）と共同研究したのをきっかけに、経営学の研究者となった。

アレンはその主著『技術の流れ管理法』（一九七九、訳書は開発社）のなかで、研究開発組織における個人のコミュニケーションのパターンを詳細に記述・分析することにより、「ゲート・キーパー」の存在を明らかにした。ゲート・キーパーとは、組織内の誰とでも何らかのかたちで接触している、いわばスター的な存在であるとともに、組織外部との接触もきわめて多い人間のことである。このゲート・キーパーの考え方は、現在でも研究開発組織について分析する際の重要な概念となっている。その他にもアレンは、本書のなかでプロジェクト内のコミュニケーションとプロジェクト間のコミュニケーションの比較、コミュニケーションと組織構造の関係など、コミュニケーションに関してさまざまな観点からの分析を行なっている。

研究開発あるいはイノベーションに関する研究は、研究開発やイノベーションの成功に影響を与える要因を幅広く分析するアプローチと、コミュニケーションを中心としたミクロレベルのテーマに焦点を当てて分析するアプローチの二つに分類できる。後者は主にアレンの研究を基礎として発展したアプローチである。その意味でもアレンの研究は、研究開発・イノベーションの分野における重要な研究だったといえるだろう。

ウィリアム・J・アバナシー
William J.Abernathy

産業を、その発生、成長、死亡という生物のアナロジーで捉えることはけっこう多い。たとえば、造船や鉄鋼などの産業が衰退期を迎えたとか、これからはマルチメディアの時代だ、といったことがよくいわれている。アバナシーは、主著『生産性のジレンマ』のなかで、アメリカの自動車産業を詳細に分析し、このような産業のライフサイクルを技術革新のダイナミクスのかたちで描き出した。

産業の生成期には、どのような製品が市場で受け入れられるのかはわからないので、各企業が実験的にさまざまなモデルを市場に投入する（プロダクト・イノベーション）。したがって、この時代は製品についてさまざまな技術革新が行なわれる。いったん市場を支配するような決定的な製品コンセプト（ドミナント・デザイン）が確立すると、市場は急激に成長する成長期に入る。こうなると、このコンセプトに合致した製品をいかに低コストで生産し供給するかが競争のポイントになり、技術革新は生産技術において集中的になされる（プロセス・イノベーション）。その後、成熟期に入ると生産設備においても標準的な技術が生まれ、産業は寡占状態になる。大きな技術革新は少なくなり、ちょっとした改善を積み重ねること（インクリメンタル・イノベーション）で生産性を高めていくようになる。

このように成熟期に向かう過程で産業の生産性は高まっていく。しかし、それは生産工程や設計を固定化することによって獲得されるため、変化への柔軟性が犠牲となり、新たな技術革新は生まれにくくなってしまう。この現象をアバナシーは「生産性のジレンマ（productivity dilemma）」と呼んだ。

ジェフリー・フェファー
Jeffery Pfeffer

組織間関係論、パワー論の研究者。主著にサランシックとの共著である『組織の対外的コントロール』（一九七八）、『組織におけるパワー』（一九八一）などがある。

組織間関係論は経営学の主要分野である経営組織論のマクロ組織論として位置づけられている。学説史的にみると、経営組織論は、組織構造、組織過程、リーダーシップ、モチベーションといった企業の境界内部の経営現象を対象としてきた。これに対して、組織とそれを取り巻く他組織との組織間関係の生成、維持、展開といったマクロ的な経営現象に注目したのが組織間関係論だった。フェファーは、この組織間関係論のなかでも有力なフレームワークである資源依存モデルを体系化した。

資源依存モデルは、組織の資源を獲得し、維持する能力や、組織が資源や支持を依存している他組織の要求を管理する能力を、組織の存続の重要な鍵としている。

組織は、他組織のもつ資源の重要性が高く、また資源に対する他組織の自由裁量が大きく、資源のコントロールが集中しているほど、他組織に高く依存するようになる。その結果、他組織の組織に対するパワー優位性が生じる。他組織はこのパワー優位性を利用して組織にさまざまな要求や制約を突きつける。組織は他組織からの要求に応じることができなければ、他組織からの必要資源の供給を受けられなくなり、存続することができなくなる。一方、完全に他組織からの要求に従属してしまっても機能麻痺を起こし、その存続を危うくしてしまうという一種のジレンマに陥る。それゆえ組織は他組織からの要求、影響力に対して、いかに対処するのかを検討し、依存関係から発生する問題に対して、さまざまな対環境マネジネントを行なうことが重要となるのである。

エドガー・H・シャイン
Edgar H.Schein

組織文化やリーダーシップの理論に関する第一人者。主著に『組織心理学』（一九八〇、訳書は岩波書店）、『組織文化とリーダーシップ』（一九八五、訳書はダイヤモンド社）などがある。

前著でシャインは、組織における人間モデルとして、**複雑人モデル**を提唱している。それまでにも経営管理論においては、人間は金銭などの経済的刺激によって動機づけられるとする経済人モデル、職場での人間関係や仲間からの受容といった社会的欲求によって動機づけられるとする社会人モデル、自分の潜在的な可能性を仕事を通じて実現したいという欲求によって動機づけられるとする自己実現人モデルなどが提唱されてきた。しかしながら、すべての人間があらゆる状況において、このなかのただ一つの欲求のみにつき動かされて行動するというのは現実的ではない。人間の欲求は複合的なものであり、かつその人の発達段階や置かれている状況によってその内容は異なる。このように人間は複雑であるから、管理者にはその人の特性、また置かれている状況に対応できる診断力が必要となるとシャインは主張したのである。

また後著では組織文化を外部的適応と内部的統合の諸問題に関しての、組織メンバーが共有する仮定と捉えた。既存の組織文化の研究は、人びとの行動の型、規範、共有された価値などの目に見える表層的なレベルのものに目を奪われがちだった。これに対しシャインは、組織のメンバーによって共有され、無意識のうちに機能し、もはや疑問に思われることのなくなった深いレベルの基本的仮定を組織文化の本質として重視した。そしてこの組織文化を創造し、マネージしていくことが、究極的なリーダーシップの機能であると主張したのである。

ウィリアム・G・オオウチ
William G. Ouchi

オオウチは現在UCLAのアンダーソン・ビジネススクールの教授である。七〇年代の初頭から日本的経営の研究に取り組んでいたオオウチは、一九八一年に著わした『セオリーZ』(一九八一、訳書はCBSソニー出版)によって一躍注目を集めるようになった。日本的経営は当時多くの米国の経営者に関心をもたれてはいたものの、米国への導入が困難であると考えられていた。それに対し、この『セオリーZ』では、日本的経営がじつはエッセンスだけなら米国企業に充分導入可能であり、日本企業に特殊なものと考えられていた性質のいくつかは、実際には成功企業に普遍的なものだったことが示されていた。

オオウチが明らかにしたのは、強い米国企業の多くは典型的米国企業と典型的日本企業の特質を併せもった企業であるという事実だった。これらの米国企業は、日本企業のように事実上終身雇用形態を採用し、相互の信頼、行き届いた気配り、平等主義などを特徴としていた。オオウチはこれをZタイプの企業と呼んだ。そして、人間的な共同体として企業が機能することが、企業の生産性にとっても有益であると主張したのである。

Zタイプの企業では、組織がその文化において一貫性を達成している点で官僚機構とは異なっている。オオウチは、共同活動を通して形成されたこの価値観や規範、信念などが組織をコントロールする機能をもっていることに着目し、官僚機構によるコントロールに対して、これを仲間的（Clan）コントロールと呼んだ。組織のメンバーを目的に統合するプロセスとして価値観や文化の機能に着目した彼の研究は、組織文化論の先駆けとなるものだった。

バートレット／ゴシャール Christopher A.Bartlett／Sumantra Ghoshal

グローバル化は近年の企業経営におけるもっとも重要な課題の一つである。世界市場の状況は刻々と変化し、複雑化する環境において経営者は対応策を模索している。八〇年代に入ってから多くの処方箋が提案されたなかで、理論と実践の両面において大きな影響を与えたのが、バートレットとゴシャールによる『地球市場時代の企業戦略』（一九八九、訳書は日本経済新聞社）である。

ここで示された「トランスナショナル」という概念は、いわば多国籍企業の成功パターンのエッセンスをすべて併せもつものである。それまでの成功企業は、世界規模での効率性、各国の環境への適応、世界的な知識の移転のいずれかにおいて卓越していたが、彼らは、これら三つすべてをうまく達成する必要があると唱えたのである。

バートレットとゴシャールの理論が、それまでの多国籍企業論と大きく異なっていたのは、組織論の成果を活用したところにあった。彼らは、世界的企業が失敗する原因を、経営戦略の失敗ではなく、戦略を遂行するための組織力が不足していることに求めた。有効な戦略がそもそも決定できなかったり、決定したとしても実行できない点を問題視したのである。

組織には慣性、つまり変革への抵抗が常に存在する。このため、多国籍企業に国際事業部やマトリックス組織といった組織構造を単に当てはめるだけでは問題は解決できない。トランスナショナルを実現するためには、組織の非構造的側面、すなわち予算や事業計画を作成するプロセス、経営理念、組織文化などに着目すべきであり、組織における個人のメンタリティーから改革することが重要なのである。多国籍企業の議論に見事に組織論のエッセンスを取り入れた彼らの著書は、国際経営における必読文献として高く評価されている。

クラーク／フジモト
Kim B.Clark／Takahiro Fujimoto

クラークとフジモト（藤本）による『製品開発力』（一九九一、訳書はダイヤモンド社）は、近年、経営学においてさかんに行なわれている イノベーション研究の領域における重要な研究成果の一つである。本書は、イノベーションを中心とした経営学の研究論文の多くで引用されているが、それだけではなく、経済学や経営工学など他の研究分野の研究者にも影響を与えている研究書である。

現在、クラークはハーバード・ビジネススクールの学長、藤本は東京大学経済学部の教授であるが、本書にまとめられた研究は、藤本がハーバード大学の博士課程に在籍しているときに行なわれた。

イノベーションに関する体系的な研究は、一九六〇年代後半から行なわれてきているが、従来の研究の多くは、単一国内の産業についての議論が主流だった。それに対して、クラークと藤本は、自動車産業を対象として、国際競争と製品開発との関係に注目した国際比較調査を行ない、高いパフォーマンスを生む製品開発パターンを明らかにしている。『製品開発力』には、実証分析からいくつかの重要な結果が示されているが、それらの結果をもとに提示された重要な概念の一つに「重量級プロダクトマネジャー（ＨＷＰＭ）制」がある。ＨＷＰＭは、製品の統合性を確保するための強力な権限をもったプロジェクト・リーダーのことである。自動車は複雑な製品であるため、その開発においては、多数の機能部品をいかにうまく統合するかが製品の善し悪しを決める重要なポイントとなる。それをうまく行なうための仕組み（制度）がHWPMである。

近年は、クラークと藤本による研究をもとにして、他の産業に関しても同様の観点からの研究が数多く行なわれるようになってきている。

プラハラード／ハメル
C.K.Prahalad／Gary Hamel

企業の競争力の源泉としての経営資源は、経営戦略論の中心的なコンセプトの一つである。にもかかわらず、経営戦略論が議論されるようになった当初は、企業環境の分析を重視する方向で発展したため、経営資源に関する議論はあまり話題とならなかった。だが、それまでの環境分析重視型の戦略論への批判が噴出した一九八〇年代後半になって、経営資源の形成に注目した戦略論がさかんに議論されるようになった。

競合相手に対して明確な優位性をもつ企業独自の中核的な資源を「コア・コンピタンス」として定義したプラハラードとハメルは、この経営資源を重視する戦略論の中心的な論者である。

コア・コンピタンスは、本田のエンジン技術やソニーの小型化技術といった企業のコアとなる技術と、それを形成する組織の能力までを含んだ概念である。企業内の多くの部門が関わった知識やスキルの集大成であるコア・コンピタンスは、企業の継続的な投資の成果であり、その獲得には長い期間を必要とするため、他企業には容易に模倣されない。したがって、最終製品の競争力を議論の中心にすえた戦略論では説明できなかった企業の持続的な優位を説明できるのである。

ハメルとプラハラードが一九九四年に著わし

た『コア・コンピタンス経営』（一九九四、訳書は日本経済新聞社）で示した処方箋には、フォームに書き込むようなビジネスプランは存在していない。彼らが強調したのは未来を想像し、目先にとらわれず未来に賭けて継続的に投資することであった。彼らの仕事は、多くの企業で戦略担当部門が解散したり大幅な縮小を余儀なくされている一九九〇年代において、失われてしまった「戦略」に対する企業の信頼を取り戻すための、新しい戦略コンセプトの提案だったのである。

野中郁次郎
Ikujiro Nonaka

「変化する環境にダイナミックに対処したいと願うのであれば、情報・知識を単に効率的に処理するだけではなく、それらを創造するような組織であらねばならない。さらに、組織成員は受け身であってはならず、イノベーションの積極的な推進者でなければならない」という考え方から、野中は一九九五年に竹内弘高とともに『知識創造企業』（東洋経済新報社）を著わし、組織的知識創造の理論の提唱者として世界に名を知られる。

一九六七年にアメリカに渡り、カリフォルニア大学バークレー校で博士号を取得。当初はコンティンジェンシー理論の研究者としてスタートしたが、日本企業のイノベーション・プロセスの研究を通して、組織を情報処理過程と見る考え方に疑念を抱くようになり、組織が情報・知識を創造する側面に注目するようになる。日本企業の実践のなかに知識創造マネジメントの普遍的な理論化の可能性を見いだした野中は、知識を創造する主体的で信念をもった存在として組織をとらえなおして、独自の「組織的知識創造」の概念を提示するにいたる。

「組織的知識創造」の理論では、ポランニーの区分による暗黙知と形式知の相互作用に焦点が当てられる。知識創造の過程では、異なった知識間の相互作用が個人レベルと組織レベルとを循環すること（野中はこれを知識スパイラルと呼ぶ）を通して、個人の知識が明示化され、組織全体の知識に変換されていく。この組織的知識創造の担い手として、ミドルマネージャーの役割が重視される。ミドルによる、トップの示す理念と現場の直面する現実との橋渡しのなかから、知識創造が促進されるのである。

PART 5

個人・交渉場面・組織における意思決定の理論

個人の意思決定と集団の意思決定を比較する!

長瀬勝彦（駒澤大学経営学部助教授）

企業の内部では日常的にさまざまな意思決定が行なわれている。経営トップが策定する「全社投資五カ年計画」のような全体的、長期的意思決定から、ヒラの営業部員がその日の得意先回りをどこから始めるかといった局所的、短期的意思決定に至るまで、数え上げればきりがない。

その意思決定を企業内部の誰が行なうかであるが、経営会議や部課の会議などで集団的に議論して決めるものもあれば、社長や各担当者が個人的に決定するものもある。ただし企業の意思決定では、厳密な意味での個人的意思決定というものは考えにくい。一見したところ担当者の個人的決定のようでも、そこに至るまでには社内のいろいろな人から情報提供や助言、命令があるのが普通である。企業の効率性や創造性はそういう組織的、集団的認知活動の良し悪しに負うところが大きい。

昔から「三人寄れば文殊の知恵」といって、個人よりも集団のほうがいい知恵が出るとされてきた。当たり前ではないか、と思われるかもしれないが、事はそう単純ではない。条件によっては逆に集団よりも個人のほうが意思決定に優れていることだってある。以下では、個人と集団の意思決定を比較しながら説明しよう（ただしここでは、意思決定という用語に問題解決などの認知活動全般を含むものとする）。

本論に入る前に、個人と集団の意思決定を分析する際の方法論について触れておこう。紹介するのは、ケース・スタディー（事例研究法）と実験的研究方略である。この二つは、ある意味で対極をなすアプローチである。

成功物語《ケーススタディ》が経営者を励ます理由

典型的なケース・スタディーとは以下のようなものである。A社の開発したXという新製品がヒットを飛ばしたとしよう。それに興味を抱いた研究者が、A社内外の関係者に当時の模様をインタビュー（聞き取り調査）して回る。ポイントは、いつ、どこで、誰が、どんな意思決定をしたかである。研究者はそのほかにもいろいろな資料を集め、それをふるいにかけ、再構成し、製品X開発の成功要因は何であったのかを特定化していく。アメリカの経営学の本山の一つであるハーバード・ビジネス・スクールには、そのようにして作成された膨大なケースが蓄積されていて、学生はそれを徹底的にたたき込まれるのである。ところが科学論からみた場合、この手法には大きな問題がある。経営学のような社会科学が分析対象とする社会現象は、歴史上ただ一回しか生起しない。A社の開発した製品Xのような現象は、本質的にそれぞれが特殊事例なのである。しかし、それでは困るのだ。科学の俎上に載せて原因／結果の因果関係を特定し一般化するためには、現象の再現性、反復性が不可欠なのである。

それはなぜか、身近な例で説明しよう。家庭の電化製品の調子が悪いときに、メーカーの修理センターに持ち込んでも、「再現性がないので修理のしようがありません」と、そのまま返してよこすことがある。機械に同じ操作をしたときにくり返し不具合が起こってくれれば（たとえば音量つまみを回しても音が大きくならないとか）、原因の特定は比較的容易である。しかし修理センターで同じ操作をしてみてもまったく問題なく動作するのでは、ユーザーの言うとおり本当に機械が故障しているのか、それともユーザーが何か勘違いしているのかすらもわからない。

ケース・スタディーでも似たようなことが起こる。研究者甲と研究者乙が同じ事例を研究した結果、それぞれが別々の成功要因を見出したとする。甲論乙駁、まさにそこから科学は始まるのであるが、ケース・スタディーでは、どちらの説が妥当であるかを客観的に判定するすべがない。なにしろ再現性がないのだから。結局はストーリーとしてできのいい説のほうが生き残ることになりかねない。

人間という動物は、物語とともに生きている。インタビューを受ける当事者の記憶は、時の流れにつれて意識的にも無意識的にも物語化していく。成功体験であればあるほど、何回もくり返し語られれば語られるほど細部が取捨選択され、あるいは誇張され、物語としてドラマチックになる。

もっとも、それはそれで意味のあることであって、ある経営者が他社の成功物語を読んで「自分もこんなふうに頑張ろう」と奮い立って頑張っているうちに、ついには自分も成功してしまう、というのはよくあることである。

極端な話、宗教者や占い師におうかがいを立てて（宗教にのめり込む経営者は意外と多い）、その指示どおりにやったらうまくいったということだってある。それはその宗教者に予知能力があったからではない。進むべき方向を示してもらったおかげで経営者が悩みから解放され、自信をもって事にあたったおかげかもしれないし（これを「予言の自己成就」という）、単なる偶然の産物だったのかもしれない。それでも、ビジネスはある意味で結果オーライの世界であるから、当たると評判の占い師には相談に訪れる経営者が引きも切らないのである。

研究者はまだほとんどいないが、経営学における実験的アプローチも重要！

次に実験的研究方略である。経営学の分野で実験的アプローチを採っている日本の研究者は今のところほとんどいないが、研究方略としての重要性は引けを取らない。

典型的な実験では、被験者を大勢集めて実験群と統制群に分け、それぞれ条件を変えて意思決定（または問題解決）をやってもらう。その結果、両群間で統計的に意味のある水準で差が出れば、それは統制された条件の違いによるものであるとみなすのが妥当とされる。

このアプローチの眼目は、他の研究者の研究結果に興味を抱いた研究者は、同じ手順で実験（追試）をして、同じ結果になるかどうかを自ら確かめることができる点にある。多くの学者によって追試がくり返された結果、訂正されたり棄却されたりした仮説はいくらでもある。それが科学の進歩というものだ。実験的研究方略は、ケース・スタディーのように「ああも言えるがこうも言える」というあいまいなものではない（実験のような還元主義的な科学の在り方自体にも限界はもちろんあるし、「複雑系」などの議論にもつながるのであるが、ここでは触れないことにする）。

ただし、科学としての厳密さを確保する代わりに犠牲にしなければならない部分もある。数多くの要因が複雑にからみ合った問題、長期的に多数の人間が関わる意思決定などは経営学の対象として重要であっても、実験的アプローチで解くことは難しい。条件統制が困難であるし、そもそも費用がかさみすぎて現実的ではない（仮に百人からなるバーチャル企業を三カ月動かすとして、できれば実験群と統制群それぞれに三十企業は欲しいから、被験者への謝礼金だけでもいくらになるか、計算する気にもならない）。

また、実験によって得られた仮説は「科学的」ではあっても、限定がいくつもついたシンプルな仮説は物語化に向かないため、実際にマネジメントを行なう経営者が聞いて元気が出るとはかぎらない（その点は占い師のほうが一枚上手かもしれない）。

以上述べてきたように、いずれのアプローチも万能ではなく一長一短がある。したがって、それぞれが相互補完的に意思決定現象を説明していかねばならない。

もっとも優れた人・劣った人の能力が集団の効率を決めるケース

さて、本題の個人と集団の意思決定についてであるが、そこには多くの要因が複雑にからみ合っている。とても一言で片づけることはできないので、各論で語ることにしよう。取り上げるのは、集団構成員の個人的能力と解くべき問題のタイプとの関係、集団構成員の能力の多様性と成果との関連、リスクを含む意思決定、ストレス下の意思決定である。以下、順にみていこう。

第一に、集団の各構成員の個人的能力が集団の能力にどのように関係するかである。集団のメンバーの個人的能力には多少のばらつきがあるのが普通であるが、問題の特性によっては一部のメンバーの能力が決定的な影響を及ぼすことがある。

「ユリーカ問題」と呼ばれる種類の問題がある。アルキメデスが浮力の原理を発見したときに思わず「ユリーカ（わかった）！」と叫んだという伝説にちなんだ用語で、正しい解を示されれば誰もが容易にそれが正しい解であると納得できるタイプの問題をさす。なぞなぞを複数の人間が同時に考えているとしよう。そこで誰かが最初に「わかった！　答えは○○

だ！」と言うと、それを聞いた他のみんなも「ああ、そうだったのか」と、瞬時に納得することがあるが、あれがまさにユリーカ問題である。

集団のメンバーの誰かが正解に到達すればそれでよしとするタイプの問題を、スタイナーは「非接合的な問題」と名づけたが、この場合、集団の効率は基本的に集団構成員のなかで最優秀の人の能力に依存する。他のメンバーがどんなに無能でも、抜群に優秀な人がひとりいれば、そこそこ優れたメンバーが揃っている集団よりも非接合的問題には強いということになる。

逆に、もっとも能力の劣るメンバーの能力に集団の効率が依存するタイプの問題もある。運動会の二人三脚では、いくら片方の足が速くてもだめで、遅いほうのランナーの足が速い組のほうが有利である。工場の流れ作業では、他の作業員がどんなに手早くても、ベルトコンベアーの速度はもっとも作業の遅いメンバーの作業速度に合わせざるをえない。このようなタイプの問題を「接合的な問題」という。このように、集団の能力は必ずしも各構成員の能力の平均値で計ることはできないのである。

もちろん多くの仕事は、メンバー全員の平均的な能力がものをいう。たいていの企業の営業課の成績は、ひとりふたりの極端な能力の持ち主ではなく、その他の大勢の一般課員の平均的な力がその成績を左右する。こういうタイプの問題を「加算的な問題」という。

属性や能力が均質な集団とばらつきのある集団は、どちらが問題解決力があるか?

第二の要因は集団構成員の多様性である。集団の構成員の知性、専門的能力などの属性がばらばらな集団と均質な集団とでは、問題解決力が異なることがある。

ゴールドマンは、知能テストによって被験者を高位群(H)、中位群(M)、低位群(L)に振り分け、ペアを組ませて共同で問題を解かせるという実験を行なった。ペアはHH、MM、LL、HM、HL、MLの六タイプになる。ショーが前の三つを同質ペア、後の三つを異質ペアとみなして双方の平均点を比較したところ、異質ペアの点数が同質ペアを上回っていた。

また、ローリンらはトライアド(三人組)に対して同様の実験を行なった。トライアドのタイプはHHH、HHM、HHL、HMM、HML、HLL、MMM、MML、MLL、LLLの十タイプである。ショーはこのうちHHH、MMM、LLLの三タイプを同質チームと見なして、これらを合わせて同質チーム全体としての平均値をとり、HMLチームの平均値と比較した。すると、HMLチームの平均点が同質チーム全体の平均点を上回っていた。三つの同質チームのなかでHMLチームよりも平均点が高かったのはHHHチームだけだった。

このような比較の仕方は、やや大雑把ではあるけれども、異質チームのほうが同質チームよりも優れている可能性を示す重要な指摘である。

個人決定よりも集団決定のほうがリスクの大きい選択をする!?

第三に取り上げるのは、リスクを含む意思決定である。あなたも職場の会議や学校のホームルーム、サークルのミーティングなどで集団で議論した経験があるだろう。そんな議論から生まれた結論は、メンバーの意見の平均値に落ち着くのが常なのだろうか。それとも、会議の結論がメンバーの多くが予想もしなかった極端なものになってしまって驚いた経験はないだろうか。

リスクを含む意思決定では、集団討議が極端な結論に至る場合があることがワラクらの「選択のジレンマ」に関する実験からわかっている。選択のジレンマとは、成功すれば素晴らしい結果になる代わりに、失敗するとひどい結果になる選択肢（リスクもリターンも大きい選択肢）と、たいした成功も失敗もない選択肢（リスクもリターンも小さい選択肢）のどちらを選択するか、という状況である。

実験では、ある人が選択のジレンマ状況に陥っている（たとえば、今より高額のサラリーが得られるけれども不安定な仕事に転職するか、それとも現在の可もなく不可もない仕事を続けるべきかどうかを悩んでいる）ことが知らされ、「もしあなたがその人にリスクの大きい選択肢を選ぶように勧めるとしたら、その選択肢に最低何割の成功確率が欲しいか」を、被験者に回答させた。

実験は、最初は個人の考えを書き、続いて小集団で同じ問題を議論し、集団としての全員一致の回答をまとめるという手続きで行なわれた。すると最初の個人決定の平均値よりも、後の集団決定のほうがリスク志向的な場合があったのである。この現象は「リスキー・シフト」と名づけられた。

これは面白いというので、大勢の学者が追試を行なって、リスキー・シフト発生の原因を探った。その結果提出された仮説は、細かく分けると軽く両手に余るほどである。集団の議論をリードするリーダーにはリスク志向的な人間が多いからという説、リスクを取る選択肢のほうがドラマチックで大向こうの受けがいいからとする説、などなど。

困ったことに（？）、追試を重ねるうちに、リスキー・シフトとは逆に、集団で議論するとリスク回避に振れる「コーシャス・シフト」現象があることもわかってきた。そうなるとリスキー・シフトしか説明できない仮説はかなり旗色が悪くなったが、結局今に至るまで両方をうまく説明できる決定的な仮説は現われていない。

なお、関連して私の行なった実験では、リスキーかコーシャスかという次元ではなく、自らの意思決定へのフィードバックに対する反応の違いが見られた。個人よりも集団のほうが、しかも構成員数が多いほどフィードバックに敏感かつ単純に反応したのである。むしろ個人のほうが、ある意味で慎重な意思決定者であった。

「ボス・ストレス」が高いと、知性の高い者ほど仕事ができなくなる!

問題解決の主体である個人や集団が置かれている状況が、問題解決効率に影響することがある。第四の要因として、個人や集団がさらされているストレスをみることにしよう。現実の企業、官庁、軍隊などにおける意思決定はストレス下で行なわれることが少なくない。その意味でもストレスは、重要な要因である。

いくつかの研究結果によると、人間の知性を記憶力と論理的思考力に分けた場合、前者はストレスの影響を受けにくいのに対して、後者は比較的影響を受けやすい。論理的思考力の高い者は、ストレスが小さいときは高成績をあげるけれども、ストレスが大きくなると逆に論理的思考力の低い者の成績が上回ったりする。さらに、ストレスの大きい状況では知性より経験がものをいうという研究結果もある。

ストレスの原因の違いが、知性と成果の関連に違いをもたらすこともある。仕事そのものに起因する「ジョブ・ストレス」については知性と成果には関連がないけれども、上司との人間関係から生じる「ボス・ストレス」は、ストレスが強いときにかぎって知性と成果に負の相関をもたらす。すなわち、ボス・ストレスが高いと、知性の高い者ほど仕事ができなくなってしまうのである。

集団レベルの問題としては、ストレス下にある集団は、迅速で、直接的で、仕事志向のリーダーの指示に従いやすい。本当はそんなリーダーが示している解は不適切な解かもしれないが、当人たちはそんなことにはなかなか思い至らない。さらに、ストレス下にある集団は、ストレスから逃れるために即時の意思決定を欲するようになるし、不確実性のストレスにさらされている者は、攻撃的で力強いリーダーに影響されやすい。

歴史上の独裁者の多くは、社会や国家が危機に陥ったときに大胆な改革を主張して登場し、大衆の支持を受けたことを思い起こしてほしい。平時であれば、一部に過激な人がいても、みんながそれに引きずられることはない。しかし社会全体がストレス下にあると、時としてとんでもない方向にうねりを巻いていくことがあるのである。

なぜ「集団的浅慮」が生じてしまうのか？

ここまで、リスクを含む意思決定、均質な集団、知性の高い集団構成員、高度のストレスなどの要因が個人や集団の意思決定を左右することをみてきたが、このすべてが関連した現象に「集団思考（集団的浅慮ともいう）」がある。集団思考とは、集団で議論した結果、かえって愚かな結論に至ってしまう現象である。ジャニスという学者が、アメリカ合衆国の過去の政権が重大な過ちを犯した事例を集めて分析したところから導いた用語である。

ジャニスによると、大統領が愚かな決定を下したときには、その政権スタッフからの助言に問題があった場合が少なくなかった。たとえば、トルーマン大統領のスタッフは一九五〇年の朝鮮戦争の拡大を支持したが、これは「アメリカの北朝鮮への侵攻に対しては武力をもって抵抗する」という中国の警告を軽視したものだった。またケネディ大統領の政策スタッフは、六一年のピッグズ湾侵攻の決定を支持したが、計画自体の無謀さや、その侵攻が他の諸国との関係に傷をつけるという情報を無視したものだった。さらにジョンソン大統領の「火曜昼食会」のメンバーは、六〇年代半ばのベトナム戦争拡大を支持した。北ベトナムを打ち負かす可能性は低いこと、国内政局にも好ましからぬ影響を及ぼすことを賢明にも予想したいくつかの報告書は無視されたのである。

集団思考は企業のトップマネジメント・チームの意思決定においても観察される。バファロー・マイニング社のトップは、バファロー・クリークにダムを建設するにあたって鉱滓を積み上げるという方式を試すことにした。技術者や保険調査員は、その方式はあまりに危険であると警告したが、無視されてしまった。その結果、七二年にダムが決壊し、死者百二十五名を数える大惨事をもたらしたのである。日本の企業や政府機関でも、同様に愚かな意思決定が行なわれた例は枚挙にいとまがない。

集団思考の起こる原因としては、集団が斉一性を保とうとするあまりに異論を許さない雰囲気が醸成されることなどが考えられている。その先行要因として、外部からの集団の孤立、公平なリーダーシップの欠如、適正な意思決定手続きを遵守する規範の欠如、メンバーの社会的背景やイデオロギーの同質性などが挙げられている。

ただし、ジャニスの議論は必ずしも実証されているわけではないし、挙げられたケースの解釈にも異論が差し挟まれている。さらに前述したケース・スタディーという方法論がはらんでいる問題点もある。またネクとマンズは、集団思考とは逆の現象、すなわち、集団作業によってより建設的になり相乗効果がもたらされる現象があるではないかとして、それを「チーム思考」と命名し、ジャニスの理論に反論している。

個人と集団の意思決定というテーマは、まだまだわからないことだらけである。しかも、リスキー・シフトに対してコーシャス・シフト、集団思考に対してチーム思考というように、注目を集める発見に対して、後になってアンチテーゼが提出されることがこの分野では少なくない。それだけ人間の認知が複雑で、個人や集団の意思決定の実証的分析が一筋縄ではいかないということでもある。

しかし少なくとも、集団の意思決定が個人の意思決定の単なる平均値であるとは考えられない。イナゴは個体でいる時と、大発生して群れをなしている時とではまったく異なった振る舞いをするという。人間にも、少しそういうところがあるのかもしれない。

交渉者《ネゴシエーター》のための処方箋

奥村哲史（滋賀大学経済学部助教授）

ネゴシエーション、パワー、組織ポリティクス……これらはいずれも、あらゆる経営組織の内外で発生する現象として日常的に観察され、また我われ自身が経験する。しかし、交渉や権力、あるいは組織における派閥や結託といった政治的行動が経営学や組織論のテキストのレギュラー項目として登場するのは、ごく一部を除き、最近になってからである。しかもそれはアメリカでの事情で、日本での関心はまだまだ萌芽的段階だといってよいだろう。

「交渉」が経営学の研究対象として急浮上してきた理由

「交渉」、それにパワーや組織政治が経営学の標準課題になってこなかったのには、大きく四つの理由があげられる。これらは、最近になって「交渉」が経営学の研究テーマとして急速に注目されるようになった社会状況の変化を逆照射してもいる。

まず第一に、ネゴ、権力、政治的行動といった言葉に付随するイメージが、およそ学術研究の対象とはかけ離れていると思われてきたことがある。これらを研究するなどといえば、トリッキーな駆け引きで人を出し抜き、支配する、なにやらダーティな操りのテクニックをやっているのか、というラベルを貼られることはしばしばで、一九七〇年代初めにハーバード大学でネゴシエーションの講座が開設されたときは、『ウォール・ストリート・ジャーナル』紙は実際にそう言って批判した。

第二は、経営学におけるパラダイム・シフトである。経営学のなかでも組織のミクロ的側面をあつかうリーダーシップ論、モチベーション論などの伝統的領域が、いろいろなモデルがひととおり出揃うとともに七〇年代にいきづまる。その閉塞状況を打開する一つの道として提唱されたのが、研究方法論の見直しであり、過去に正統派とされた視点にとらわれず、組織のリアリティにより接近しようというアプローチだった。ここでネゴシエーション研究も、従来の労使交渉論への限定が解除され、多彩な展開を見せはじめる。

第三は、組織論の成長である。組織はオープン・システムであり、機械的な装置というよりも有機的な生き物なのだ、という考え方が一般化しているはずなのだが、機械的組織観の影響は意外に根強かった。そこでは、交渉は公式組織がきしむときに、たまにさす潤滑油のようなもので、個別的・例外的な対処くらいにしか見られない。しかし実際は、組織は交渉でできている。組織はチャートで示されるような固定した存在ではなく、K・ワイクのいう「相互の連結行動からなるオーガナイズィング（組織化）の状態」なのだ。病院の研究から、「ネゴシエーションが組織の秩序を形成するのだ」と言ったA・ストラウスはその先駆けである。

第四は、交渉が要求される場面が企業経営の現場に急増していることである。営業担当者や調達担当者などに典型的な売り買いの交渉業務も、系列取引の変貌とともに変化の波にさらされているし、年功序列慣行や終身雇用慣行のもとに安定していた採用や昇進昇給システムにも、現在プロ野球などで見られるような個別の契約交渉が要求されることは明白である。経営のグローバル化が進み、企業の戦略的提携、人事・人材の国際化、競争関係の多様化が進展すると、交渉の要素はさらに複雑になる。

ネゴシエーションについてのこうした一連の要請は、いいかえれば、組織や社会の構成要素や形態の変化が、コンフリクト（摩擦やあつれき、利害の衝突、紛争、意見の対立、期待・思惑のズレ）解決を日々求めてくることにほかならない。

フラット化する組織でますます重要さを増すネゴシエーター

米国ゼネラル・エレクトリック社の研究などで有名なN・ティシーは、「交渉はマネジャーのスタンダード・プラクティスだ」といい、経営戦略論から管理者行動論まで幅広い研究射程をもつH・ミンツバーグは、「交渉者の役割がマネジャーの仕事のもっとも重要な部分である」という。

このように「交渉」の重要性は、公式のタテの権限関係では結ばれていないヨコのつながりや組織外部との関わりに注目して組織を診断することでますます認識されるようになる。旧来のリーダーシップ研究がもたらした、仕事に厳しく（課業志向行動）、人にあたたかく（人間関係志向行動）という二次元の働きの大切さは不変であるが、経営環境の変化に適応する組織を追求するために、管理者には新たな次元の行動が期待されるようになった。金井壽宏の指摘した「組織の外に向けての行動と、戦略性と革新性をもった行動」である。次ページの図にあるように、マネジャーとして任されているユニットの仕事と部下の管理に加えて、組織内での革新的試みが要求するウエへの影響力、ヨコとの調整力、ソトからの情報やサポートの獲得力、さらにこの複雑な諸関係のネットワーキングには、ヨソの既得権の侵犯はつきもの、すなわちコンフリクトの発生は不可避であり、それをときほぐすスキル、すなわち問題解決能力としての交渉力が不可欠になる。

組織構造でいえば、いくつかの理由からピラミッド型の組織がフラットに、という改革が進行しつつある。フラットな組織では、組織階層が減らされるとともに、階層に与えられていた役職や肩書きも消滅する。すなわち、階層上の地位に備わっていた公式権限と非公式権力が消去あるいは縮小されることを意味する。公式権限がなくなることで旧来の上役としての威光を着ることができなくなる。また、情報ツールとシステムの格段の進化により、組織

[マネジャーの交渉フィールド]

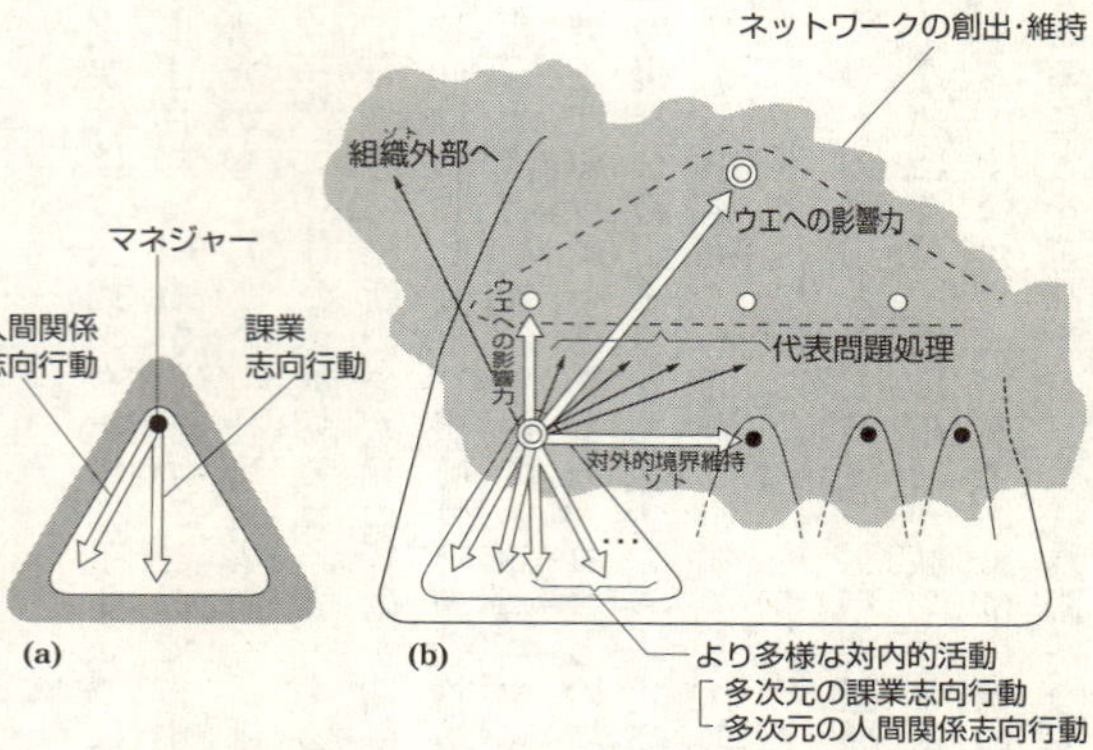

(a) 外界から遮断されたカプセル内リーダーシップ
(b) 大規模で，複雑，重層的なシステム内の1ユニットの管理者行動

出典：金井壽宏『変革型ミドルの探求』白桃書房　1991年,182ページ（筆者が一部改変）

の各セクションに収納されている情報を握ることや組織の情報が流れるチャネルを押さえることで、階層上の地位に君臨するというこれまでのスタイルも難しくなる。

したがって、ヒトとコトを動かすにあたって別のパワー源を獲得しなければならない。人間性、人柄はもとより、障害物となる多方面の利害関係を適切に分析、診断するための情報収集、トレードオフ（交換案件）の創出によって、成果にむすびつけていく総合的な力が交渉力なのだ。

交渉場面の「七つの落とし穴」

一九七〇年代の終わりから八〇年代、経済社会や組織現象を解説する認知心理学が急成長する。なかでもとくにD・カーネマンとA・トゥヴァスキーの一連の研究は、意思決定論に大きな貢献をもたらした。こうした先達の業績をマネジャーの判断と行動に適用したM・ベイザーマンとM・ニールの『Negotiating Rationally（拙訳『交渉の認知心理学：戦略的思考の処方箋』白桃書房刊）は、R・フィッシャーとW・ユーリーの『Getting to Yes（邦題「ハーバード流交渉術」）』と並ぶ交渉論の必読文献になった。

ベイザーマンとニールは、マネジャーが交渉する際に陥りやすい落とし穴を意思決定の七つのバイアスとして指摘した。①深入り。交渉の初期段階にとった方針にしがみついてしまい、それが最良の選択でないことが明らかになっても行動を修正できない、しない。②パイの大きさは決まっているという迷信。相手の要求（得）は自分の犠牲（損）、逆に、自分の獲得は相手の損失になると決め込む。③係留効果。与えられた条件に乗っかり、それを基準にしてしまう。④フレーミング（枠付け作用）。固定観念も錯覚も正常なればこそなのだが、勝手に事実の断片だけを切り抜いて、あるいは特定の視角から判断する。⑤情報の誘惑。思い出しやすさ、検索のしやすさ、手に入れやすさ、などはしばしば情報の質に優先する。⑥勝者の呪縛。もっとも高い値をつけて競り落としたことは本当によかったのか。⑦自信過剰。好ましい結果への期待が、さしたる根拠のないまま確信にすりかわる。

以上の心理的トラップにかかった悲劇は、我われ個人の日常生活のみならず、大企業のトップや国家や官庁の意思決定とその帰結にも多くの例を見ることができる。たとえば①企業買収の過程で、競合企業の予想外の参入はあったものの、予定していた額の数倍もの資金を投入し、目的の企業は買収できたものの、その後、親会社本体の経営に危機を招いたA社。②生き残りをかけた合併案を自らつぶし、倒産したB銀行。③時流に乗り、言い値で買った不動産をわずか数年後みすみす手放すはめになったC社。④海外の現地法人で起こったセクハラ訴訟に日本的な感覚をそのままもち込み、事を荒立ててしまったD社。⑤社内でもリストラによる建て直しが必要だとの声があったにもかかわらず、イエスマンばかりを側近におき、廃業に追い込まれたE証券。逆にトップに異を唱える社員を重宝し、ついに社長に据えたことで好業績をあげているF社。⑥プロ野球界最高の年俸で獲得したフリーエージェントの選手が期待外れの成績に終わったG球団。⑦特許侵害のかどで個人発明家から訴えられ、法務部の「九〇％以上の確率で勝てる」との判断で訴訟にのぞみ、以前に提示されていた和解金の十倍以上もの賠償金を支払ったH社、などなど。

　こうした意思決定におけるバイアスは、複数のものが同時に作用することが多く、また必ずしも特殊なことではないため、一般消費者を誘引する販促活動にも意図的に活用されていることが少なくない。

増加する「異文化間交渉」

　企業行動の国際化は確かに着実に進んでいる。しかし、文化の違いに関する知識はおそろしく未熟である。これは日本企業にかぎらないことながら、文化の誤解によってビジネスが揺さぶられる泣き笑いのエピソードは事欠かない。もっとも、日本人特殊論の先入観を利用してあらかじめ相手を守勢に立たせるという駆け引きもあり、単発的な売買交渉などには有効な場合はあるらしい。しかし、大がかりな投資を要する企業の戦略的提携のための交渉には、文化差の軽視は大きな潜在的危険をはらんでいる。

　最大の貿易相手国であるアメリカの文化についても、基礎知識を欠いた行動がいたるところで見られる。訴訟ビジネスがさかんであることはわかっていながら、適切な弁護士を雇うすべさえもたない企業も多い。ハイテク特許の裁判に離婚調停専門の弁護士を雇ってしまうなどといったことさえあるのだ。

しかも、こと文化についての認識不足は、いたずらに情緒的反応を巻き起こす傾向がある。一九九七年、伊良部投手が大リーグのニューヨーク・ヤンキースに入団したときのスタイルについての日本国内での批判は、その代理人への非難とともに、自国のローカルな枠組にもとづく一方的な感情論だった。

異文化間交渉の研究は、企業の国際交渉の現場に関わり、分析するのが理想的なのだが、その機会に恵まれることは残念ながらきわめてまれである。我われが現在進めている調査は、ケース教材を使った多案件型の模擬交渉のプロセスを録音し、やりとりをすべてコード化したうえで、交渉の数量的パフォーマンス、文化と価値尺度に関する質問票のデータとともに分析する方法をとっている。

インター・カルチャー型としては、米国のある大都市圏で日系企業に勤務する日本人マネジャーと米国企業に勤務する米国人マネジャーの参加で、日米交渉のシミュレーション・データを得、日本人同士、米国人同士で行なった同一内容の模擬交渉のデータと比較するといった作業を進めている。またクロス・カルチャー型としては、同じケースを用い、日米仏露豪それに香港、ブラジルの比較を行ない、文化的価値観と交渉成果のあいだに、いくつかの相関関係を見出している。

国際化、グローバル化という標語の流行とはうらはらに、アメリカにかぎらず海外に進出してきた日本企業の中で適切な水準の収益をあげている成功例は少ないといわれるのは、異なる文化との接触に潜むコンフリクトを解決するための思考とスキルの欠如によるところが大きい。

異文化への洞察力は、語学力と同じく短期で習熟することは難しい。さらに交渉力も、ネゴシエーションが必要な環境に入ってから身につけようと思って得られるものではない。それらはいずれも日々の活動と連続している。だからといって、タフな精神力、太い胆、豊かなユーモアに支えられた交渉武勇伝で伝えられる過去の一部のビジネスマン以外は、お粗末な交渉者に終わるしかないのかというと、状況はそうとばかりもいっていられない。我われの身の周りにも、意識的に交渉を考え、コンフリクトを解決しなければならない場面が増えつつあるからである。

「社会的ジレンマ」を「交渉」の視角から解く！

これまでは、あうんの呼吸で、あるいは露骨な競争を避けるため談合で、また年功序列や系列取引で相互にメリットが確保でき、テーブルを挟んであからさまな交渉をする必要が必ずしもなかった日本にも、変化の波濤は及んでいる。

たとえば今日の典型的な課題の一つに環境問題がある。我われは物質的に豊かで便利な暮らしを享受できるようになった反面、増えるごみの量の深刻化を感じはじめている。ごみ焼却場の新設が必要だ。しかし我が家の近所に建てられるのは嫌だ。ごみの回収運搬車両が通るのも反対だ。もちろん今の便利な暮らしは捨てられない。ごみは出る。どこかに焼却場、処理場を建設しなければならない。

日本のようなかたちで土地所有の民主化が進んできたところでは、こうした問題の単純解決は難しい。中間点で妥協しようとする分配型の交渉では、綱引きのまま膠着し、まとまらないケースもでてくる。また、成田空港の用地問題が象徴するように、公権に依存するなどの拙劣な交渉がもたらす社会的負担は、金額でははかりきれない大きさに膨らむ。

これを避けるためには、どこかにトレードオフ（交換案件）を見出すような創造的な問題解決あるいは統合型の交渉、それにていねいに対話を重ねることによる公平感の共有など経済合理性を超えた感覚の醸成を具体的なアクションによって実現しなければならない。

方法は常に複数ある。そのなかからよりよい手段を選ぶ、すなわち、ただ合意に至ればよいというのではなく、よりよい解決にいたるプロセスの選択が重要になる。こうした考え方で炭鉱の労使紛争の解決のためにデザインされたW・ユーリ（社会学）、J・ブレット（社会心理学）、S・ゴールドバーグ（法学）による「コンフリクトの諸コストを削減するシステム・デザイン」は、校内暴力の学校当事者による解決にまで採用されている。

この学際チームによる業績は、処理コスト（紛争にとられる時間と金銭と心理的エネルギー、それに消費されたり破壊された資源、そして機会費用）、結果への満足度、当事者の関係への影響、紛争再発可能性、の四つの規準で方法と成果の質を考え、すぐれた解決プロセスを定式化しようとするものである。いいかえれば、労使紛争や企業間の特許侵害問題でも、我われの身の周りの日常的な摩擦でも、多額の訴訟経費や時間を費やしたり、とてつもない心理的ストレスを被ったにもかかわらず、一方的な結果で他方が抑圧され、あるいは足して二で割るような解決で双方に不満を残し、事後も関係はこじれたままで、いつかまた同じような問題が再発生する火種を残して「解決した」ことにしているコンフリクトがいかに多いか、ということだ。

かれらはこれを、紛争当事者の多くがまず権力（パワー）に頼り、ついで権利を主張し、なかなか肝心の利害関係を直視しようとしない一般的傾向にあると考えた。そして、効果的なシステム・デザインの第一歩は、問題の核になっているはずの利害の対立に当事者の意識を集中させ、権利関係の整理（訴訟）や権力の強制は、あくまでも補足的手段として認識させることから始まる。

実践科学からの処方箋

「優れた理論ほど実用性が高い」とはアクション・リサーチの祖、クルト・レヴィンが残した名言である。学問としてはいまだ確立途上ながら、交渉研究はこの理想に向かって歩を進めている。交渉担当者が実際に使え、また我われの日常生活に入り込んでくるコンフリクトやディスピュート（紛争）の解決に役立つ知識を整えつつあるといっていいだろう。

日本人が「No」をはっきり言わない人たちだというのはつとに有名だ。しかし、何でもなしくずし的に合意するのを交渉とはいわない。交渉にも、その成果にも質の違いがある。だから、交渉に入る前にまずBATNA（Best Alternative to Negotiated Agreement）を決めるべきだ。つまり、行なう交渉がまとまらないとどうなるのか、その場合の最悪の事態を考えることで、合意できる諸条件の最低ラインが定まる。

交渉の過程には多くのチェックポイントがある。常識という枠組みにとらわれ、無意識に自らを縛り、知らぬうちに可能性の模索を放棄していないか。先に挙げた7つの認知バイアスを道具にした診断は、自分だけでなく交渉相手の思考態度の分析にも効果的だ。

勝つか負けるかしかない分配型の状況もあるが、多彩な相互依存関係が至るところに見られる現代では、統合型の交渉を展開する余地が十分に眠っている。課題はその潜在的な可能性を掘り起こそうとする意欲と技術である。交渉の一般パターンを学ぶのは大切だが、その悪しき副作用といえる固定観念から思考を解放することも不可欠である。以下の処方箋は平易ながら、実践は意外に難しいはずだ。

(1) 信頼を築け。統合型の交渉には交渉相手との情報共有が必要だが、その一瞬の不均衡を突いた抜け駆け、裏切りのリスクがつきまとう。このリスクを削減するのが信頼関係だ。ただし、長期的な関係(たとえば、終身雇用や年功序列的慣行)や儒教的な階層重視の価値観による期待と拘束(和からはみ出すと打たれる)がもたらす安定や安心と、互いの人間性の理解に基づいて構築される信頼とは似て非なるものだ。

(2) 質問せよ。埋もれている可能性を形にする鍵は情報である。現実の交渉よりはるかに単純なはずの模擬交渉(ロールプレイ)を行なうと、本当に知りたいことを聞いてみようとしないビジネスマンが実に多いことに驚かされる。われわれの調査も、価値観と行動規範が交渉の成果を左右することを実証している（J.M.Brett & T.Okumura, Inter- and Intra-cultural Negotiation: US and Japanese Negotiators, Academy of Management Journal, 1998, Vol.41. No.5)。

（3）ある程度の情報は与えよ。お返し、は日本だけの習慣ではない。返報性の意識的な活用は、情報交換と信頼構築の呼び水にもなる。ただし、譲る情報の中身は、諸条件の優先順位と合わせしっかり吟味しておかねばならない。

（4）条件を組み合わせて複数の案を同時にオファーせよ。条件を一つずつ解決して、というのは合理的なようだが、トレードオフのチャンスを逃すことになる。自分には等価の提案も相手には優先項目の違いから異なった価値をもつことが多い。

交渉は苦手だと思いこんでいる人は多い。だが性格改造などは考なくてもよい。知識のセットを役割として身にまとい、状況に応じてセットを着替えるとよい。役割は着脱可能だ。現場での経験にまさる交渉力の養成機会はないが、時間とコストを考えるなら、模擬交渉演習も有効である。日本語の教材も整備されつつある。

認知心理学的なアプローチによる交渉者の意思決定能力論も、実践的学際的なアプローチによる紛争解決論も、いわば優秀なネゴシエーターの頭脳と心臓の中に培われた技《アート》としての交渉力を、より多くの人びとのために、伝達可能な知恵として抽出するための科学《サイエンス》なのだ。

すぐれた組織の意思決定——診断論的アプローチのすすめ

印南一路（慶應義塾大学政策・メディア大学院助教授）

経営＝意思決定であるとしたのは、ノーベル経済学者サイモンである。しかしサイモンは、意思決定の合理的側面の科学化に傾注し、価値的側面を分析対象から捨象したため、意思決定が高度で複雑な認知活動であること、経営は倫理や公平あるいは文化といった価値判断と不可分であることを、理論に充分に取り入れることができなかった。一方、近時盛んな戦略論は事業領域の選択の問題から始まって、企業文化のマネジメントまで包摂するようになってはいるが、いまだ個人や集団の意思決定の研究成果を、充分取り入れていないように思われる。競争はグローバル化し、経営環境は激変している。世界標準の経営が叫ばれ、企業や官庁間の接待が反倫理的行動として、社会問題化する一方、長期の安定的雇用に対するニーズも高い。今日こそ、人間や人間集団の能力を直視し、組織文化や倫理といった価値判断を含めて、組織のすぐれた意思決定が求められている。

私は意思決定の立場から組織を考え、よりすぐれた意思決定を組織が行なうにはどうしたらよいかを諸科学横断的に研究している。以下、その成果の一部を紹介しながら、すぐれた意思決定を行なうにはどうしたらよいかを一緒に考えてみよう。

なぜ診断論的アプローチか

意思決定論には大きく分けて、規範的アプローチと記述的アプローチの二つがある。規範的意思決定論は、どのように意思決定すべきかということを演繹的に説く分野であり、記述的意思決定論は意思決定が実際にどのように行なわれているかを実証を通じて記述する分野である。

後述するように、前者は規範の根拠があいまいであり、後者は規範性を強調しないため実務家への示唆が欠ける。どちらも完全ではなく、かつどちらも経営には必要である。私自身は、この二つのアプローチのよいところを取り入れて、実証科学的かつ実践的な意思決定論、すなわち診断論的意思決定論を構築できるのではないかと考えている。

診断論的意思決定論は、規範的意思決定論の規範性を引き継ぎながら、これに実証的な根拠を明らかにし、より実際的な立場から意思決定を実現する術を追求するものである。

たとえば、ゴルフを学ぶことを考えよう。まず我われは、アドレスの取り方、ボールの置き方、クラブの握り方、手の振り上げ方、膝の使い方などを、本やレッスン・プロあるいはビデオテープから学ぶであろう。規範的なレッスンによって、体系的な知識を身につけ、理想的なスイングを追求することは上達の一つの方法である。しかし、これだけで実際にうまくボールが打てるようになるわけではない。実践してみればわかることであるが、腰のスウエイやヘッドアップなど、素人が共通して陥りやすいミスがある。また、人それぞれ体力や体型が異なっているので、自分のみが陥りやすい悪い癖もある。これらの癖やミスを見つけて矯正したり予防したりすることが、ゴルフ上達には重要だ。つまり、規範的なレッスンと記述的なレッスンの両者を適切に組み合わせることが必要であるし、かつそれが実際的である。

意思決定についても同様である。以下、具体的な例を用いて説明していこう。

意思決定のプロセスはどうなっているのか

今あなたに、入社十年目の五人の課長代理のなかから、誰かを課長に昇進させる人事の意思決定の場が与えられているとする。通常会社には、当然、昇進のための選考基準が定めてあるはずであろうが、ここでは会社の選考基準はいっさい忘れて、人事部長になったばかりのあなた一人の判断で、この人事を決めることができると仮定する。

この場合、五人の課長代理が選択肢、つまり選択される単位であり、「誰かを課長に昇進させる」ということは、この五人のなかから誰かを選ぶということである。「誰か」は一人でも複数でもよい。

まず、誰かを選択するのであるから、選択肢を選択する決定ルールが必要である。我われは日常、無意識のうちにこの決定ルールに従っている。課長代理の例でいえば、単に好き嫌いだけで選ぶと決めた場合、もっとも好きな候補者を選ぶという決定ルールに基づいて選んでいることになる。

また、なんらかの基準でもっともすぐれている人を一人を選ぶとか、一定基準を満たさない人を逆に落とす場合もそうである。どれか一つでも基準に満たなければ、それだけで失格にしてもいいし、どれか一つの基準において飛び抜けてよい面をもっていれば、他の基準で一定水準に達していなくとも対象者に選ぶこともできる。つまり、選択の直前の段階として、決定ルールとその当てはめがあることになる。

次に、選択自体の前の段階として、選択肢である五人の評価が必要になる。評価するには、今度は評価基準が必要である。先のように、好き嫌いだけで選ぶと決めた場合でも、一人ひとりの候補者についてどれだけ好きか嫌いかの評価をしなければならない。

好き嫌いではなく、もう少し客観的に評価しようとする場合、評価の基準はいろいろあろう。五人とも営業であれば、過去の営業実績を重視するだろうが、その他に部下の管理能力や教育、組織全体のことを考える能力、企画力といったものも評価基準に入るかもしれない。ホワイトカラーであれば、昇進テストの成績や業務研修での相対評価をカウントすることもあるだろう。さらに人物の将来性といった、あいまいな基準もあるかもしれない。また人事異動の少ない会社では、上司と部下との連携が重要になるので、場合によっては、あなた自身との相性も考慮に入れる必要も出てくる。周囲は評価していない人物をあなたが選んだ場合、自分の評判や課の雰囲気に与える影響まで考えなくてはいけなくなるし、会社の事業戦略が転機を迎えており、新しい方向をにらんだ人事をする必要があるかもしれない。

いずれにしろ、基準は一つではないであろう。複数の基準があることになる。その場合には、どの基準をどれだけ重視するのか、どのように用いるのかも決めておかねばならない。このように、決定ルールを当てはめる前には、選択肢の評価が必要であるが、そのためには、まず評価基準として何を選ぶかという問題と、評価基準の間の重み付けの問題があることがわかる。

とりあえず評価基準が決まったとしよう。たとえば、人物の将来性といった基準も加えた場合、それでは、具体的な候補者の将来性はどうやって予測するのだろうか。一般的な知性であろうか。我慢強さや粘り強さといった性格特性であろうか。あるいは基本的な体力だろうか。

こうしてみると、人物の将来性を予測するには、何が人物の将来性を決めるかという決定要因に関する分析や理解が必要になることがわかる。さらに、その要素や決定要因が概念的に明らかになったとして、どうやってそれらを測るのかという問題もある。データは存在するのか、歪んだデータしかない場合にはどう解釈するのか、確率的にしかわからないときにはどうすればいいのか……？　このように、予測や測定・解釈は、現在の世界を理解し、その背後にある因果関係や確率を推論するという知的作業を伴っている。

つまり、意思決定は単純な選択の問題ではなく、推理、予測、価値判断といった高度な知的活動なのである。

規範的意思決定論とその落とし穴

規範的意思決定論は、合理的な人間であればどういう意思決定をすべきかを示している。この意思決定の最大の特徴は、すでに述べたように、人間がどのように意思決定すべきかという規範を表わしていることにある。したがって、伝統的な意思決定論は規範的（演繹的）意思決定論ともいわれる。学問としてはゲーム理論や統計的推論、意思決定支援論などがあり、実践としてはモデル・シミュレーションや情報技術の導入などが該当する。組織のレベルでは、問題解決や戦略論に関する本がこうした議論を展開することが多い。このような規範的意思決定論では、先に述べたような論理的思考を裏返し、以下のようなステップで意思決定をすべきであると説かれる（図1）。なお、戦略関係の本では、以下のステップに、組織目的の検討、環境分析、情報収集（インテリジェンス・ギャザリング）、資源配分などを加えることがあるが、本質的には変わらない。

①【問題の定義】意思決定者は、まず決定しようとする問題を正確に定義する必要がある。課長昇進人事の例では、問題は課長に昇進させる候補者を選ぶという定義である。

②【評価基準の発見】選択肢を評価する基準を発見する。課長昇進人事の例では、たとえば、業績、管理能力、将来性の三つを考えることができる。

③【基準間の重みづけ】候補者の一人が、業績、管理能力、将来性の三つの基準のすべてについて高い評価であれば問題はない。しかし、業績はよくとも管理能力に問題があったり、将来性が豊かであっても業績が芳しくないというように、候補者の評価は基準ごとに異なるのが通常である。したがって、合理的な意思決定を行なうには、評価基準の間の相対的な重みを知っていなければならない。事例で言えば、業績を六割、管理能力を三割、将来性を一割とすることがこれに当たる。

④【選択肢の生成】すべての選択肢を列挙する。事例では五人の候補者というように事前に与えられていた。そうでない場合には、自ら探すことになる。課長昇進ではなく、海外勤務候補者であれば、本人の希望や組織が判断する適性者をリストアップすることを意味する。

⑤【基準に基づいた選択肢の評価】評価基準に基づいて、すべての選択肢を評価することを意味する。事例で言えば、五人の候補者の業績、管理能力、将来性をそれぞれ、たとえば五段階評価で評価することをいう。五人の候補者のうちのAは、業績が3、管理能力4、将来性が1であり、Bはそれぞれ5、1、2であったとする。

⑥【最適な決定の計算】　基準間の重みづけと選択肢のそれぞれの基準における評価を組み合わせることをいう。事例で言えば、業績、管理能力、将来性の基準間の重みが、それぞれ6、3、1であった。したがって、Aの総合評価は、業績6×3＋管理能力3×4＋将来性1×1＝31である。一方、Bは業績6×5＋管理能力3×1＋将来性1×2＝35となる。他の候補者三人についても同様の計算を行なう。

⑦【選択肢の選択】　五人の総合評価の計算を行ない、もっとも点数が高いものが最適な選択肢として選択される。

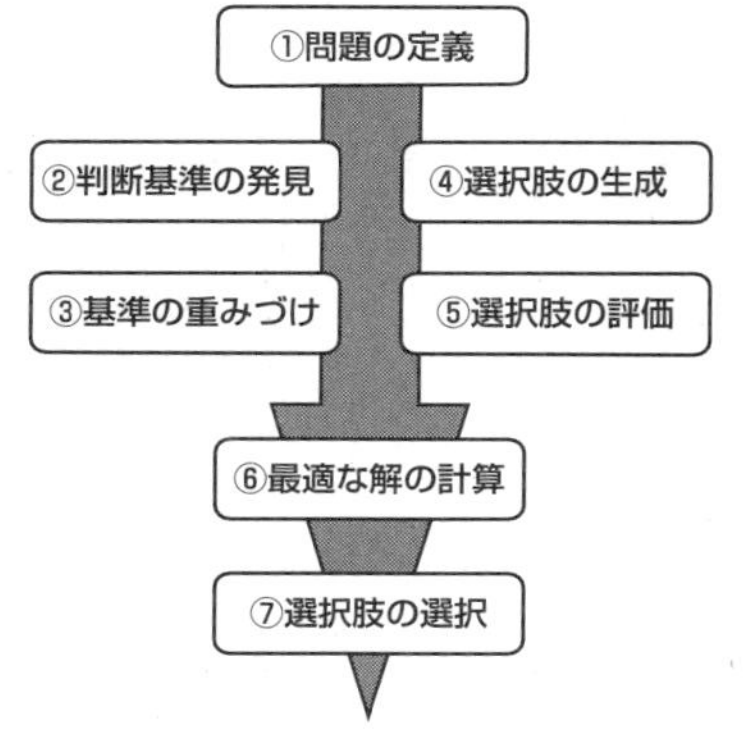

図1　規範的意思決定の流れ

じつは、この伝統的な意思決定論には、大きな前提がある。それは、①人間が完全に問題の定義をすることができ、②すべての判断基準を認識することができ、③基準間の正確な重みづけができ、④すべての選択肢を知っており、⑤正確な選択肢の評価ができ、⑥正確な決定の計算をして、⑦最適な選択肢を選ぶことができる、というものである。このような前提に基づき、以上のような手続きに従って意思決定をすれば、すぐれた意思決定ができるので、このように意思決定をすべきであると説くのである。

しかし、注意すべき点が二つある。まず、このように意思決定をすべきであるという根拠は、演繹的論理的に導かれているのであって、実験をして確かめたりしているわけではない。つまり、実証に基づいているのではないということである。

次に、この前提が実際満たされるのか否か、あるいは、どの程度満たされるのかについては、この伝統的な意思決定論では検討していない。もっと言えば、人間が実際にこのような意思決定ができるかどうかは問題にしていないのである。このような理想的な意思決定を、すべての場合について行なうことは不可能であるし、誰も実践していないと思う人もいるにちがいない。

つまり、このような規範的な過程を実際に辿ることができるかどうか、できたとして規範的な過程を辿ることによって、意思決定がすぐれたものになるのか否かについては保証がないという点が重要である。

記述的意思決定論の中心課題は直観的意思決定の中身を探ること

記述的意思決定論とは、人間がどういう意思決定をすべきかという問題を離れ、実際の意思決定がどのように行なわれているのかを、実験などの実証研究を通じて明らかにするものである。個人レベルの記述的意思決定論には、認知心理学での知覚、認識、記憶、学習、創造性に関する研究があり、グループレベルでは集団浅慮などに代表される集団的意思決定の議論があり、組織レベルの議論では、アリソンの決定の本質論、マーチ／サイアートのごみ箱モデルなどがある。紙面の関係もあるので、ここでは個人レベルの記述的意思決定論から「ヒューリスティックス（Heuristics）」に関する議論、集団による意思決定で問題になる「社会的圧力」、交渉で問題となる「固定パイの幻想」の三つに焦点をあてよう。

(1)直観とヒューリスティックス

我われは自分の意思決定の過程をほとんど意識していない。過程を意識できないことを直観と呼べば、かなり重要な意思決定を含めて、我われはほとんど直観に頼った判断をしている。米国の経営者の行動を研究したミンツバーグは、経営者は九分ごとに異なる活動に従事し、システマチックなデータ分析に基づいた意思決定よりも、直観に頼った意思決定を行なう傾向があるとしている。直観による意思決定の中身は、システマチックな情報収集や分析を伴わない、無意識的な決定ルールの適用、判断・推論、予測などの認知活動であると思われる。

話を冒頭の課長昇進人事に戻して考えてみよう。すでに述べたように、会社には選考基準が定めてあるはずであるが、その選考基準をいっさい忘れたうえで、人事部長になったばかりのあなた一人の判断で、この人事を決めなければならない。

途方に暮れるかもしれない。しかし、あなたは人事部長になったばかりとはいえ、必ず過去に人事評価をした経験があるにちがいない。きっと過去の経験のなかから使えそうなものをもち出すであろう。自分が課長のとき課員の評価をしたものが使われるかもしれない。あるいは、いかにもこれが課長であるという特定の人を思い浮かべるかもしれない。前者を使えば、過去の事例にアンカリングしたことになるし、後者では代表性ヒューリスティックス（ステレオタイプ）を用いたことになる。

幸いにして、なんとか格好はつけられるし、組織では人事部長に向かって、その判断の根拠を明確にせよと問うことも少ない。しかし、アンカリングの場合は、必ず調整が不充分になることが知られている。課員の人事評価の基準を修正しても、修正できる幅は限られている。課長の評価基準としては不充分な場合が多いのである。また、ステレオタイプを用いれば、課長としてふさわしいのに、特定のステレオタイプに合致していない人を過小評価することになる。直観に頼った意思決定は簡単で低コストではあるが、多くの場合はこのように意思決定の質が問題になる。

記述的意思決定論の一つの中心は、直観的意思決定の中身を探ることであると言ってよい。実際、ここ数十年の間の研究によって、直観といわれるものの正体とその特性が明らかになりつつある。これらの研究によれば、人間は規範的に合理的な意思決定ができないため、経験によって発見され単純化された決定方法、すなわちヒューリスティックスを用いて意思決定をしている。ヒューリスティックスに近いものとしては、投資の三分ルール（全財産を株などにつぎ込まない）や「急がば回れ」のような格言、「信用第一」「顧客第一」といった標語、じゃんけんやくじによる決定方法などがある。

消費者金融のなかには、最近は無人のステーションをもつものが少なくない。これらは、ビデオカメラを備えていて、中央のセンターから挙動を観察しながら審査する仕組みをとっている。この審査過程はヒューリスティックスを精緻化したものといえる。もともとリスクの高い消費者金融では、どういう顧客が信用できるか否かに関するノウハウの蓄積があったものと思われる。新規顧客の挙動・服装・外見やその他のさまざまな情報から、返済能力や可能性を高い確率で推測するヒューリスティックスを抽出し、システム化したものであろう。

また、未成年者の入場を禁止する会場の入り口で、未成年者を見つける方法として、年齢と同時に干支《えと》を聞く方法が用いられる。これは本来「免許証などの身分証明書を見せなさい」というのが本筋であるが、実際には「もともっていません」や「忘れました」といった対応が必ず出てくるため、実行するのが面倒である。干支については、事前にきちんと調べておかないかぎり、その場ででたらめに言った年齢に対応する干支を計算するのは難しく、言い逃れができない。簡便に嘘を見破れて、かつ実行が容易な便法であるといえるだろう。

ただし、ここでいうヒューリスティックスは、無意識に用いられる判断方法で、実験的方法によってその存在が確認されたものであり、これらの例よりもより普遍的で基礎的なものである。たとえば、いきなり「東京からロサンゼルスまでは何キロありますか」と聞かれると、たまたまその正確な知識をもちあわせていないかぎり、何かを手がかりに推測せざるをえない。人によって異なるが、たとえば地球の一周が四万キロであるということを知っていれば、太平洋があるのだからおそらくその四分の一ぐらいだろうと考え、一万キロと答えるかもしれない。この場合、最初に浮かんだ「地球の一周が四万キロ」という情報は、記憶からもっとも容易に想起された情報である。ここでは、「利用可能ヒューリスティックスが用いられた」という。また、地球の一周を基準に計算した。何かまず比較できる点を選んで、その後調整するヒューリスティックスを「アンカリングと調整」という。

このように、ヒューリスティックスは実行が容易で、現実生活に適応した方法なので、ヒューリスティックスに基づいて意思決定しても八割方問題がないとされる。ヒューリスティックスを用いれば、システマチックな方法を用いた場合に比べ、コストもかからず時間的にも早く結論が出せる。世界の複雑性と情報量に比べて、我われ人間の認知能力はきわめて限られているが、そういう状況に適応しようとする一つの方法がヒューリスティックスである。

しかし、ヒューリスティックスは必ず正解が得られるというアルゴリズムとは異なり、いわば便法である。その必然の副作用として、判断にシステマチックなバイアスがかかることが明らかになった。ヒューリスティックスのもう一つの問題は、それが無意識に使われるため、システマチックなバイアスがかかることを意識できないことである。この概念を知らなければ、これはなおさらである。

(2)集団の意思決定における同調圧力

会社の人事の意思決定にかぎらず、我われは個人としてではなく、集団で意思決定を行なうことが多い。では、集団で意思決定を行なうことの利点は何であろうか？「三人寄れば文殊の知恵」という言葉があるように、複数の人間が集まれば、情報や知識、あるいは物の見方が多くなり、したがって集団で意思決定を行なえば、単純なミスを犯すおそれも小さくなる。あるいは、人事の意思決定のように、主観を排除している印象をもたれる必要性が高い場合、集団による意思決定は、判断の客観性を確保し、責任を分散するという重要な意味をもつ場合もある。

一方、誰しも経験があることであるが、集団による意思決定は必ずしもいい結果をもたらすとはかぎらない。一人ひとりを見れば倫理観あふれる知的エリートが、集団として行なうと、信じがたいほど反倫理的で愚かな意思決定を下すことはよくある。集団のなかでなんとなく意見が言いにくい、あるいは仲間外れにされるのでないかという恐怖感から、自分の意見を押し殺したという経験をもつ方も多いにちがいない。あるいは、誰かが言い出したため、じつは誰もしたくないことをするよう集団で決める場合もある。これらは集団で何かしようとする際、必ず生じる社会的圧力のせいである。

このように集団で意思決定を行なうことは、すぐれた意思決定に至る可能性があるというだけで、必ずしもすぐれた意思決定を保証するものではないことを、記述的意思決定論は教えてくれる。

(3)交渉における「固定パイの幻想」

一つのオレンジを姉妹で分け合うケースを考えてみよう。姉妹ともオレンジが欲しいといって譲らず、口論がつかみ合いの喧嘩に発展しそうになったので、しかたなく母親が半分に切って分けたとする。一見すると公平かつ合理的に見えるが、この例ではじつは姉はマーマレードをつくるために皮が欲しかったのであり、妹はジュースを絞るために中身が欲しかったという裏話がある。もし双方が信頼関係を築いて、充分な情報交換をし、利益の不一致を見つけていれば、取引交換（ログローリング）、つまり皮のすべてを姉が、中身のすべてを妹が得られたはずである。

この場合にかぎらず、交渉の問題をうまく解決する際の障害の一つは、当事者の片方ないし双方が、パイは固定されていると信じていることである。交渉の素人には、とくにこの傾向が強い。人によっては、極端なはったりや嘘などの汚い方法を使って、ビジネスパートナーを失うこともある。固定パイの幻想も記述的意思決定論から得られた貴重な知見である。

「正しい意思決定」ではなく「すぐれた意思決定」をめざせ！

記述的意思決定論の利点は、ヒューリスティックスとそのバイアス、あるいは集団による意思決定に働く社会的圧力などを認識することによって、人間の直観的判断の弱点を意識できることにある。いつ、どういう状況でヒューリスティックスや集団を意思決定に用いるべきか、避けるべきかのヒントが得られる。あるいは、ヒューリスティックスや集団を用いる場合にも、どこに気をつけたらよいかがわかるということである。

したがって、記述的意思決定論の成果を知り、人間の意思決定の弱点とその防御策を考えることは、判断や予測に悪影響を及ぼす原因を取り除くという意味で、必ず意思決定の質を高めることができる。つまり、規範的な意思決定方法を用いなくても、意思決定の質を改善する方法があるということになる。

では、規範的合理的な意思決定論は不要であろうか。すぐれた意思決定を行なうためには、記述的意思決定論のみで足りるのであろうか。規範的合理的な意思決定論は不要ではないし、また記述的意思決定論のみで足りるものでもない。規範的意思決定論は、それがどれだけ実行できるかは別として、全体的な意思決定の流れを規定しているのに対し、記述的意思決定論は、全体としてどのように意思決定をすべきかの規範を示さないからである。

記述的意思決定論によって、人間の意思決定が陥りやすい欠陥が完全に解明されたわけではない。我われが知らない欠陥や罠がまだ多くあるはずである。したがってすでに知られているすべての人間の意思決定の癖に注意を払っても、必ずしもすぐれた意思決定が保証されるわけではない。

一方、すでに述べたように、規範的合理的な意思決定論のみで不充分なことは明らかであろう。規範的な意思決定方法を用いる場合でも、直観的な人間の判断が介入しないことはない。たとえば、課長の昇進人事の例では、評価基準そのものに不適切な過去の事例や特定の人物のステレオタイプをもち込んだりすることがある。そもそも規範的な意思決定を行なうということ自体が、直観的な意思決定の産物であることも少なくない。また集団による意思決定については、規範的合理的な意思決定論は何も語っていないのが現状である。

規範的な意思決定方法を用いる場合でも、意思決定バイアスや社会的圧力を知り、その防御策を考えることは、きわめて重要であるし可能である。このように、それぞれの意思決定において陥りやすい危険を回避できるよう、規範的な意思決定論のよいところに、記述的な意思決定論の知見を取り込む——つまり、規範的な意思決定論と記述的な意思決定論を科学的実践的に統合する方法が診断論的意思決定論なのである。

「正しい意思決定」ではなく「すぐれた意思決定」を行なうには、このような診断論的意思決定論を用いる必要がある。

すぐれた意思決定をする三つの対策

では、「すぐれた意思決定」を行なうには、具体的にはどうしたらよいのだろうか。やや抽象的になるが、いくつかのヒントを以下に掲げてみよう。もちろん、これらにかぎられるわけではなく、記述的意思決定論の研究成果によって意思決定の罠が明らかになるにしたがい、その罠に対応する対策も増えることになる。

(1)合目的性

すぐれた意思決定とは何かを考えるに当たっての最初のポイントは、意思決定の結果の要素が比較的独立しているという点である。つまり、意思決定の質やスピード、受容度はそれぞれ異なる要素によって決定されており、すべてを同時に高いレベルで達成することは難しい。一方、どれかを高いレベルで実現すれば、どれかが必ず高いレベルでは実現できないという、明確なトレードオフの関係にあるわけでもない。たとえば、グループ意思決定の場合、グループで討論する際、意見の対立のないほうが意思決定に対する満足度は高いが、その一方で意思決定の質は意見の対立のあるほうが高いということが実証研究によって知られている。

したがって、すぐれた意思決定の要素の一つは、目的との関係で決まるということ、つまり合目的性である。意思決定のスピードを重視すれば、多少の質の低下や満足度に低下を招いても、素早い意思決定を行なうべきであり、受容度が重要な局面では、スピードはもちろん、時には質もある程度犠牲にしなければならないことになる。いずれにせよ、目的に合致した意思決定はすぐれた意思決定といえるであろう。

(2)プロセス重視

もう一つのポイントは、規範的モデルにどれだけ合致しているかという基準である。これは意思決定の善し悪しを、意思決定そのものと時間的に接近して生じた現実の結果に基づいて判断できるとはかぎらないという認識からくる。結果そのもので判断できない場合は、その意思決定が、考えられるかぎりの合理的なプロセスに従ったか否かで判断されるべきである。

ただ、この場合の合理性とは、人間の能力を無視した超合理的なものではない。伝統的な意思決定論の前提では、合理的な意思決定をするためには、必要な情報のすべてが手元にあり、かつすべての選択肢を検討または想像する能力、それぞれの選択肢を選んだ場合の将来の動向を予測する能力、そして経験したこともない出来事の可能性を計算をする能力が必要とされる。

しかし、すでに述べたように、問題を正確に定義したり、選択肢を発見し評価するのに、重要な情報が欠けていたりするのが現実である。また、一般に情報の入手にはコストと時間がかかるため、集められる情報の量と質には限界がある。さらに、作業記憶量が限られているなど、人間の認知能力には限界があるため、正確な選択肢の評価計算や決定の評価計算はできない。思考にはコストがかかること、必要な情報のすべてが入手できるわけではないこと、何よりも人間の認知能力には眼界があること――ここで言う合理性とは、これらを勘案した実質的な合理性である。

注意すべき点が二つある。まず、合理性には制限があるが、それでも人間の選択は、目的からしてみれば、「合理的」な考え方を反映しているということである。合理的行動をとりたいが、認知能力に限界があるのでできないというだけである。サイモンはかつてこれを「制限合理性（bounded rationality）」と呼んだ。

次に、合理的な意思決定ができないからといって、合理的な意思決定に近づこうとする努力が無用になったわけではない。非常に重要な意思決定については、限界に注意しながらも、なるべく合理的な方法を用いるほうが望ましい。問題は、コンピュータやさまざまな意思決定支援システムの方法をとれる場合は限られていること、また、このような方法をとっても、人間が関与するかぎり、バイアスからは完全には逃れられないことである。

意思決定の結果ではなく、意思決定のプロセスにおいて、考えられるかぎり合理的なプロセスをたどったか否かを、すぐれた意思決定の判断基準にするという考え方自体は、まったく新しいものではない。

刑事裁判では、裁判官の判断すなわち意思決定によっては、被告人の財産のみならず生命を奪うことになる。一方、迅速な裁判と正義は実現されなければならない。したがって、刑事裁判では検察官と弁護人の二者に分け、それぞれの利益を最大限実現するように競わせている。また、誘導尋問の禁止や違法手段によって採集された証拠の不採用など、手続き自体に関しても厳格な定めがなされている。裁判官は、厳格に決まった手続きのなかで意思決定を行なっているのである。また、心臓移植手術における心臓提供者と授与者のマッチングは、誰に新しい生命を与えるかという難しい問題を含んでいる。ここでは、医学的必要性が最優先するよう、決定委員会による公平な決定がなされる仕組みになっている。

意思決定全般について、このような適正手続き（due process）が定められるほど、我われの意思決定に対する理解は進んでいない。しかし、重要な意思決定については、考えられるかぎり合理的な手続きに従ったか否かが、すぐれた意思決定の判断基準となるべきである。

(3) メタ判断の重視

意思決定の目的や意欲レベルの適切な設定はすでに述べたが、どのような方法で意思決定するかという判断、すなわちメタ意思決定が重要である。とくに、組織内の意思決定のように、個人で意思決定する場合も集団で意思決定する場合も考えられるような状況では、どのような決め方をするかが、意思決定の結果に大きく影響する。したがって、どのようなタスクを行なうかが重要になる。

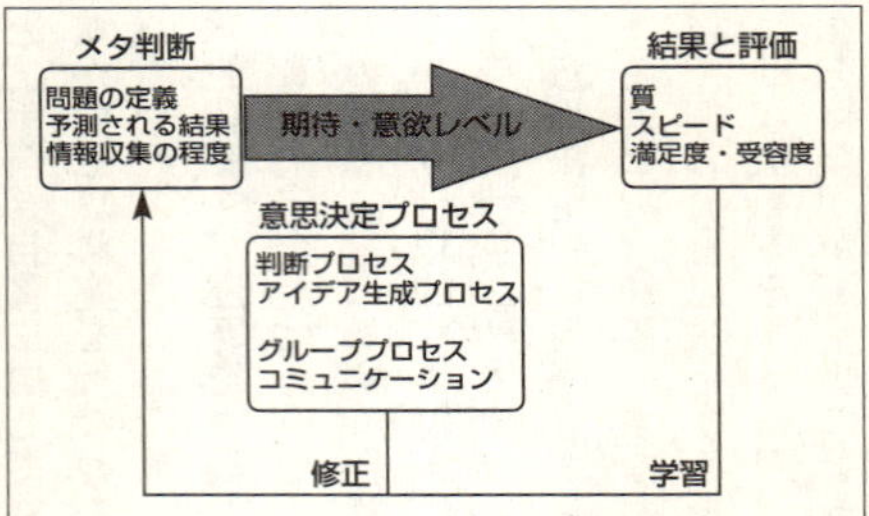

図2　意思決定のフローチャート

たとえば、アイデアの生成自体が目的であれば、多人数でしかも形式的なグループ（相互作用なし）のほうに利点がある。一方、質の高い戦略作成などには、相互作用を密にした少人数による意思決定のほうが都合がよい。また、利害の調整が主目的であれば、それぞれの利益を代表する人すべてに参加してもらわなければならない。今後もくり返し行なう可能性の高い意思決定については、ルール化する必要があるので、問題になっている事例だけでなく、一般的な事例を念頭に意思決定しなければならない。いったんコミットしたら、抜けられないことが予想されるような意思決定については、最初の意思決定時の充分な比較考量が決定的に重要である。さらに、非常に難しい意思決定については、くり返し行なう意思決定のプロセスのなかで、徐々に学習していけるような意思決定の枠組づくりが必要である。

このように意思決定をある程度実践的な観点から類型化し、それぞれに適した意思決定の仕組みを開発することが、すぐれた意思決定を実現するための重要なステップとなろう。そのためには、さまざまな分野にまたがる既存研究を、体系的に整理する必要がある。ここでは科学性と実践性の双方を確保することの重要さが強調されるべきである。

著者紹介

（五十音順）

●石井淳蔵　いしい・じゅんぞう
神戸大学大学院経営学研究科教授。マーケティング専攻。著書に、『マーケティングの神話』（日本経済新聞社）などがある。

●井上泉　いのうえ・いずみ
'72年慶應義塾大学商学部卒。日本経営倫理学会会員。保健会社勤務の傍ら戦史と企業不祥事の研究を行なう。

●印南一路　いんなみ・いちろ
'82年東大法学部卒。'92年シカゴ大学でPh.D.取得。専門は意思決定論、組織論、交渉論。

●太田肇　おおた・はじめ
'54年生まれ。滋賀大教授。『個人尊重の組織論』（中公新書）、『仕事人《しごとじん》の時代』（新潮社）など著書多数。

●奥村哲史　おくむら・てつし
'59年北海道生まれ。早大院修了。組織行動、経営戦略を研究。交渉の心理的分析と教育。夢はＮＢＡ解説者。

●加護野忠男　かごの・ただお
神戸大学大学院経営学研究科教授。著書に『競争優位のシステム』（ＰＨＰ新書）などがある。

●金井壽宏　かない・としひろ
'54年神戸生まれ。現在、神戸大学大学院経営学研究科教授。著書は『経営組織』（日経文庫）など多数。

●楠木建　くすのき・たける
'64年東京都生まれ。一橋大学大学院国際企業戦略研究科助教授。著書に『Innovation in Japan』（Oxford University Press・共著）などがある。

●桑嶋健一　くわしま・けんいち
東京大学大学院経済学研究科助手。

●佐々木利廣　ささき・としひろ
'51年生。明治大学大学院経営学研究科単位取得。現在、京都産業大学教授。さまざまな組織間の関係に関心。

●椙山泰生　すぎやま・やすお
'67年愛知県生まれ。東京大学大学院経済学研究科博士課程単位取得。現在、東京大学経済学部助手。

●田尾雅夫　たお・まさお
'46年香川県生まれ。現在、京都大学経済学研究科教授。非企業組織の経営管理、組織行動論などが専門。

●高橋伸夫　たかはし・のぶお
'57年北海道小樽市生まれ。現在、東京大学大学院経済学研究科教授。著書は『経営の再生』（有斐閣）など多数。

●竹内洋　たけうち・よう
京都大学大学院教育学研究科教授。教育社会学・歴史社会学。著書は『日本のメリトクラシー』（東大出版）など多数。

●谷口真美　たにぐち・まみ
広島大学大学院助教授。組織論、人的資源管理論が専門。昇進課程を切り口に組織構造の分析に取り組む。

●辻村宏和　つじむら・ひろかず
'53年生まれ。上智大学大学院修了、中部大学教授。経営者育成の方法論が専門で「経営手腕」の正体を研究中。

●中川十郎　なかがわ・じゅうろう
'35年鹿児島県生まれ。東京外国語大学イタリア学科卒。ニチメン勤務を経て、現在、東京経済大学経営学部教授。

●長瀬勝彦　ながせ・かつひこ
岩手県遠野市出身。東京大学大学院博士課程単位取得。著書に『意思決定のストラテジー』(中央経済社)など。

●中野千秋　なかの・ちあき
麗澤大学国際経済学部助教授。'85年慶應義塾大学博士課程終了。専門は経営組織論、経営倫理学。

●野中郁次郎　のなか・いくじろう
'35年5月東京生まれ。カリフォルニア大学経営大学院Ph.D.取得。現在、一橋大学大学院教授。

●延岡健太郎　のべおか・けんたろう
'59年広島市生まれ。MIT Ph.D.。現在、神戸大学経済経営研究所教授。専門はテクノロジマネジメント。

●藤本隆宏　ふじもと・たかひろ
東京大学経済学研究科教授、ハーバード・ビジネススクール上級研究員。専門は「もの造りの経営学」。

●松尾隆　まつお・たかし
'68年東京都生まれ。福井県立大学経済学部専任講師。

●山田耕嗣　やまだ・こうじ
'69年大分県生まれ。東京大学大学院経済学研究科博士課程単位取得。

●山田英夫　やまだ・ひでお
'55年東京都生まれ。三菱総合研究所を経て、現在、早稲田大学ビジネススクール教授。専門は経営戦略論。

●米倉誠一郎　よねくら・せいいちろう
'53年東京都生まれ。現在、一橋大学イノベーション研究センター教授。著書は『経営革命の構造』（岩波新書）など多数。趣味はロックンロール。

本書は、一九九八年四月に小社より刊行された
別冊宝島373号『わかりたいあなたのための経営学・入門』を改訂したものです。

宝島社
文　庫

よくわかる経営学・入門（よくわかるけいえいがく・にゅうもん）

2000年6月8日　第1刷発行

著　者　別冊宝島編集部
発行人　蓮見清一
発行所　株式会社 宝島社
〒102-8388 東京都千代田区一番町25
電話：営業部 03(3234)4621　編集部 03(3234)3692
振替：00170-1-170829 ㈱宝島社
印刷・製本　中央精版印刷株式会社

ISBN4-7966-1839-2